中国之声／著

难忘中国之声

我的成长

CNR 中央人民广播电台 ｜ 中国之声 十年周

光明日报出版社

序

不忘初心　砥砺前行

王求

中央人民广播电台台长

中国人民广播事业已经走过了73个年头，作为广播人，我们如何找准前行的方向？哪些是我们应该坚守的底线？哪些是我们可以尝试突破的瓶颈？

将目光调回到73年前，延安王皮湾发出的红色电波，见证了中国人民广播事业波澜壮阔的开端，也见证了伟大的党从艰苦磨难中托举中国革命的最终胜利。如今，中央人民广播电台依然沿用六响报时的传统，曾经危难时刻发出的希望呼号，继续陪伴和记录着国家及每个公民的进步成长。

共和国澎湃奋进的历史就是广播的历史，不忘初心方能砥砺前行。

在中国之声开播十周年之际，《难忘中国之声——广播传奇》《难忘中国之声——百姓故事》和《难忘中国之声——我的成长》三本丛书一并付梓。

王求台长与中国之声2012年度"十佳员工"合影（后排右四为王求台长）。

《广播传奇》撷取了广播发展史上的重大事件和重要人物,孟启予、钱家楣、葛兰、方明等广播事业的见证者以口述史的方式回溯当年难忘经历、梳理亲身所见的历史事件。这些声音穿越风雨,历久弥新,充满力量。从延安新华广播电台的诞生,到开国大典现场转播,再到讨论改革开放的中国第一档谈话节目《午间半小时》开播,篇篇作品凝聚广播人的历史故事,云集影响时代的珍贵音响,串起中国广播70多年来曲折辉煌的壮丽征程,也为新闻史留下鲜活的历史资料。

《百姓故事》取材于中国之声日常播出的《难忘的中国之声——中国人版》,100多个故事将目光对准现实生活中的平凡人物,他们热爱生活,他们坚守梦想,他们的生存状态及命运理想展现了普通人坚强、乐观、积极向上的生活态度,也梳理和见证了社会民生跨越进步的点滴变化。

《我的成长》由中国之声员工和与中国之声密切相关的人物的成长故事构成,集纳了南方冰雪、汶川地震、北京奥运等重大事件报道的幕后故事,也记录了三次改版、媒体融合等中国之声业务探索的阵痛和改革。翻开《我的成长》,那些与之相连的年代和情感仿佛瞬间被打开了闸门,每一次阅读都让人心潮澎湃。这支精干的新闻团队有超越年龄的睿智成熟和弥足珍贵的职业信仰,他们的个人成长经历见证了中国之声的发展变迁,也记录了社会转型期的激荡和悲喜,是一部沉甸甸的新闻实务探讨文集。

十年弹指一挥间,广播将担负起新时代的使命,它要成为社会大船的"瞭望者",更要成为时代进步和发展的"记录者"。中国之声塑造了"责任至上"的媒体形象和勇于担当的性格角色,以专业促政通、谋人和,以信心追求真理、服务大众,用声音记录历史进程,以责任推动社会进步。从冒着生命危险第一位深入汶川地震灾区的记者,到历经三年调查揭开脐带血黑幕,从"替党说话,还是替人民说话"的勇敢曝光,到《方方治病》《爸爸妈妈在远方》的公益坚守,中国之声人的职守为中国广播乃至整个中国媒体事业的发展探出新路,每一次传播都有价值,每一次报道都受业界尊敬。

历史是不能忘记的,历史更需要用心整理和珍藏。站在十年的节点盘点过去,不是放慢脚步,而是理顺思路,而后整装再发。

中国广播历经改革，较其他传统媒体更迅捷、更贴近、更锐利，但在媒体激烈的市场竞争环境下，改革无止境，不进则退，当传统媒体面临着日趋复杂的竞争局面和严峻的挑战，如何在新兴媒体来势汹汹的冲击下双赢，在体制改革带来的不适中涅槃，在挑战中不断创新，既需要我们坚持沉淀的新闻价值和传统，也需要我们以更加开放的胸怀和长远的战略眼光来探索发展之路。

国家电台的使命其实是家国梦、个人梦的点滴汇聚，传播生命的温暖、生活的希望，对祖国忠诚，对人民热爱，对责任坚守。作为国家电台首频率，中国之声不仅要在传统的广播领域领跑全国，更要在媒体融合的路上不断开拓，建立网络同步直播的微电台，微博、微信实现与听众实时互动，各大新闻门户网站同步转发，与全国众多最优秀的平面媒体共建"战略合作平台"，加快构建技术先进、传输快捷、覆盖广泛的现代传播体系，从而增强传统媒体的辐射力和影响力。一个优势互补、资源共享的局面正在扎实展开，并成就着媒介融合新的传奇和未来；一个充满了梦想和竞争力的国家新闻广播，将在我们的不断努力中跃然升起。

中国之声成立十周年，正年轻；中国人民广播事业已经走过了73个年头，仍前行。这一路，广播人走得昂首阔步，这一路，广播人走得风雨无阻，这一路，我们的目光永远定格在远方！

目录

中国之声·初试啼声

不鸣则已·一鸣惊人

目录

只闻其声·不见其人

目录

国声之中·有我一句

以责任赢信任

中国之声 责任至上

CNR 中国之声
中央人民广播电台

中国之声 · 初试啼声

写在中国之声十周年之际

赵子忠
中央人民广播电台副台长

　　在中国之声十周年即将来临之际，总觉得有话要说，但又不知从何说起或说些什么。十年的时光，那是探索、磨砺以及辉煌相伴的十年，是一茬又一茬广播追梦人心手相传、不懈努力的十年，在中国新闻广播发展最快的这十年里，中国之声在一天天成长，作为一个见证者和参与者，我也在成长和成熟。

　　应该说是缘分使我有幸于六年前加入中央台，又有幸与中国之声的同事们并肩战斗了三年。在十年这个节骨眼上要说没有点儿感想和思考那是假话，若非得用一段文字来表达自己的情感和祝愿，心中还真有些诚惶诚恐。因为我深知中国之声的十年对于中国新闻传播的推动和影响，对于中国广播的发展与创新，都深深烙下了历史性的印记；她对新闻传播的探究精神、对新闻立台的坚守品格已让许许多多的广播人感到欣慰、自豪和感动。我也深知中国之声的队伍是一支有理想、有才情、有智慧、有纪律、有责任、有担当的团队，这里有的是藏着的龙和卧着的虎。唯恐自己的只言片语不能涵盖中国之声对新闻广播的十年探索、十年创新和十年收获，唯恐不能写出中国之声的真实来，写不尽中国之声生气勃勃的精彩。可又想到既然是写"我的成长"，那也就释然许多，因为我确实也在跟着中国之声一起成长。

　　作为国家主流媒体的一个新闻综合频率，中国之声从2004年1月1日改革起步，经历了一系列重大新闻事件的洗礼和磨砺，经过几茬广播追梦人的辛勤付出与智慧探索，经过广大受众的精心呵护，一路走来应该说走得精彩、走得坚实。在创新与责任的理念下，传递中国的声音，促进社会和谐，彰显媒体责任，引导主流舆论，面对一系列重大突发事件时不缺位、不失语，面对新媒体的冲击和传媒生态的巨大变化时不动摇、不懈怠，面对传统媒体挑战剧增、市场份额下降和网络传播气势的咄咄逼人时不气馁、不放弃。最终，形成了风格、塑造了性格、打造了品牌。这十年，中国之声形成了一种快速传播、责任传承、文化传递的理念，形成了精细化、制度化、流程化的媒体管理架构，形成了体现国家责任、坚持喉舌性质、尽显广播特色、着力全媒介传播的媒体性格。应该说这十年是中国

赵子忠副台长在中国之声新版节目新闻发布会上致辞

之声成长的十年，也是中国广播成长的十年，更是广播人成长的十年。

　　作为一个广播的从业者，从多年前自己只是一个听众每天早晨起床后打开收音机，到现在每天见到和亲历中国之声的变化，北京FM106.1已成为我工作和生活的重要组成部分。这期间，与中国之声一起见证中国的政治、经济、社会、文化等发展与变迁；目睹一些重大突发新闻事件发生时这支年轻而富有活力和智慧的团队的辛勤付出，共同分享这其中所获得的成功和喜悦。这一切使我在学习和感动中成长，在实践和激励中提高，在喜悦和自豪中奋进，我们在成长，中国之声在成长！

　　作为传统媒体的广播，面对的是受众对信息需求的多元、多样、多变的深刻变化，面对的是大数据时代和信息网络技术对传播生态的革命性冲击，云平台、新移动终端、全媒介传播的大环境和大趋势，必然给广播带来机遇和挑战。但无论技术如何发展，传播平台如何架构，终端如何变换，终究我们必须坚定的是对广播发展的信心和决心。我们也应充分地相信，作为国家新闻广播，只要我们始终专注对国家成长的记录，只要我们始终坚持对人民生活的关注，只要我们始终保持对新闻广播的热情，只要我们始终植根于中国改革发展创新的沃土，我们就会有源源不断的动力和源泉，就会更好地诠释广播媒体的责任，把握中国新闻广播的正确方向，为受众打造一个有责任、有性格、有品质、有影响力、受欢迎的权威广播媒体！

2013年12月4日

勇气下的蛋

王晓晖

中央人民广播电台副台长

往前数2375年，也在陕西，21岁的秦孝公看上了33岁的商鞅，两位青年携手奠定了大中国此后治国管理的基本体制，沿袭至今。中国20世纪的两位风云人物毛泽东和朱镕基对此极为敬仰，一为此赋诗一为此落泪，他们能够在历史的生理频点上找到穿越千年的共振！因为人生来是恐惧的，而强国梦必须大无畏！

其实，每天一睁眼，蚂蚁般的人际互动、社会互动、情感互动、内心挣扎无时无刻不需要支撑着的抖擞！软弱与勇敢的爱恨情仇纠结于人性一路相随。

70余岁打拼出来的中央人民广播电台赋予了一个频率百倍的勇气，放她肩上"中国"分量，让她眼神不再游移，心灵不再旌荡，脚步不再摇晃。

中国之声，十年披荆斩棘，饮马黄河，剑气长江；十年气吞长风千里，十年风展红旗如画！

在这里，听到中国骨节咔咔生长的每一寸，听到同事们心灵颤抖壮大的每一分！

我们并不强大，没有大炮，只能靠炸药，董存瑞的营长说："对，连续爆破，摧毁敌人的火力点！"一"炸"十年！

新闻有使命，所以在我与之结缘的过去才爆发两次大折腾：2003年，中央台三个最大的节目中心——新闻中心、社教中心、文艺中心合并组成中国之声联合舰队，200多人依依不舍别了昨天的岗位，在黑板上、屏幕上、办公室里搬来搬去，重新组合，浴火重生，掀开中央台"管理频率化、频率专业化"的最后一页，迎来2004年元旦中国之声第一声！

2008年，挟冰雪、地震、奥运传播强力，总编室、民族中心节目从中国之声淡出，留军事中心与中国之声并肩，弃大综合为新闻专业的全直播形态、全媒体产品、全新闻流程、全公司化经营杀入媒体竞争主战场！当同事们奔波在奥运火炬直播行程中，一纸邮件得知岗位不知在哪儿、办公室不知

中央人民广播电台副台长王晓晖

在哪儿、办公物品被打包堆在地下室，从穿墙打洞开始，中国之声重装出征！那是个大家委屈在肚里、辛苦在心里、激情在血里的时代；他们背负起全台重任，在全台无私的援助下、目光中，升起中国广播旗舰战旗！

新闻的勇气不仅在使命，更在理智，清醒中质疑魔方般的问题，要有追问"是非不明"的能力，更要达到"黑白不分"的宽容境界。要常问自己：有绝对吗？

每天你的亲身经历时刻在校正新闻的坐标。

真人真事一：

某人参加工作的第一天起，就知道房子的极端重要性，知道了管房子的是单位里权力最大的人，看到了许多同事为分房离婚，结婚，怀孕，挺着大肚子满面泪水在苦苦哀求管房子的。为了房子，我们很多人开始了人生第一次战战兢兢的送礼。在此角度，我们是否要感谢房地产的市场化，即使它再有问题，能走回头路吗？我们宁可面对千千万万的房地产商，也不愿面对一个管房子的。这种可选择性让我们明白：中国商业的进步不仅仅意味着财富，还能够让我们拥有尊严。

那么房地产有绝对的错吗？错的可能是我们的遗忘，以及解决问题的勇气。

真人真事二：

某年，全国"公司热"，某单位一口气开了40多家公司，倒煤炭，倒钢材，倒地皮，倒洗衣粉，倒自行车，倒旅游鞋，倒帆布。一个公司经理上午接了一个要帆布的电话，要价很高，下午就有另一个电话来推销帆布，卖价却很低。一算差价赚大了，赶紧回上午电话，要了一大批帆布，却再也找不到那个要买的人。公司全赔。这40多家公司可能一夜之间就能成立，关掉它却用了10年时光。书生们从此知道商业是需要学习的，而且商业的错误有时并不是来自商业本身。

那么是公司开错了还是公司做错了？

真人真事三：

某年，广播报道了两个新闻事件，引起中央震动：一个是沿海某省几个村庄集体大规模生产不洁净的一次性注射液运往全国，生产者全部是当下的穷人；一个是北方某省农工委下文替商人大力向农户推荐养殖海狸鼠，结果无人收购，十多万农户血本无归，采访机里农民和记者抱头痛哭。我们发现，商业的问题不仅存在于最有钱的人，每一个环节都可能存在着不道德，不管是最穷的人，还是最有权的人。

那么到底是权力的罪恶大还是贫穷的罪恶大？

每年国之大事一次次点燃新闻的火炉：

2020年前我们将经历中国史上最复杂、最深刻的改革：唯一一次把国富和民强紧密绑定的改革。一位专家最近研究了撒切尔、里根、邓小平这三位20世纪的强者：撒切尔是曾经世界第一国家的变革者；里根是现在世界第一国家的变革者；邓小平是未来世界第一国家的变革者。

结论：

一、改革非常需要一位可以促成经济变革的、强力的领导。意见一致并不能催生变革。变革需要清晰阐明目标，展现绝对决心和实现变革的意志力。权宜之计或折中之举没用，必须自始至终，坚持如一。

二、改革要做好接受和应对短期困难的准备，这是取得长期成果必须支付的代价。在形势好转之前，可能会变得更糟糕。但关键是，改革者不要在短期形势逼迫下偏离方向。

三、要承认变革长路漫漫，没有捷径可言，也没有"宇宙大爆炸"式的解决方案。

四、要接受一个事实，改革成果永远不会平等。肯定会有一些人比其他人得到更多好处。而改革成功的奥秘在于，确保每个人在某种程度上都能从改革中受益。

五、改革会出现大量问题，关键在于改变人们的思考，改变他们的想法。

六、实现上述目标必须团结各方力量，而且要把改革的想法向相关方解释、解释、再解释。

《人民日报》评论公开说已经没有大家同步受益的帕累托式变革了！面对拥有非凡勇气改革的国家，中国之声的勇气也当直挂云帆！不管大使命，还是小责任，你愿一起扛吗？

新闻为求真。几代人从生到死不断在修正什么是真实！但事实了解得越多会让人变得更聪明还是更糊涂？更纠结还是更豁达？没有绝对，新闻需要身在当下，心在未来，然后找到身心之间的血脉相连，这条脉既不能长，也不能短。我们就是丈量距离的人，而距离长短决定着能量的正负之比。

难在哪儿？难在尺子是人的思想，因人而异；距离是时代的基因，因变而异。

为此，新闻者永远在问该放弃什么，又该坚守什么。

中国之声有坚守。在这里听到极弱者竟敢单枪匹马挑战强权，极贫者竟能终生扶助更贫者。听到正义、善良、牺牲贯穿十年，信仰被时代颠簸摇晃而痴心不改！那些我们报道的勇者和我们相同：渴望正义与温暖。他们又和我们不同：他们敢于从滚滚红尘中向前一步，人格站在众生之前，心灵跳出胸膛，直照未来。而我们从业者更需时刻扪心一问：我们敢站出来吗？

站出来要踢开诱惑！不为互相祝福的"吃好喝好玩好身体好事业好"，参透人生，悟自然道，得天然心，达则兼济天下，穷则独善其身。那些前行者就是把个体体温在可及范围之内传递出去、涟漪般扩散信心的微尘。

站出来要战胜恐惧！恐惧来自失去，失去权力、财富、既有的一切，乃至不忍的亲人和生命！还有最最无法难忍的名声、尊严与委屈、嘲笑、伪高尚。因为站出来要暴露你的脆弱点，每个人不会周身崇高，你可能因自身的猥琐与不道德被他人追究而击垮，因自身的不完美而不敢追问真理与公平。这个时代许多人战胜了恐惧，证明了亘古以来谁也无权阻挡任何卑微甚至有过失有罪的人追求心中的圣洁良知！

站出来可能会拥抱悲剧！站出来不代表就拥有正果，可能一无所获，需要有一种态度。老师说：要用出世之精神面对入世之事业。这就是一种超然而积极的坚持。

中国需要越来越多站出来的人！在中国昏睡之时，共产党人站出来扛起使命；在中国迷茫之时，邓小平们站出来扛起使命。在史上最快30余年的高速成长之后，我们又到了为中国梦寻找无数使命感的人的关键一刻！

中国之声十年，是发现中国力量驱动自我的十年。感动：因感而动。行动：中国需要你，我，站出来！

这个国家不需要你时时、事事站出来，只需要面对一双眼睛、一股鲜血、一种衰弱、一次无助时，勇敢地冲动一下！

几年前，一个年轻女性记者在中国之声写道："我想，以此为起点，我们一定是在第一时间冲到新闻一线，也一定是在第一时间朗声播报，一定在第一时间告诉你和所有人，中国在经历什么，有什么重要的人和事要被历史铭记。有什么面孔正为改变世界而尽心竭力，有什么心灵正为追求目标而慷慨激昂。"

十年，历历在目的许多故事成为汲取力量、驱走软弱与恐惧的源泉；十年，曾经的老兵要感谢所有人，自豪与温暖像海洛因般令人着魔；十年，想写下所有人的名字，说出所有发生的喜悲人生，难记万一，留待追忆……

十年，我还是要向曾经同事中的三位代表性人物致敬：姬平、丁文奎、陈建奇，在当打之年，未至规定年龄，主动让出领导岗位担任业务指导的战友。换位想，难及他们的人生胸怀；换位想，难及他们对中央台的热爱！记得跟每位只交流了5分钟，他们说："放心，我们支持年轻人上！"每每纠结之时，他们都是振奋的动力！每每面对世俗功利咬啮心灵之时，要想想他们，要常问：我们的脚是站在谁的肩膀上？又该如何薪火相传？

70岁的前辈，20余岁的后生，那些人与事怎能白纸黑字出无限情怀……

一起，就有勇气！

中国之声十周年贺词

王明华

中国国际广播电台副台长

曾任中央人民广播电台副台长兼中国之声总监

十年前，中国之声开播如虎啸龙吟在传播界横空出世，迅速收复多年来中央广播的失地，成为中国广电事业史上的重大事件。作为这套频率的首任总监，我认为它的成功主要得益于传播理念先进和传播人才高端两个方面。当下我们仍处在媒体剧烈竞争和分化重组时期，诚望中国之声的同人们深念当年创业之艰辛，以一往无前的精神继续奋力拼搏，用不间断的创新确保中国之声百尺竿头再攀新高，在媒体竞争中永远高举胜利的大旗。

2013年12月9日

时任中央人民广播电台副台长、中国之声总监王明华在2005年广播发展论坛上致辞

十年

杜嗣琨
中央人民广播电台副总编辑
曾任中国之声副总监

2004年1月1日，随着梅花三弄旋律的开始曲响起，中国之声正式播出。这是中央台历史上诞生的第一个新闻综合频率，由此扬起了中央台新一轮新闻改革的风帆。

十年，白驹过隙。中国之声的一些人员换了，但中国之声品牌，随着它的新闻传播力和影响力，在神州大地家喻户晓。通过中国之声收听新闻已经成为全国许许多多听众习惯的生活方式。

十年，是一个整数的年轮。中国之声的十年，是无数心血、汗水和青春的凝结。这十年，从神州各地收音机里传出的中国之声，有多少新闻震撼了人们的心灵，有多少消息令人欢欣鼓舞。

此时此刻，想起了几个关键词：

一、责任

责任是一个新闻节目的生命，责任感是一种动力，一种担当，一种束缚。责任，像节目的开始曲一样伴随着这个节目的生存，以责任赢信任，是中国之声的宗旨和口号，本着对人民负责，对社会负责的态度，中国之声走过了十年。无数的消息，中国之声首发，无数的新闻，中国之声独家，十年间的突发事件，中国之声更给人留下了深刻印象：爱心守望、风雪同行，汶川紧急救援……这些记录着时代脉搏的坚实报道，将载入中国广播史册。

二、梦想

梦想是目标，也是节目思想的先驱，打造中国最有品质的新闻广播，是中国之声的梦想，也是十年来一贯追求的目标，梦想是要靠着努力奋斗

李长春、刘云山视察中国之声，杜嗣琨（左二）介绍情况

来实现的，中国之声的每一个成员都为这一目标而努力着、奋斗着。在这里要感谢那些丢掉杂念、忘我工作的中国之声的同人们，是他们让我们的梦想越来越接近目标。

三、感恩

感恩社会给了我们这么好的新闻环境，感恩时代给了我们这么多的新闻素材，感恩各部委、各机构和许许多多嘉宾给了中国之声无私的支持。更要感恩的是中国之声的听众，他们的依托与信赖，他们在电波那一端与我们心与心的交流，使我们的编辑、记者、主持人充满了工作动力。

透过清晨的一缕缕阳光，黄昏的一片片晚霞，我们感受到这工作动力似乎无处不在。感恩让中国之声充满阳光，感恩让中国之声精彩纷呈。

今天，中国之声伴着时代的脚步，和所有关心她呵护她的人们一同走过了十年。

十年，中国之声树立了良好的国家新闻广播品牌。

十年，中国之声赢得了老百姓的信任与支持。

十年，中国之声告诉了我们新闻改革的脚步如何跨得更加坚实……

接下去的十年，中国之声将给世界、给中国、给社会、给亿万广播听众带来什么？人们翘首以待。

玉树震后80小时

史敏

中央人民广播电台副总编辑

曾任中国之声总监

　　中国之声10岁，我由记者站来京10年，头7年与大家同在这支钢铁般的队伍里摸爬滚打，所学所感所见识所经历，在我三十余年的职业生涯中最为厚重和珍贵。流自心底一脉，虽浅白却道是真朴———一块儿想、一块儿干，齐心奋进的日子好难忘；一块儿苦、一块儿乐，并肩担当的情分永记怀！是以佐证，提交这篇2010年玉树地震后的随记在此，亦为中国之声10周年庆生掬一瓣心香。

应急报道启动

　　4月14日上午8点刚过，正在办公室听着中国之声节目，一条插播消息：青海省玉树藏族自治州玉树县今天上午7点49分发生里氏7.1级地震，震源深度33公里（后修订为14公里）。啊，出大事了！我快步进入指挥中心。值守在这儿的策划部编辑们已忙乎开来，联系国家地震台网专家，联系时政采访部跑口记者李苑，联系中央台青海记者站……

　　不一会儿，凌晨连线插播："……玉树县大部分房屋倒塌，已有人员死亡……"

　　玉树在哪儿？抓紧派记者。刘钦迅速搜索出玉树地图呈现在大屏幕上。好偏的地方，驻地记者站驾轻就熟，应该最先到达。有人告知：青海站葛修远正在北京参加记者中心培训，地点正好在首都机场附近。我拨通了杨志东主任电话，他当即表示让小葛迅速出发。

　　我与值班总监王凯商定记者人选。特报部白杰戈、陈俊杰。时政采访部的记者们都与自己联系的部委口接上了头。杨超随中国国际救援队出发，公安部消防局、交通部、原卫生部首批救援队伍也都分别允诺给中国之声一位随从记者名额。

　　军事中心孙健主任来电：军事中心记者陈欣、王亮、李寒及中央台空军记

时任中国之声总监史敏在青海玉树震区应急帐篷中赶稿。

者站、武警部队记者站、第二炮兵记者站、兰州军区记者站的军事记者们已经
向玉树进发。

全台各相关部门和频率相继进入了应急报道状态。中国之声休假全部取
消，所有人员上岗，全天节目改变策划、调整播出内容、千方百计寻找前方当事
人连线、约请相关专家进直播间……

一个"汶川地震"式的应急报道阵势拉开了。

请缨出发上前方

赴灾区的记者已经出发，谁去前方带队？蔡小林负责上海世博会报道无法
分身；李涛、王凯主动请缨，我知道他们俩都血压高，不能让他们去高原冒险；
魏漫伦是女同志，首战还轮不到她；侯东合发来短信："汶川地震时我在国际
台去过前方，有些经验，让我去带队吧。"

我拟写了条给王晓晖副台长的短信，请求批准我即刻去玉树。不一会儿，
我电话响了，是王求台长的声音："你到高原能行吗？"我说："没问题。""那
你去吧。前方就你负责指挥。去两天就回来，再去人换。"此刻才发现我那条
短信阴差阳错越级误发给了王求台长。

我开始准备东西，总监办李伟主任立刻上来张罗："给，红景天，对付高

原反应的；给，中国电信手机卡，了解了在那儿这比中国移动好用，再带台海事卫星电话吧。"正说时，技术主管杨华已把这在地震初期最管用的通讯器材拿来，教我如何使用。

军事中心孙健主任可能得到了王求台长指令，来电告诉我：已与空军联系好，你坐他们的包机去，联系人是空军宣传部徐汇东副部长和空军记者站吴德超站长。他们正在协调飞机，没具体时间，你随时做好出发准备吧。

我让李伟与空军领导保持联系。李伟建议我再带一人，我们各自分头回家准备行装。等到傍晚，还没消息，心急如焚，我也给空军联系人打了数个电话。不但一直没确切时间，还告知另带不了人了，只能保证我一人先走。

晚上10点多，终于有确定时间了：15日早上7点半前赶到南苑机场。

搭乘空军大型运输机到玉树

飞机硕大的货舱里堆满了救灾物资，机尾那头20多名身穿中国地震救援队服装的队员还在紧张地装货，他们应该是震后第二批出发的国家救援队员。

苏制大型军用运输机，隆隆地轰鸣爬升，给人感觉就似出征上战场。我们这些记者、军人和救援队员们，局促地挤在机头和两边勉强能打开的折叠座位上。一位救援队员从我面前底下一个纸箱里，抽出几件羽绒大衣，其中一件递给我说："你穿的这身不保暖，这飞机上等下会很冷的，穿上吧，落地后再放回箱里。"

三个多小时后，飞机顺利降落在玉树机场一个远离候机楼的停机坪上。一下飞机就感觉到头沉脚重，平均海拔四千米的高原反应的确不一般。我拉出海事卫星电话，对准位置，在大风里，伴着飞机的轰鸣声，拨通了中国之声指挥中心的电话。

一辆军用通讯车将我们拉到了候机楼。这是一个去年通航的民用候机楼，地震中并未怎么受损，空军已有一支小部队过来保障。大厅里不断有被救出的伤员抬进来，从这里运送到西宁、成都等地。

这般地震后这个机场还能用，真是不幸中的万幸！有了它，救援人力和物资可进，伤员可出，此乃玉树最重要的生命线！当空军徐部长希望我给他派位中国之声的记者值守在这里时，我丝毫没犹豫。事后证明，这里的报道的确很多很重要。

机场外，一辆由青海记者站葛修远联系的青海消防总队的车接上了我们。小葛前一天从北京飞西宁，通过凌晨站长的协调，没出机场就搭上了省政府的包机，几乎没怎么耽搁，成为中央台最早到达灾区的记者。

前方指挥部，一顶不易得到的帐篷

机场距离地震中心的结古镇26公里。我们驶过的几座桥梁都有多处裂缝。越靠近结古镇，倒塌的房屋，以及各种救援的车辆和人员也越多。

救灾总指挥部设在玉树州军分区的大院里。这里几乎所有的空地都搭上了帐篷。台军事中心的陈欣引导我和温国华主任来到我们的帐篷。里面空间约有10平方米，仅有两个茶几、两把椅子。就把这儿作为中央台前方指挥部吧。想写几个字贴上，可没纸墨，更别说有地方打印了。

赶紧联络记者，了解情况，分派任务。这时，汇集在玉树的已有葛修远、杨超、陈欣、王亮、李寒，加我和老温七人。白杰戈和陈俊杰坐着青海站的越野车14号夜里由西宁出发，800公里日夜兼程，还有最后几十公里。帐篷里，我们简单分了工：陈欣、王亮、杨超仍盯现场救援，找感动、抓细节，多做过程式连线直播；葛修远与我盯指挥部，随时报道救援整体方面的最新进展；温主任设法再搞帐篷；白杰戈到了以后去盯受灾群众安置和伤员救治，陈俊杰去机场盯救援物资投送和重伤员转移。

总理来了，"混进"总指挥部大帐篷听会

15日下午，一条重大消息在灾区传开：温总理来了。我从台里也得到这一消息，并知道有我们时政采访部的侯艳随行报道。总理一到灾区直接就去救援现场视察，天都渐渐黑了，还没到总指挥部这儿来。

军分区大院的球场上搭着一顶院子里最大的帐篷，里面正中是一排桌子，两边各有四五排座椅。一队值勤武警走来，四周布开了岗。待会儿总理肯定要在这儿开会做重要讲话。我想此会重要，内容会很多，单靠侯艳不够，应该"混进去"协助做好详尽报道。

快到8点了，一些各级官员模样的人陆续走进帐篷，我见为他们掀开门帘的武警并没有查看什么证件，忙对一旁的小葛说：咱们也趁早进去。开始我们坐在一侧的最后一排，然后我突然意识到这里多被认为是记者席，等下若清

场肯定不保险。我拉小葛大胆地前进了两排，与官员们混坐在一起。果然，不久有人来清场，查看后排人的证件，劝出了一些人。

总理到了。帐篷里顿时坐得满满的。他说了好一阵开场话，句句铿锵有力。难以想象的是：他这样年岁的人，到高原后又一刻没歇，这会儿晚饭还没吃，却依然精力充沛、不知疲倦。他接着让青海省委书记强卫汇报，省长骆惠宁做了补充发言，总理有时插问几句。

我们的侯艳随总理进来后一直在后面边录音边记录，小葛这边也悄悄在扩音器前放了录音机。我感到会议信息量很大，明早《报摘》和《纵横》可分做多条，就先溜了出来给早间部值班主任打电话通告情况。再回头时会还没完，听见里面像是总理在做总结讲话。不好再进帐篷了，我就在外面等着。

又过了些时间，侯艳到帐篷外，给夜间节目做连线，第一时间报道了总理讲话的主要内容。

在玉树头痛的第一夜

葛修远、杨超、陈欣、王亮、李寒到达玉树的第一夜，没有帐篷、没有被褥，只能在军分区一座还未倒塌的危房里，边发稿边打打盹，其间三次余震，他们跑出来又跑进去。今天青海记者站运来8件军棉大衣，陈欣又搞来五床棉被，早已疲惫不堪的他和王亮，穿着衣服，裹着大衣，合盖一床被子睡下了。杨超在白天采访的第四军医大医疗队的帐篷里找到了床位。陈俊杰到了机场与空军宣传干部们同住在楼道里。半夜12点多了，随原卫生部和交通部救援队赶到灾区的刘玉蕾、王誉颖走进了帐篷，帐篷里实在挤不下了，青海站的司机小谢说去车上吧，开着暖气。四人在车上凑合了一夜。

16日，中央台将有19人到达灾区，而帐篷仍无着落，真比身体上的头痛还"头痛"。无论如何今晚要让大家都有帐篷住下。

化整为零，所有人员终于全都睡进帐篷

原先一直指望在总指挥部这个大院里再给增加两顶帐篷，希望这里负责的兰州军区能支持一把，然而军区宣传部门的领导答应了，却迟迟落实不了。的确，这里各大单位多、重要人员多，僧多粥少，他们也难。

我们只能舍近求远，化整为零，求各路神仙了。温国华主任与武警部队和

第二炮兵部队负责宣传的领导联系，他们当即答应，武警安置10人、二炮安置12人。在台里的时政采访部主任王化强协调公安部消防局、青海消防总队安排10人。中央台到前方的所有人员终于可以全部睡进帐篷了。尽管散在各处，相隔近的二三公里，远的五六公里，因交通拥堵，彼此见面不容易，通讯也因信号不稳定，增加了指挥难度，但贴近着各自的采访对象，行动其实更为方便，后勤也有了依托。

生活用品当天也有了保障。凌晨站长在西宁租了三辆车，其中一辆面包车拆了后面座位，装满了他采购的大量物资，大到立式氧气瓶，小到手纸、纸杯。吃的喝的有几十样，而且数量充足，保障一到两周绝没问题。

我真切体会到打仗为何要"兵马未动、粮草先行"。

发现调频102.0，灾区响起中国之声

15日上午到达玉树时，我就打开收音机寻找中国之声，可调频、中波、短波收了个遍，就是没有中国之声。

16日上午我再次打开收音机，在短波2波段上细细搜索，终于找到了中国之声，但信号漂浮不稳定。我回到调频波段再探索，忽然发现有个102.0频率的转播台，声音相对清晰多了，但转播的内容不是中国之声。按广电总局的规定，重大灾害应急时应该转播中央台节目。广电总局和中央台这回已紧急采购了数千台收音机，正在运送来的路上。如果听不到或听不清中国之声那怎么行。

我立即将这情况用短信上报了台领导。王求台长和王晓晖副台长很快回复，让我进一步通过青海记者站和当地广电部门了解情况。我与在西宁的凌晨站长通了电话，他表示立刻向省广电局领导反映。我走出帐篷来到大街上，试图打听找到当地州广电局，可人们告诉我广电局的楼房都塌了，人不知在哪儿了。

不久，凌晨来电了："史总，现在你调到102.0听听。"哈！中国之声有了！前后不到半小时，凌晨就搞定了，真没得说！

灾区广播仍有缺憾，本应大有可为

17日早上，我和二炮宣传处的陈寿福处长几乎同时打开收音机听《报摘》，陈处感慨这时要有大喇叭多好。他也是中央台二炮记者站的站长，身上有两三台不同大小的录音机，而且是自个儿掏钱买的。他肯定是把大喇叭播中

国之声节目的事放在心上了。

就在我回到北京写这篇东西时，他打来电话，很是兴奋地告诉我："今天（注：19日）我们二炮的文化车，停在安置受灾群众和救治伤员的大广场上，转播着中国之声，节目里有很多你们前方记者报道我们救援行动的现场连线，指战员们听得可兴奋了。"

不管怎样，我觉得广播在应急时的作用还是没被充分重视，玉树地震最初这些天，灾区根本看不到电视和报纸，而广播是可以伴随收听的。如果当地有个功率大、覆盖广的调频转播台，如果这个台能在应急时不惜投入并千方百计开足功率，如果又能在第一时间转播中央台听到党和国家的声音，如果当地干部群众手里都有应急收音机或灾后有人迅速提供或在安置地迅速布置大喇叭，如果各级干部善于运用广播发布信息，指导救援救治，引导交通流向，告诉物资如何发放，亲人如何寻找，给伤痛的人以心灵抚慰，如果，如果……，广播在灾害面前可以发挥多大的作用呀。

不惧艰辛、奋勇向前的央广人

玉树地震报道条件恶劣：平均四千米的海拔，氧气稀薄，高寒，由于交通不便，最初后勤依托非常有限。我们每个人到这儿几乎都有高原反应。轻的头沉脚重，重的头晕、头痛、呼吸不畅、面色红涨、嘴唇发紫，甚至呕吐，如果感冒发烧了，引起心肺疾病还有生命危险。

记者们不少是第一时间主动请缨上前方的，即使被指派的也二话没说。他们唯一的念头就是往前冲！青海记者站的葛修远不但接到任务后行动迅速，第一个赶到灾区，每天在总指挥部和救援现场来来回回采访，不断连线发稿，还因他的"地主"身份，帮助大家做了许多后勤方面的事；陈欣、王亮、李寒是军事中心的记者，见他们就像是在战场上打红眼了的战士，不论白天黑夜，不断地冲锋出击，报道的速度、数量、质量都令人刮目相看；中国之声的杨超，名如其人，就是超人，不论是在废墟的瓦砾上报道如何救人，还是在医疗队的帐篷里报道如何治伤，她的那股勇敢劲儿不输男儿，而她那天随行采访转移一位危险产妇到西宁最终婴儿呱呱落地的直播式报道，不知打动了多少听众的心；白杰戈，中国之声"特种部队"特报部的成员，他个头不高但耐力很强，本考虑第二批人上来后就撤换他，可他硬是不肯；陈俊杰，也是特报部的年轻记者，值守在机场报道才几天，他主动热情、眼里有活的工作态度，竟让空军宣传部的徐副部长夸得哽咽起来，对我说："他若是我空军的人，这次非给他记三等功不可"；时政采访部的侯艳、刘玉蕾、王誉颖三位女将，也是巾帼不让须眉的主，17日本也想让已有高原反应的玉蕾和誉颖撤离，可她俩就是不愿意，硬要留下。还有16日第二批增援上来的中国之声的高岩、陆敏、刘黎黎、汪群均、费磊、徐杰峰等六人，一到灾区顾不上休息一下以缓解高原反应，就各自奔赴不同的救援现场，连续不断地采访报道。

　　青海记者站的站长凌晨坐镇西宁，但连线省上消息、接送转走记者、为前方筹集应急物资、协调灾区调频转播中国之声，他可谓是大功臣；司机谢庆安，送记者日夜兼程800多公里，出发时也没告诉正在照顾姥姥的妻子，到玉树后才知妻子的姥姥去世了。

　　我们撤回成都后，两次乘坐出租车，司机都在锁定听中国之声，直讲报道好及时、好感人。

　　这就是改革洗炼后的中国之声节目、中国之声人！

台领导和同事们无比关爱，无奈交接撤离

　　我们前方人员自出发后，多位台领导打电话或发短信叮嘱我们注意安全。王求台长亲自布置为我们紧急采购和运送物资，当质优、量大的补给运到时，媒体的同行们都相当羡慕。知道我们高原反应大，台里提前增派人员前来撤换。

　　这次上高原第一天我就反应强烈，头一夜头痛得基本没睡，第二夜又感冒了，呼吸困难。本想在东合副总监来接替时，与他一起再待上一二天，后来想别有大麻烦，那样反而连累大家、影响报道。

　　17日中午，中国之声的第三批人员：侯东合、张磊、梁兴旺、杨钧天、李欣到达玉树机场，我与东合交接了工作，即乘他们由成都来的这架运输机返回成都。

　　这时手表指向下午3点20分，算一下从玉树地震到现在差不多就是80小时。

后续

　　就要写完这篇随记了，得知19日第四批派出的徐冰、张小艳、王磊、肖湘20日上午终于飞抵玉树了。天气更加寒冷，祈盼我们的前方记者平安无事！

越单纯 越幸福

——重拾中国之声08年改版前后的那些日子

蔡小林

中央人民广播电台新闻节目中心主任

中国之声总监

广播也可以领先媒体

2008年，我们都在一种情绪下奋起，单纯做新闻；2008年，我们都在寻找一种感觉，新闻在手中自由穿梭；2008年，我们都在渴求一种幸福，广播不再低人一等。

现在，许多人都叫我老蔡，五年前曾是戳在指挥中心的一盘菜，现在有那么一段时间没在指挥中心坐镇了。每天想抽烟了，从指挥中心门口飘过，坐在吸烟区，点上烟，看着正在指挥中心井然有序忙碌的同事们，心里偶生感慨。5年，弹指一挥，那时候，抽烟却是宝贵的间歇，我连着在指挥中心坐了两个月，一天没歇，像八爪章鱼一样应付着来自上级还有各个节目的紧急招呼，身体一向很好，从未血压异常的我，那时候血压却嗖嗖地往上蹿，头晕得厉害，频率总监史敏特意花五百多块钱给我买了个电子血压仪，以备随时监测。

如果从2008年8月中国之声改版为"轮盘＋板块"算起，这5年的时间，我面前这个不到一百平方米的指挥中心见证着一批新闻人的成长，见证着一个频率走向成熟，见证着广播的复兴。

2008对中国新闻界来说是重大新闻爆发的一年。从年初的抗冰雪、"5·12"汶川大地震到北京奥运，新闻战役接踵而至。这一年，中国之声没有一次缺位，没有一次懈怠，在多次重大新闻战役中磨砺了队伍，闯出了新天地！时任广电总局副局长的胡占凡专门撰文《广播的新姿态》："在那些极端的情况下，没有了报纸，没有了电视，更没有了网络、手机，但是，独独有广播。人们在地震废墟上神情专注收听广播的画面将永远镶嵌在历史的长卷之中。时代正寄予广播新的期待！"

大事件让广播重现生机活力，也给了中国之声一次难得的机遇！王求台长带领下的中央台领导班子决定由"中国之声"乘胜出击，率全台之先，大刀阔斧全面改版，全方位提升影响力。2008年8月25日，也就是北京奥运会结束的第二天，中国之声十年历史上最翻天覆地的节目改革登场了，"轮盘"这个词，真真切切地出现在中国之声每天的日程表上。每半小时一个轮盘，每半小时一次轮转，这个从字面描述上看起来无比枯燥的

蔡小林总监与早间节目部一起守夜跨年 (2012年1月1日)

节目运行模式，却再一次点燃了中国之声荣耀的焰火。从此，中国之声这二百来号兄弟姐妹，都被捆在这个新闻的车轮上，欲罢不能，无法停步，"7+0"，"白加黑"，365天全年无休，那时候的我们，睡着如醒，醒着想睡，有怨不言，酒照喝活照干。

这五年，我们一直在坚持坚持坚持，也一直在放弃放弃放弃。坚持新闻标准，坚持受众为导向，坚持"快字当头，策划为先"；放弃陈旧的习惯思维，放弃以我为主的上班模式，放弃固有的新闻表达方式。那时侯，我知道唯一不变的就是变化时刻在发生。现在翻看2008年8月的节目人员表和直播安排表，自己都会大吃一惊，面目全非，拿2008年的晚间节目部人员表跟现在的比比，近20个人，只有两个人没动窝，午间节目部仅有四人原地不动，特别报道部从主任到记者全换了个遍。根据节目需要随时调整，五年换三个岗位稀松平常。翻看2008年的直播安排表，我和策划部"大拿"们都有点儿难以置信，这个直播安排的自由度与节目运行要求的精确度实在有点儿不匹配，节目部门还要自行联络一部分连线报道来填充轮盘的虚空，而现在，他们更多地是选择哪条要哪条不要。这些变化都是主动自发水到渠成的结果。

轮盘来了血压也上去了

2008年8月23日16点23分，中国之声所有部门的公共邮箱和主任邮箱都收到了一封来自策划部的邮件，有三项内容：

一、《中国之声》从8月25日开始实行新节目表。新节目表里，除《报摘》《联播》《全球华语广播网》《小喇叭》和早间一个小时的《新闻纵横》等几个重点新闻栏目外，全天共11个小时试行以半小时为单元的滚动新闻编排结构，即轮盘制。轮盘节目统一名称为《新闻直播间》，计22档。

二、中国之声全频率一盘棋，成立常设机构——指挥中心。每天由值班总监带领策划、采访、编辑、特报四个公共部门和早午晚夜四个节目部门的主任值守，共同商议全天选题，由策划部每天深夜甚至是凌晨制作次日全天直播安排表。

三、轮盘除指挥中心特别规定外，在半小时流程框架下，内容和整体节奏由各节目组自行把握。

25日早上8：00，轮盘转起来了。从这一天起，每天一睁眼，我们就要面对18个小时的新闻黑洞，早上六点半到凌晨，按每分钟280字计，中国之声每天要播出302400字的新闻内容。改版前，中国之声23%的内容由自己提供，但改版之后，80%以上的内容要由自己来张罗，新闻吞吐量之大，尽管所有人都有思想准备，但开工第一天，还是让各个节目感到了前所未有的压力。指挥中心倾尽囊中所有，提供连线选题18条，但分布到全天11个小时，简直就是杯水车薪。节目部无米下锅，为了保证不空播，只好死死揪着记者不放，同一件事愣是让人家反反复复连线了三四次，更有一名王姓国际编辑，在22个轮盘里出现了14次。"拿什么填空"瞬间成为当时中国之声上上下下的热词。

比编辑更崩溃的是主持人，他们连续几个小时坐在直播间里，播完资讯播连线，点完片花点歌曲，还要随时算时间，灵活补空和巧妙打断。精神高度集中依然难免控制不好节奏，导听里明明预告的内容，因为前面一个记者说得多了，后面的人就不得不被强行压缩，甚至闹出连线记者说完"你好"说"再见"，根本没提新闻内容的笑话。

在轮盘试播一周的复盘会上，每个部门都一肚子委屈。早间说问题多多，特报说人员严重不足，采访说设备缺乏，编辑说资源平台亟须拓展……

那时候的我们，还不习惯协同作战的理念，也没有一套行之有效的流程约束和考核标准。一切都在摸索中……

那时候的我，和策划部的同志每天泡在指挥中心，面对各方质疑和质问，头大血压高。

常驻指挥中心
从忙乱无着到井然有序

协同作战，降低血压，从指挥中心的功能完善开始。在2008年中国之声改革之前，还从来没有过指挥中心这个概念。所以，当中国之声要成立指挥中心的时候，并且将指挥中心定位为中国之声的大脑时，我还没有一个清楚的概念，指挥中心到底是什么？应该怎么运转？

不管三七二十一，先把策划部的日常办公从三楼的办公室直接移到四楼指挥中心再说。每天一早，策划部的三位同志到指挥中心的第一件事就是营造"战斗"氛围，开启顶灯，打开大喇叭，调好大屏幕电视。因为我往往比大家都来得早，这套活就由我包了，由此也被人戏称为指挥中心技术大拿。

不过，策划部从楼下调到楼上，并非一切万事大吉。这时候的指挥中心依然空空荡荡，除了值班总监和策划部的同志，没有别人。各个公共部门的值班主任依然习惯于待在自己的办公桌前，管着自己那一亩三分地，不愿意在一个大长条的会议桌前集体就位。我几次下令要求各部门值班主任到指挥中心来上班，但坚持不了几天，就又溜回去了。直到我吼出"扣绩效"的威胁，各部门的值班主任才老老实实在指挥中心坐着。为什么非要围坐在一起？除了无障碍沟通，最重要的一条就是有重大新闻时，能随时协同作战，新闻能在第一时间发出，并持续不断形成声势。

人来了，但不代表心也来了。现在回想起当时的指挥中心，如果用一个字来形容，就是"吵"。公共部门和节目部门永远在打架，一个喊吃不饱，一个嚷没有货。有一次开选题会，早间的值班主任埋怨时政采访部值班主任提供的稿子太少，采访部主任针锋相对说，我就这几条枪，哪有这么多题给你，气氛紧张，给点儿火星，当时就能燃起熊熊大火。

不仅仅是他们，我自己还曾经在指挥中心拍桌子怒吼。2008年国庆布置选题，编辑部的一位领导愣是要什么没什么，"节假日我们上哪儿去找这么多新闻来填空"，任我再怎么劝说并出点子，依然不领命。在指挥中心闷了近两个月，我心里的火气也越积越盛，最后拍桌子向这位领导怒吼，当时指挥中心都呆住了，因为他们都是第一次看我发飙。最后，这位领导硬着头皮把任务领回去了，事后证明，国庆长假做纯新闻，完全可行。好在这一切都是从工作出发，我的这次爆发并没有影响到节目和部门的正常运转，也没有影响到我和大家的关系。

每一分钟都要有价值必须改变生产规律甚至生活规律
因为这是创业

"现在听众的收听时间是7分钟，7分钟搞不清你这个频率是干啥的，一定走人，无印象。一年节假日占到三分之一，都这么搞，非死不可，我们还是以产品倒推流程，先让消费者满意，再让我们满意。千万别倒过来，我们先满意，放羊了，结果辛苦白费。"从筹备开播到开播之后的相当一段时间，当时分管中国之声的王晓晖副台长几乎每天早晨都会在腾讯通（中国之声内部的即时沟通软件）上发出这样令他忧心的文字。这让在指挥中心值班的我如坐针毡，血压时时上升，"内容内容内容，新闻新闻新闻"，这样的字眼时时刻刻在我眼前闪烁。但是，中国之声从一个以编辑内容为主的广播频率到类新闻内容提供者谈何容易。多年习惯的工作节奏和新闻生产方式要改起来也不是一天两天就能办到的。

2008年中秋小长假后第一天上班的情景时常闪现在我脑海里。2008年9月14日，农历八月十五，中国首次实施"中秋小长假"。考虑到同志们改版以来连续三周的疲劳状态，频率自行决定三天小长假在轮盘里多放些歌曲和相声。由于历来过节闹"题荒"，策划部和编辑部又按照多年来的老习惯共同找了些应景，但时效性不强的选题布置下去。9月15日一大早，在腾讯通上刚指示完的副台长王晓晖的电话又打过来了："这几天听节目，15分钟里有广告、有形象宣传版、有音乐、有相声，就是没新闻！这意味着什么？意味着你打着新闻频率的旗号在骗人！一个有标准、有明确定位的产品，一定要去改变我自己的生活规律，去生产让受众习惯的节目。"

放下电话，我走进指挥中心。经过三天的休整，同志们原本绷得很紧的那根弦，似乎真的有所松懈。报题表稀稀松松，新闻播报慢慢悠悠，和节前相比松快了不少。我们已经实现了新闻"黑+白"，看来这一次必须狠下心来，投入"7+0"（节假日无休）工作模式。

当时的中国之声总监史敏一宣布这个决定，大家就炸开了锅……

原本突发应急时的临时工作状态被常态化了，我们的兵马再强壮，还能持续多久？轮盘上马以来，新闻缺口始终没有很好解决，直播小状况不断，一些中国之声的老听众也常打电话，反映不适应如此快的播报节奏。我们的改版到底有没有意义？我们摸黑前行还要走多远？

群情低落之时，王求台长来了。他先是召集不同部门的骨干分别座谈，在了解基本情况后，又让大家坐在一起开碰头会，面对面摆问题、说办法。每次会上，王求台长都亲自问话、认真做记录，采访设备、人力不足等许多问题都是当场拍板解决，全台范围予以协调支持。

王求台长给大家打气，目光坚毅、语气坚决。他说："机遇难求！开弓没有回头箭，挺也要挺下来！中国之声是全台改革的龙头，只准成功，不许失败！胜利就是做别人认为做不到的事情！"

当时分管人事和技术的副台长赵子忠来了，要人给人、缺设备给设备，现场办公、专项商议、专人落实、特事特办，一切为中国之声的改革开绿灯。

开弓没有回头箭。为了强化新闻意识，坚持新闻标准，我们全频率通报处罚了一位朝夕相处的同事，因为她漏掉了一条重要新闻。2009年1月15日，铁道部紧急召开春运发布会，跑铁道口的记者却毫不知情，没有去现场也没有发回任何报道。据我所知，这也是中央台历史上第一次因为漏发新闻而处罚记者。从此，我们不再害怕出现集体无意识的状态，不再担心从眼前溜过重要新闻而浑然不觉。

开弓没有回头箭。我们承受住了战时应急状态变成日常工作状态，一直坚持到现在。相比改版前，每位员工的工作强度都至少翻了一番，特别是以前可以正常休息的周末现在必须大家轮流上班，对上有老下有小的许多人来说确实是一个很难适应的改变。这也引起了家属们的不满。改版后的一天，我接到了一个从台里转来的"上访"材料。节目部门的一位主持人因病刚做完大手术，需要天天吃药增强体质。为了应对突然大幅度增加的工作量，她把药的剂量加大了一倍。她自己没说什么，但老妈妈担心了，怕这样会再次引发重病。思量再三后，她瞒着女儿给台里相关部门打来电话，表达自己的忧心，希望能适当减轻工作量。接到这份"上访"材料，我眼前似乎浮现出每一位员工和站在他们身后的整个家庭。中国之声的成功背后，真的是每一位员工和无数这样的家属们在努力支撑。让人感动的是，这位主持人不但没有提别的要求，回家还宽慰妈妈说，比我辛苦的还多着呢！

处理完这个特别的"上访"，我们也开始反思，仅仅是提高待遇，远远不能回报这些可敬可爱的员工和家属们！中国之声要想实现飞跃式的发展，必须靠团队文化和激励机制，才能更好地培养人才、凝聚人心，每一位员工的成长，就是中国之声的成长。从2008年起，中国之声陆续推出了"员工月度之星""月度优秀主持人""月度观察员之星""年度十佳员工"等评比。相比于物质奖励，这些评比无论是评选过程还是颁奖设计等都更加突出荣誉感、归属感，每一次的颁奖都成为一次"盛典"，让人回味，难忘。随后诞生的"中国之声文化季"更是百花齐放、精彩纷呈。一年一度，全员（包括家属）参与，琴棋书画、吹拉弹唱、健身益智、吃喝玩乐……其乐融融的文化季，把中国之声变成了一个欢乐大家庭！让每一位员工在中国之声尽情展现自己的精彩，迅速成长，自由舒展，是一个"大工程"。也许我们做得还远远不够，但这是我们一直在追求的目标。

以受众为导向，把不可能变成可能

2008年10月7日起，中国之声轮盘小规模调整。《新闻直播间》改称《央广新闻》；整半点报时改为自动弹出；引入"重点关注"和"全天导听"概念；取消轮盘中歌曲的环节；直播安排要求把所有档重点关注填满，减轻节目部自己找题的压力。

与此同时，中央台采编系统和联汇工作站双平台展开广泛培训，所有中国之声员工都要学习、考试，凭证上岗。新系统大大方便了新华社、记者站和地方台稿件的收发传送，从根本上提高了工作效率。

这段时期还特别强调了把公共部门做大和确立指挥中心权威性的问题。如果还停留在节目部门分头行动，各自为营，节目改版就等同于空谈。

为了实现全频率统一作战，我们给各个节目部门都减了编制，甚至把他们部门的核心骨干挖出来，充实到记者队伍、策划队伍、编辑队伍里来。这对节目部来说，是切肤之痛，但长痛不如短痛；这对公共部门来说，是喜从天降，但欣喜没有几天，对他们的发稿考核标准跟着就来了。想坐在家里等人约稿的好事情一去不复返了——完不成任务，就失去了绩效。

为了彻底释放指挥中心的统筹能力，我们规定：只有重大突发事件，也就是用到"Breaking News"的片花时，记者才可以在向指挥中心汇报后，跳过公共部门直接到机房插播。剩下每天中国之声要关注哪些东西，谁来关注，谁来配合，导听怎么设计，主持人怎么规范表述、统一风格等等都需要指挥中心统筹规划。

没过多久，中国之声运行流程逐渐顺畅起来，节目部门和公共部门的思想开始统一，全频率都更强调执行力，新闻生产流水线已具雏形。

那一年，我们大胆直播美国总统大选辩论。2008年10月，美国总统大选如火如荼，奥巴马作为首个黑人竞选者吸引了全世界的目光。第一场副总统竞选的电视辩论过后，我们冒出了一个想法：直播电视辩论，行吗？台领导拍板：行！你们拿方案！直播间里切进了CNN的电视信号，一位美国海归新闻硕士，一位曾经的联合国新闻官，坐进直播间，一边看电视直播，一边用他们的专业功底和新闻历练来进行中国听众需要的翻译和解读性直播。择其精华，同时又佐以背景知识介绍、深度分析等，既规避了直转CNN信号的政治风险，又满足了听众需求。当时参与直播的王健回忆说，这样的断续直播一直持续到奥巴马就职典礼。当时已经是北京时间的深夜时分，正在直播的他们在与听众互动的短信平台上看到了这样一条短信：中国之声，真牛！正在直播美国总统就职典礼的华语媒体只有两家，一家是凤凰卫视，另一家就是中国之声！

那一年，我们着手研究起"如何把节目和推广相结合"。一向被看作是替别人吆喝的广告载体，也开始在地铁、公交、网站以及电影贺岁片中宣传自己。2008年12月5日，《梅兰芳》首映，中国之声推广也正式拉开帷幕。一位已离开中国之声现在央视工作的同志给王晓晖副台长发来了短信："梅兰芳，好看；中国之声，更牛。这几年学会了不着急，但昨晚观影后还是很受触动。中央台早这么整俺就不走啦。"

越来越多的地方台同行开始关注中国之声的改革。有人私下跟我说：中国之声这段时间表现出的神勇让他们深感不安。越来越多的中国之声人开始认识到改版的方向正确。他们发现：以前不太积极的那些部口开始重视我们，并且愿意在第一时间主动联系我们发稿。

变革就是这么奇妙。我们尝试着改变自己，去迎合市场规律和传播规律，即使小碎步调整，也会有大跨步前进！

中国之声，接下来您将收听到的是……

2009年1月1日，中国之声改版由试运行转轨正式上线。接下来的事情，媒体人或许都知道：中国之声在广播乃至整个群雄逐鹿的传媒市场，引领了一场声势浩大的新闻革命。

在"最新闻"理念的支持下，广播轻骑兵处处抢占先机。策划为先、"快"字当头；差异化挖掘，标准化管理；做"有深度、有温度的新闻"，做"有思想、有责任的媒体"。

我们不惜成本组建专家智库和观察员队伍，在重大事件和社会焦点中快速反应，答疑解惑。我们在网络微电台、微博、微信等新媒体领域里抢先发声，拥揽"云传播时代"关键一席……

我们时至今日，仍然在完善，在改变。

回望中国之声一路走来，欢笑中有泪水；我们单纯，但我们幸福。可谁又能知道下一秒，世界将如何改变？

中国之声，接下来您将收听到的会是什么呢？

又一次对梦想的托举，我和你一样期待！

那些并肩战斗的日子

军事宣传中心

一、危险时刻，共同记录难忘中国之声

2013年4月20日上午8点02分，四川雅安芦山发生7.0级强烈地震。10点整，中国之声推出特别直播节目《雅安紧急救援》。此时，军事中心主任李真已经带领一批精干军事记者，向灾区第一线进发。在军事中心积极协调下，中国之声抗震救灾报道组与军事中心报道组合兵一路，搭乘空军第一架救援专机直飞成都。当大型运输机降落在成都双流机场时，早有另一架军用直升机旋转着桨叶在停机坪等候，接上中央台报道组成员立刻腾空起飞，直扑向震中芦山县。直升机刚降落在芦山县城，军事记者王亮的卫星电话连线报道就已经在中国之声直播节目中播出……这样的报道反应速度，在所有中央新闻媒体当中独占鳌头。

巨大自然灾害面前，各方援救力量迅速向芦山这个小县城集中，力量整合迫在眉睫。4月20日深夜，军事中心李真主任、中国之声侯东合副总监在救灾部队支援的军用帐篷里运筹指挥，台内所有一线报道力量全都纳入前方报道组统筹使用，各路记者被科学部署到灾区一线各方向，全方位立体报道格局已然形成。在中国之声和军事中心强有力的联合指挥下，国家电台的芦山抗震救灾报道始终井然有序，在救灾行动进展的各个阶段都牢牢掌握着舆论主导权，特别直播报道《雅安紧急救援》成为各大门户网站争相转载的热点新闻。

芦山抗震救灾报道中的密切合作，是军事中心与中国之声十年来团结协作、良好互动的又一个经典范例。

无论是2005年以来以"神舟""嫦娥"为代表的8次航天题材大型现场直播，还是2008年抗击冰雪、汶川抗震救灾，2010年玉树、舟曲等重大自然灾害救援行动；无论是中外联合军演、亚丁湾护航、首艘航母服役等重大军事任务，还是在三沙建市一周年之际组织记者深入西沙群岛采访守岛官兵——这十年来，伴随着中国之声的诞生和成长，军事中心积极发掘优质军事新闻资源，不断深化与中国之声的交流合作，有力提升了国家电台

军事宣传中心和中国之声在王求台长带领下共同完成《走近橄榄绿》大型采访报道活动

的新闻品质，在合作中实现了共赢。

二、精诚合作，努力引领新闻舆论导向

2013年初，在中央台年度业务评奖中，军事时评节目《晚高峰观军情》高票当选为中央台优秀栏目。这既是大家对军事中心业务工作的认可，也是对中国之声独具慧眼开辟军事宣传新窗口的肯定。

时间要追溯到2010年初。当时正在运筹策划新一轮新闻改革的中国之声节目负责人意识到，军事时评节目是当下非常重要的优质新闻资源，军事中心多年来培养的一批军事观察员是提升媒体影响力的宝贵财富。经过双方协商，军事中心原有的《国防时空》节目仍然在早间时段播出；与此同时，在中国之声《新闻晚高峰》节目里再开辟一个新栏目《晚高峰观军情》，由军事中心组织军事观察员每天评说热点军事话题。

2012年以来，《晚高峰观军情》节目从内容到形式又进行了大幅改革创新。军事中心领导经常带领编辑部共同研究当天的"观军情"选题，逐字逐句审定稿件，着力突显国家电台军事评论的及时性和权威性。细心的听众可以发现，现在的《晚高峰观军情》时效性更强了，专家的评点速度更快了，以前反映的往往是"本周军事热点"，现在军事专家们评论的基本都是"当日动态新闻"。与此同时，《晚高峰观军情》的选题视野更加开阔，对国际军事形势的观察把握更加准确。这些变化里面，包含着军事中心领导和编辑的无数心血。

在大家的共同努力下，《晚高峰观军情》的收听表现也越来越好。上至军委总部领导，下至普通听众，都对这个节目予以越来越多关注。节目的播出内容经常被成百上千家新闻网站转载。

近年来，从国庆60周年首都阅兵到我国首艘航空母舰交接入列，从中国成功开展陆基中段反导试验到中国宣布划设东海防空识别区，每当涉及国防和军队建设的重大新闻事件发生，中国之声都第一时间打开节目窗口，既有记者连线、深度报道，又有专家点评、背景分析，真正实现了全方位、多角度宣传。中国之声《新闻纵横》《全球华语广播网》等节目虽然尚未开辟军事宣传专栏，但是每年播出军事题材深度报道和中央台军事观察员的评论都有100多篇，同样为军事宣传做出了重要贡献。

三、追求卓越，共创中国之声辉煌

2012年6月，举世瞩目的神舟九号载人航天飞行任务开始实施。中国航天员要在太空首次完成与目标飞行器的交会对接，并首次访问进驻天宫一号。

军事宣传中心和中国之声的采编主持人员共同完成航天直播报道任务

为了通过国家电台完美呈现这个历史时刻，军事中心与中国之声早在当年4月就开始密切协作筹划报道事宜。军事中心派出了强有力的采编力量，中国之声也派出了最优秀的新闻节目主持人。两支力量联合行动，不仅采访了中国载人航天工程各大系统的负责人，而且逐一采访了神舟九号乘组景海鹏、刘旺、刘洋等三位航天员。军事中心和中国之声记者联系采访了中国载人航天工程办公室副主任、中国首飞航天员杨利伟。在多方努力下，我们让担负直播任务的主持人和记者走进航天员科研训练中心，进入神舟飞船全真模拟训练舱，在2米见方的返回舱里，坐在航天员的座位上，体验航天员如何操纵手柄完成交会对接，在轨道舱里体验航天员如何休息、如何打开舱门进入天宫一号；我们让记者拜测控专家为师，一帧画面、一帧画面地学习怎样从北京飞控中心大屏幕上"看门道"。通过一系列精心准备，军事中心和中国之声的主持人和记者共同组成写作班底，八易其稿撰写直播大纲。

2012年6月18日，神舟九号航天员圆满完成了交会对接和访问天宫一号任务，中央台直播组在北京航天飞控中心也圆满完成了现场直播任务。这期节目受到了各方的普遍好评，并获得中国新闻奖一等奖。

2012年10月底，由军事中心组织的"走转改"大型报道《走近橄榄绿》在云南全面展开。王求台长亲自带队，中国之声蔡小林总监率领几位优秀记者，和军事记者一起上高原、走边防、进哨所，深入武警各警种基层部队营区，实地体验军营生活，现场连线报道官兵们戍边卫国的奉献情怀。

十年来，中国之声始终有"拥军"传统，总是把最优秀的记者、编辑和主持人派到军营去采访报道。2004年，中国之声刚刚成立时，《人物春秋》栏目记者张小艳、向菲、冯会玲、孙巧稚等深入呼伦贝尔边防一线，不顾蚊虫叮咬、路途艰辛，在边防连队蹲点采访，采制播出了7集连续报道《边防行》。2005年、2010年，中国之声副总监李伟、侯东合先后随南沙巡防区官兵深入南海一线采访，他们和战士一样，被海风吹红了脸膛，被骄阳晒脱了皮。2009年，人民海军、空军成立60周年，中国之声主持人周强、雨亭、郭静等随中央台直播组走进海空军部队，先后完成10场现场直播……所有这些报道，不仅深深印刻在部队官兵心里，也成为中国之声成长发展的重要组成部分。

致敬，中国之声

阙平

中央人民广播电台人力资源管理中心主任

曾任中国之声副总监

难忘中国之声

在你扬帆起航时，

我是船上一名摇橹的水手；

在你乘风破浪时，

我是船舷边一朵欢呼的浪花。

感恩中国之声

我的每一次出发，

都有你悄然吹送的东风；

我的每一次到达，

都有你浅吟低唱的和声。

加油中国之声

你前进的号角，

是声震长空的赞歌；

你豪迈的身姿，

是照亮航程的灯塔。

为了尊严和理想

李涛

中央人民广播电台综艺节目中心主任

新媒体宣传中心主任

曾任中国之声副总监

中国之声走过十年，她的荣誉和影响不仅给我们这些参与者带来了自豪，更是激励我们前行的精神支撑，无论是仍身处新闻一线，还是散落于其他业务。当我受这本书的编辑之命写几句话的时候，却不知从何说起才好，实在是自己在其中发挥的作用微不足道，唯一可心安的是：没有做一个旁观者，而是以满腔热情，主动汇入了这场关乎央广新闻人尊严和理想的改革洪流。

在央广22年的职业生涯中，有20年我是在时政记者和负责时政采访的岗位上，在这个很多业内人和圈外人都认为是不易出成绩、鲜能出彩的领域里，我和我为数不多的同事们，在中国之声大张旗鼓改革前和改革中，都一直在默默地自觉地探索，说起来并没有天将降大任的先见和豪迈，只是出于一个朴素的想法：不能输给我们的同行新华社和中央电视台的记者，不能放弃我们心底的新闻理想。

因此，还是从业务说起吧。

2006年8月，在上海的中国新闻奖获奖者研修班上，我做过一个发言，那一年度，我们中央人民广播电台时政部有3篇作品同时获得中国新闻奖。有的同行，特别是跑过地方时政新闻的朋友会问：你们的稿子审过吗？细心的朋友会发现，中央人民广播电台播出的时政新闻绝大多数与同样具有采访权的几家媒体是有区别的，有些还是独家的。大家会问：你们这么做不怕出问题吗？

其实，很多中央领导都是听广播的，一些主管部门的领导也听广播，有时候，一个小小的失误他们都会指出来。我记得那年有另外一个评奖，我的一篇作品被评为一等奖，但某个部门的负责同志提出异议：这篇作品

习近平总书记在青岛大学附属医院黄岛分院，看望"11·22"中石化输油管线泄漏引发爆燃事故受伤人员。持话筒者为中国之声记者温飞。

习近平在美国白宫会见美国总统奥巴马。中国之声记者焦莹（右一）现场采访。

时任国务院副总理李克强在出访途中看望记者，与中国之声记者刘乐握手。

中国之声记者冯悦（右二）随时任国务院副总理李克强赴内蒙古包头火车站考察。

领导审了吗？并非这位同志警惕性高，而是我们的送审制度实在是深入人心。并不是说审稿一无是处，作为被采访对象，尤其是当这个采访对象地位较高，一言一行可能产生大的影响时，记者采写完稿件，请被采访对象看一下，会起到核实事实的作用，使报道更准确、更全面。一些活动，像重要的国际会议，是禁止任何媒体进入的，这时，外交部发言人在会后对记者的新闻发布就非常必要。这些是业内人不言自明的道理。另外，一些重大事件，你随意删改恐怕听众也不会答应。

但把送审当成不可逾越的规矩，把审定稿当成必须一字不能改动的通稿，却是不合时宜的。其实，早在2003年4月，中央办公厅就专门下发《关于进一步改进会议和领导同志活动新闻报道的意见》，指出"会议和领导同志活动的新闻报道过多过长影响宣传效果的问题比较突出，干部群众意见较多"，要求"中央和国家机关要带头，各级领导机关和领导干部要严格自律，自觉支持新闻媒体改进报道工作，使新闻报道更好地贴近实际、贴近生活、贴近群众"。

温家宝总理会见侯祥麟院士，中间持话筒采访者为作者李涛。

记者赵雪花将中国之声两会报道光盘赠送给温家宝

　　这就可以回答前面那个问题了，为什么我们可以不用送审。审稿这个不成文的制度在一段时间里在某些领域内还不会消失，这是毋庸讳言的。但我想，最重要的是媒体应该自觉打破这个制度。如何打破？首先报道必须是用事实说话，要经得起推敲，要让受众满意。我常跟我的同事讲，我们的报道必须做到四个满意：一是中央领导满意；二是业内专家满意；三是普通听众满意；四是自己满意。只有做到这四个满意，才不会轻易遭到批评，创新之路才会向前走。

　　试想，如果我们的报道和电视台、通讯社播发的一模一样，那还怎么体现广播的优势？正因为我们敢于尝试，敢于创新，才会把时政新闻这块被很多人认为无所作为的园地耕耘得像个样子，园子里有花有草，有自己的特色，才会引起关注，受到重视。2006年两会期间，国务院办公厅和总理办公室的负责同志通知我们，中央人民广播电台可以采访总理在国内的考察活动了。很长一段时间，中央领导同志在国内的考察活动只安排新华社和中央电视台的记者采访。这个决定让我们很受鼓舞，是对我们报道工作的肯定，同时也让我们倍感压力。但在一次随行采访途中，总理办公室的负责同志明确对我说，你们的节目做得很用心，很活，有自己的特点，照这个路子继续做下去。这番话让我们释然，也让我们更有了自信。

我再来回答第二个问题，就是怕不怕出问题？当然怕，而且有三怕：因为你在采访时代表的不是个人，而是中央人民广播电台，如果报道出了问题，就会累及全台，让全台为你背包，这是一怕；因为你的报道不是用来孤芳自赏的，而是要传播出去，会影响到成千上万的听众，如果误导了听众，这个责任太重大，这是二怕；因为一个失误而使自己和同事探索的时政新闻创新夭折，是自己不愿看到的，这是三怕。

温家宝在玉树地震灾区，穿黄衣者为中国之声记者侯艳。

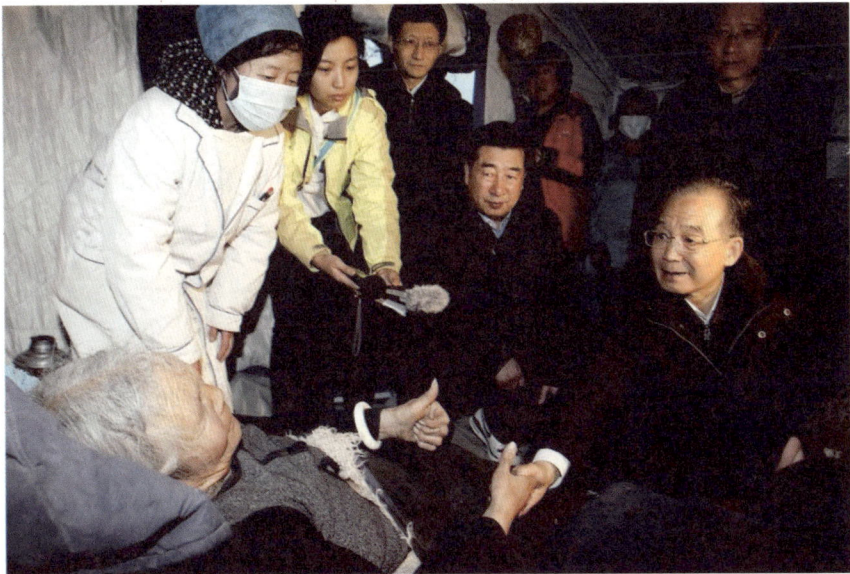

但是我又不怕。我们的创新遵循新闻规律，并且是循序渐进、由易而难进行的，用一句大家耳熟能详的话讲，就是积极而又稳妥。这里我想分三个层面简单地介绍一下。

第一，把外事报道作为时政新闻创新的突破口，通过新闻和专题两个节目形式，将动态和深度结合，大局和细节并存，让一个单纯的外事新闻报道具有历史纵深感和重大的现实意义。

第二，把两会报道做成时政新闻的亮点。会议报道往往为人们所诟病，但会议又是我们获取新闻的重要来源，特别是一些高层参加的重要会议，一句话有时就是一个重要的信息。但按照过去的做法，一篇会议报道往往面面俱到，实质信息却淹没掉了。我们在通稿之外，有意采写一些独家报道。比如2004年两会期间，我采写了两篇特写：一篇是《总书记和农民代表话三农》，一篇是《总理请代表讲真话》。这两篇独家报道播出后，马上收到专家和听众反馈。他们称赞记者"不偷懒不贪图省事的勤奋精神来源于对广播特点的深刻理解和运用，应予大力提倡"。

第三，充分报道好中央领导的政治活动。与外事和两会报道相比，政治活动更敏感更重大，像中共中央全会、中央领导的国内考察活动等，都属于这一类。所以，我们在外事新闻和两会报道创新得到认可后，才着手对这类时政活动进行改进。以随行采访温家宝的考察活动为例，我们着力在独家新闻上下功夫，这不仅体现了我们广播记者的敬业精神和对新闻的敏感性，而且对广播在媒体竞争中占据有利位置也非常重要。

后记

说到央广时政，很多人会想到2008年年初南方低温雨雪冰冻灾害时温家宝通过我们的电波向全国听众和灾区群众问候的独家报道，会记起一篇篇来自前方的独家消息被新华网等几百家网站纷纷转载的盛况，会记着汶川大地震时在突发艰苦情况下仍能处变不惊通过卫星电话发回的大量现场音响。一些业务专家可能还会说，央广时政报道在苛刻的评选中，那几年犹如小火山喷发般每次都有多篇作品获奖。

我觉得，十年，只是驻足回望，还远没有到盖棺定论之时，在大变动的时代，新闻人肩膀上的那份责任更沉重了，路遥且远。

写给中国之声十周年

何善昭

曾任中国之声副总监

扎扎实实以中国梦为动力，

大力引导正面舆论，

传递正能量；

认认真真担当媒体责任，

颂扬民族华章，

为百姓发声。

祝愿中国之声，

在改革发展中昂扬远航！

以责任赢信任

中国之声　责任至上

CNR 中国之声
中央人民广播电台

不鸣则已·一鸣惊人

我与中国之声的三次标准化

王凯

时光转眼十年，十年来的许多事值得回忆和铭记。让我感到印象颇深、近来脉络愈加清晰的，是关于中国之声的三次标准化经历。

初创时代的探索模板

一曲动听的"梅花三弄"响起，改变了半个世纪的呼号。2004年元旦，中央人民广播电台第一套节目，正式以"中国之声"呼号播出，它成为了国家电台第一个专业的新闻综合频率。那一年，中国之声有了知名的"江南七怪"，原新闻节目部扩充更名为新闻编播部，部门领导从一正四副，变成了一正六副，主任蔡万麟（现任经济之声总监），副主任除了我还有田山川、姜保红、高岩、李伟、彭忠蛟，六男一女，形态各异，阵容壮观，被人戏称是"江南七怪"。人马从二十几人一下壮大到近四十人。

从新闻节目部变成了新闻编播部，从"节目"到"编播"仅两字之差，压力却是空前的。根据总体方案，当时中国之声节目有了日常版、周末版。除了负责《新闻和报纸摘要》《全国新闻联播》外，创办周末大型新闻直播板块节目《新闻直播间》和日常版《第一报告》节目的任务落在了我们肩头。这是一次前所未有的尝试。早午晚，三档270分钟的直播。在此之前，除了原社教中心的《午间一小时》节目，中央台第一套节目清一色的录播节目。录播改直播，今天看来不算什么了不起的事，但当时却充满了艰辛、风险和挑战。创办工作具体由我和高岩两人负责。

在中央台，新闻部夜班的累是出了名的，而刚开始，不摸门的我们干得比夜班还苦。因为当时的困难，主要是有两个，一个是人员，一个是稿源。人员不多，还要兼顾全天12档整点新闻《新闻进行时》的编辑、发播。且多数人是编辑短新闻出身，操作大时段直播经验少，少数来自专题部门的文艺青年，欠缺的是对速度和新闻价值的把握。资源上，当时正赶

中国之声管理制度系列手册

上互联网媒体第一轮泡沫破灭，门户网站大多挣扎在生存危机的旋涡之中，新闻的数量和质量，都无法与传统媒体抗衡，更没有办法与今天相提并论。当时我们能借上力的只有传统渠道的新华社和记者站。当时地方台做新闻的力量十分有限，多数台往娱乐化和聊天上靠，生存挣钱第一。

白手起家，到处化缘。从《报摘》出来的柯成韵、夏威、赵军、李赢挑起了凌晨赶写3000字"报纸版面介绍"和"一周新闻盘点"等任务。刘钦、焦莹联系成了二套经济之声的一周车市、一周股市点评，庞莹、刘玉蕾找来三套音乐之声的流行歌曲排行榜，加上图书排行，生活服务、天气信息等。如今用惯了JINGLE单的幸福小编们难以想象，当时还用开盘带，一次节目十几个带子摞得老高老高，女生一次都搬不过来。一个主任带四个编辑、两个主持人，一档直播文案一万多字，全天三档，头天准备第二天直播。从前干惯了半小时节目要准备一星期的专题编辑，熬一晚上只负责写一个500字报纸版面介绍的夜班编辑，当时是凭着怎样的勇气、毅力和坚持，咬紧牙关扛过来的啊？！战争中学习战争，边干边学，边摸索边完善。从筹备到起步运行，前后两个月所有人没休息一天，人仰马翻，七荤八素，一套完整节目的运行文案模板，逐渐清晰地呈现在我们眼前。

节目初创虽然通过了审定，但专题色彩过浓，新闻行进感不强的问题也比较突出。当时兼任中国之声总监的王明华副台长（现任国际台副台长）提出，不能做成专题节目，还是要进一步强化新闻性。开盘带的录音报道要少做，要以记者连线为主。要像黑夜中打手电四处寻找目标一样，带着听众天南海北去了解那些未知的新鲜事。于是，每天特别是周末，编辑忙着往记者站打电话，排班连线，"记者连线"这一方式渐成新闻广播的主角。但刚一开始的连线与今天有很大不同，如同中央台之前所有的新闻直播一样，为了保证安全，记者连线内容必须提前写出来，设计好问题，传由主任审改后，交给主持人和记者，直播时双方的问答基本上属于"双簧式"的"对口型"念稿。当时中国之声还建立了"黑名单"，口头表达不达标准的记者被婉拒连线，为此，中央台专门组织过好几期连线记者普通话培训。

模板有了，连线有了，尽管依旧劳累辛苦，尽管一切还显稚嫩，但《新闻直播间》终于告别最初的忙乱，走向有序。当一切似乎刚刚开始顺利起来的时候，一个"搅局"的人出现了。他就是苏扬。那时他刚刚从北京台应聘进入中国之声。起初有编辑来向我吐"苦水"，辛辛苦苦熬了一通宵的文案，直播时被他信马由缰，冲得七零八落，面目全非。明明设计好的一个问题，随便就不问了。后来甚至我改定的大段文字也被他抛到九霄云外，无影无踪了。主任批评，苏扬态度是极好的，点头是连连的。可进了直播间，过不了10分钟，一切照旧。矛盾激化！从此，苏大腕"不易合作"之名不胫而走。

当时为了保证安全播出和节目质量，防止主持人无话可说或口水话过多，直播文案串词，甚至连主持人的问候语，都必须由编辑一字一句全部写出来。直到有一次，有位编辑病倒，《新闻直播间》晚间一小时实在分不出人手去写文案。我打算做一次尝试，也给苏扬一个机会。我让他自己准备一个提纲给我审。当天节目是一期"记者亲历"，对话采访的是一位时政记者，谈她随访领导人的法国之行。一小时节目短信上千条，听众反响热烈……后来又放手让苏扬试过多次，效果不错。当然提纲和主体内容需要提前沟通确定，避免泛泛大而化之。可以说，正是围绕着直播文案的冲突、碰撞和磨合，一个更加"标准"的文案模板出炉了，文字简化，操作简便，重点突出。

正如高岩的自我调侃，"办一个节目死一个"，现在《新闻直播间》和《第一报告》在中国之声早已作古，但在我看来，深含其中的理念、意志和精髓却活了下来。央视"延用"了《新闻直播间》这个名字，"资讯+连线+评点"的形式和骨架，已在中国之声做得风生水起，精彩纷呈，连线已经成为广播记者行走江湖的制胜武器。当年将整套节目运行模板交出去时，记不清我们谁说了一句，就像看着我们的"孩子"被别人抱走，五味杂陈。十年后的今天，回头看去，你会惊奇地发现，十年前的树苗，如今已蔚然成林。

被逼出来的编辑标准

2008年，那年我40岁。中国之声这艘中央台旗舰迎来了影响深远的跨时代远航。新一轮改革大刀阔斧，披荆前行。我被任命为新组建的编辑部主任，三员女将傅雪琴（现社教中心新媒体部主任）、任捷（现中国之声策划部副主任）、崔欣（现中国之声编辑部副主任）和我搭班子，还有业务指导丁文奎（现已退休）。根据新的改革方案和台里搭建大采编平台的初衷，编辑部负责全国地方新闻的组织、策划、编辑，同时承担中国之声轮盘改革的重头，全天22个轮盘、66档央广新闻滚动资讯的编辑发播。

在人们印象中，广播新闻整点快讯，一条新闻没多少字，应当是最好编的。当时甚至有一种说法，节目部门要配业务强手，因为安全播出和导向都不能有闪失，而采访部门更要能力魅力十足，因为这里不仅从源头上决定稿件质量而且出外还关乎中央台的门面和声誉。因此，编辑部的人手倒在其次了，加上过去在新闻部编辑整点资讯都是新来的大学毕业生干得最简单的活儿，在不少人眼里这里应当是一个不错的养老之所。基于这样的印象，编辑部组建时来的人员年龄普遍偏大，三十五岁以上的占了一多半，老龄化程度仅仅比办《小喇叭》的专题部略好些。且一多半同志来自过去的专题部门，很少有编辑新闻消息的经验。

就是这样一支被戏称为"老弱病残孕"的队伍，面临的任务却是超常巨大的。轮盘改革，滚动资讯既是骨干又是血肉。每30分钟一个轮盘中，除去广告和栏目曲，实际时长只有25分钟不到，而其中三档资讯就占了15分钟。可以说，资讯的好坏直接决定了轮盘成败。每30分钟三档资讯（含

60秒音响报道），从早8：00到晚8：00，全天22个轮盘，66档资讯，440多条消息，更新率半点要达到60%，整点达到80%。编一次这样的新闻，你一定会对海量信息有刻骨铭心的记忆。而数量的庞大还不是最要命的，最要命的是这么庞大的新闻资源谁来提供。新华社大通稿去掉重复的，一天也就发200条左右的稿件，而本台记者提供给整点新闻的稿件不到30条。于是渠道是我们遇到的第一个问题。谢天谢地互联网发达了，海量提供的同时，也给我们出了两个难题，一是网上信息真假难辨的问题，如何保证可靠性和安全性；二是网上标题新闻虽多，点开看能马上改写成消息的报道比较有限，很多新闻等你看完再编，节目早就空播了。

于是标准化首先从确立用稿渠道开始。哪类新闻去哪类网站找最快，首选哪个网站，次选哪个网站，备选哪个网站，一般情况下打开几个网站的网页是最合适的，既可以防止漏发最新新闻，又可以保证你有广阔的选稿视野。"标准"如同信息海洋中的"灯塔"，让走进网络迷宫的编辑少走弯路，沿着直达航线，奔向目标彼岸，第一时间找到自己想要的内容。另外，"一鱼多吃"分段编辑法、"同题点评"集约编辑法，一个个新的编辑标准、改写方法改变着过去"苹果咬一口就扔"的编辑陋习。将新闻含量"吃干榨尽"的同时，一切只为了一个字：快。可以说，进了滚动资讯发稿室，每一个岗位都如电影《摩登时代》中流水线上的卓别林，眼睛盯着电脑屏幕，手里一刻不停，每半小时就要挑选、编辑、审阅三档资讯，约20条消息，大约每人处理一条消息的平均时间只有2分钟不到。发稿室的对面是洗手间，虽只有一步之遥，可每个人去一趟都必须连跑带颠，速战速决。因为整个发稿流程就像上紧了发条的机器，环环相扣，一个环节掉链子，整个供稿链就告急，导播间催稿电话就会疯狂响起。

那时候"黄金周"对编辑部来说就如一场"噩梦"。编辑部节目一分钟不能少，网上空前"稿荒"，其他部门节目缩短了，第一个想到的就是"轮盘"来承接填空，那真是压死骆驼的"最后一根稻草"。为此，我第一次公然顶撞了当时分管我的蔡小林副总监，言语碰撞，拍了桌子红了脸。其实那时候他也一直拼杀在最前沿，熬红了双眼，"手心手背都是肉"，很不容易！最后还是他想出来一个办法，请缩减节目的部门派人支援我们共渡难关。记得当时起早贪黑的史敏总监悬过"重赏"，凡是其他部门愿意牺牲工休时间去轮盘资讯值班的人，值一天奖励绩效500元。刚开始的确有不少业务骨干奔向编辑部，给我们以极大支持。但好景不长，渐渐无人问津了。我想，让人却步的或许不在工作的难度，而在它的强度。

记得有一次王求台长来四楼巡视，碰巧我值轮盘滚动资讯班，直到他走到我身边，我才发现，连忙站起身来，和他交谈的同时眼睛还一个劲儿往电脑屏幕上瞅。王求台长见状，马上说"你们赶紧忙吧，我们上别处看看"。我满怀歉意说了句："求台，不好意思，怕空播，这组稿子等着我审呢。"说罢一头扎到电脑前审稿了。有人调侃我说："你再忙还能比求台忙啊？！"对此我不置可否。那段时间，王求台长、王晓晖副台长节目上盯得很紧，听得很细。有次早上《报摘》发一条简讯是某某单位办了一个什么画展，听不出有什么新闻价值，于是王求台长一个电话打到发稿室，追问这稿子的来源，并对《报摘》发稿提出了严格要求。后来有人找来想上一条新闻性不强的稿子，我就给他讲这个故事，对方赶紧说那就不发了。对轮盘资讯我给出的标准很严，从带班主任开始，坚决不允许把那些挤不上《报摘》《联播》的"人情稿"往这里塞。决不容忍滚动资讯成为发这类新闻的"垃圾筒"，这成为编辑们的一条硬标准。

那段时间，王晓晖副台长指令也是一个接一个，滚动编辑标准步步升级："六小时必须下架""每条新闻都是热乎的"……有一次他对更新率提出表扬，但同时批评还能听到一些地方活动或仪式类的东西，不痛不痒。我询问那几天的带班主任，他们也很纳闷，一直把关很严，没人发过类似"人情稿"或"关系稿"啊。这就奇怪了？直到有一天我听到一条某基金会搞了什么内部活动的稿子马上跑到发稿室，问是谁的稿子。值班主任指着电脑给我看，原来是新华社发的。编辑说主要为了更新率，今天稿子又少，看见新华社发稿，又是国家级基金会办的活动感觉算是有新闻价值吧。我恍然大悟，于是一系列更加细致严格的编辑标准出台，包括哪一类新闻每次必须有，哪一类新闻只滚动一次，哪一类新闻坚决不发等。其中有一条就是新闻必须要看它与听众之间有无关联度，如果只有报道者和被报道者关心，和听众没关系就一律不发，无论它是否是新华社通稿。

编辑部走过最艰难的起步阶段，可以说是靠大家及时总结、不断创新充实标准走过来的。正是有了标准，编辑部人员不整的短板被迅速补齐，

中国之声员工手册

一些优秀骨干的高效习惯得以克隆复制，整齐划一，与轮盘流水作业模式高度契合；正是有了标准，部门内部绩效奖惩更加有的放矢；正是有了标准，原本看似不可能逾越的困难得以克服。每个人的起点可以不同，背景可以不一样，能力可以有大小，在别人眼中他们可能"不成熟"、可能有这样那样的缺点，但作为领导，你能给予他们最多的除了身先士卒，就是真诚信任和及时鼓励，而他们给你带来的却总是意想不到的惊喜。

编辑部成为2008年度中央台先进集体。2009年，在史敏总监的亲自推动下，中国之声全频率标准化工作全面启动，2010年，中国之声第一本标准化手册——中国之声员工手册诞生，涵盖中国之声新闻理念、节目采编标准、制作流程等，凝结了中国之声三年改革的经验结晶。

精细化前后的"谈判"

2011年，中国之声再度扬帆起航，迈入全新层次的又一轮改革。这轮改革最引人瞩目的是增加了以绩效改革为突破口的全方位管理改革。应当说，2008年以来的一路高歌猛进，全力冲杀，使中国之声在新闻界和听众中声名大振，享誉八方，但也人困马乏，亟须注入新动力，带来新活力。如何兼顾着冲劲与耐力，如何平衡好工作与生活，如何让中国之声改革发展具有旺盛的生命力和可持续能力？这成了摆在台领导和全频率面前的一个大问题。这个广受关注的大问题关乎中国之声发展方向和长远未来。

赵子忠副台长在中国之声首推"精细化管理"理念，优化人力资源布局。在此之前，在工作强度普遍超负荷情况下，各节目、各部门普遍有一个强烈的冲动，就是多要人。特别是节目部门人多不仅能保障安全播出，也能在编辑部、采访部等公共部门供稿不足、节目无米下锅的情况下，有足够人手自采稿件。这进而形成了一个恶性循环：公共部门供稿不足导致原本是"厨师"角色的节目部门要亲自下地"采购"，节目部门越俎代庖的"自产自销"反过来又影响了公共部门的积极性，从而导致公共供稿量的下降，进而把改革之初确立起来的"大采访部""大编辑部"思路打乱。久而久之，节目部门又成了一个个"五脏俱全"独立的"全能选手"，全频率"统一指挥、分工协作、形成合力、高效运转"的"一盘棋"作战体系无形中被削弱。为此，此轮改革目标明确：做大做强公共部门，做精做好节目部门，以供稿采用量考核公共部门，以节目效果和安全播出考核节目部门。将人力集中于采访一线，全力提升公共采制能力，节目部门人数只保留到能保证安全播出和正常运转的最低限度。

赵子忠副台长提出精细化管理改革目标，就是全面量化中国之声发稿、收听率、绩效考核、奖励分配、业务晋升、行政运行、账务预算、成本核算、安全播出等指标，明确目标责任，严格程序标准，规范管理运行，真正做到按规矩办事、靠制度管人。

从2011年7月开始，原本作为分管编辑部和节目部的副总监，我被领导安排接手这项绩效管理改革的具体组织工作。为了摸清底数，让绩效改革、考核标准尽可能切中要害，让中国之声尽快真正走上精细化管理之路。两个多月时间，台领导亲自坐镇的会议有六七次，我召集总监办张小艳主任、张昊副主任与专业咨询公司、相关部门召开的对接会几乎天天开。记得头两次与部门一把手们开全体会，很有一种"与虎谋皮"的感觉。谈到人员去留，一片哗然，部门主任们七嘴八舌，争先恐后痛陈家底如何单薄，如何人手紧张"揭不开锅"，如何千万不能再减人，如何安全播出告急……你一言我一语，不少人红着脸，个个都出着汗。其实做过部门一把手的我，对他们的心情是能理解的。总体而言，中国之声的确是中央台最辛苦最忙碌的部分。在中国之声，无论你问什么人什么部门，得到的答案都是很辛苦很疲劳，毕竟这次绩效改革资金并没增加，是在原有存量额度内做文章。一个部门只有争取更多的岗位数，绩效资金的蓄水池才能更大，用来调动员工积极性的资金才足够多、收入差距才能拉得开。加之一直以来，对部门和员工个人考核缺少统一衡量的标准，你更多时候只能凭着感觉和经验来判断谁可能更辛苦。偶而判断不准确就会让"会哭的孩子有奶吃"，"埋头苦干的吃哑巴亏"。

为此，一场"诉苦会""要人会"开下来，效果不甚理想。这时蔡小林总监沉默半晌，表现出了江南人特有的精明，说，这不行，得想想办法。之后绩效小组对方案进一步细化、充实，使它更具说服力和挑战性，开会的方式也做了调整。再开会，部门一把手们惊奇地发现，往常喧哗的会场竟然没了以往的热闹，多了几分严肃：央广大楼四层圆桌会议室里，台领导、频率领导围坐在一起，中间只留出一个座位，等待主任们轮流"过堂"。众口纷纭变成了舌战群儒，没有了攀比，没有了人云亦云，一切都变得冷静和理性。

"你们部门需要多少个岗位？""每个岗位都具体负责什么工作？""每个岗位工作时间是多少？""具体完成节目时长？""一个岗位直接劳动成果的数量是多少？"台领导、频率领导的问题像连珠炮弹，一个接着一个。提问针针见血，让人无处躲藏。记得早间部主任樊永信刚下了夜班，面对如此多的领导和问题一下没了瞌睡，连连接招。大家分析早间部人力资源分配尚存有一定余量，《新闻和报纸摘要》播音员上一天班只播一个30分钟的《报摘》节目，工作量显然没有办法和其他满负荷岗位比。另外，《报摘》和《新闻纵横》部分岗位可以打通合并使用，有挖潜空间。频率决心从早间部抽调出多名业务骨干充实采访部、特报部和编辑部，作为补偿，新来的大学毕业生多数补充给早间部。改革大局面前，樊主任选择了妥协和牺牲。从此，《报摘》播音员除了完成《报摘》外，还增加了播《此时此刻》以及做节目导播的工作。

记得在那次会上，午间部主任彭忠蛟（现社教中心农村频率节目部主任）本来想多要人，他那里那时病假产假减员比较厉害，安全播出压力很大。可是经过大家一个岗位一个岗位的"算账"，人数没增加反而减了。

他心有不甘又说不出更多理由，只好接受了。听说他回到部门就受到了大家"讨伐"，说他"丧权辱国"，接受了"不平等条约"。其实，他们不知道的是，当彭主任走出会议室时，领导们都感慨老彭是一个老实人，不能让老实人吃亏，考虑到他面临的暂时困难，同意临时给他增加两岗。

在谈判中，真正称得上"以一当十"的是两位女将，采访部主任郭亮和晚间部主任郎峰蔚（现任职国家互联网信息办新闻应急局舆情处处长）。两人不但没有被气场强大的领导震慑，反而胸有成竹，侃侃而谈，大有"舌战群儒"之势。她俩不但专门准备了PPT，还有个案剖析，动情讲述，数据支撑，堪称深谙谈判艺术的高手。有几次说得风格硬朗的赵子忠副台长开怀大笑，连说方法可以灵活，但原则必须毫不动摇。当然领导们有备而来，此刻心中有数。会前根据"以任务定岗位""以任务完成率定绩效"的原则，绩效小组将中国之声全天所有节目的播出量、用稿量、编辑量一一分解到部门，分解到每一个岗位，人力成本脉络清晰浮现出来。尽管如此，包括两位女将在内的各部门主任的意见还是为我们后来进一步完善细化方案提供了启发和帮助。

如今，节目部门不必为节目"无米下锅"独自犯愁，不必一边忙着编稿一边还要跑到台大门外的超市去给自己节目连线报道；采访部无论是节假日还是周末都有专人值班负责给节目部门提供"炮弹"，源源不断，而越来越多的采访记者学会了用节目视角来谋划产品，新闻的客户服务意识进一步加强。全频率供稿的质量和效率有了不小提高。随着四个系列管理手册的顺利印发，中国之声开始步入以制度管人、靠规矩办事的精细化管理新阶段。绩效改革的关键性、引导性作用越来越明显地发挥出来。有了这一切，大家可能和我一样，深深感到，当初的碰撞争论是有益的，牺牲妥协更是值得的。

明年春色倍还人

——我所经历的中国之声两会报道

高岩

做新闻好比指挥打仗，有临时发动的突击，有生死攸关的战役，两会报道则是每年一次、可预知、可谋划的大会战。抢资源、比创新、拼影响、树品牌……，各媒体的新闻理念、管理水平、战斗能力在历时半个月的新闻大战中全方位接受考验。中国之声十年，我先后四次负责两会报道，也透过两会深切感受到了中国之声的发展，中国之声人的成长。

2006年、2008年，我以新闻编播部副主任的身份先后两次担任两会新闻组组长，主要供稿对象只有两个节目——《新闻和报纸摘要》《全国新闻联播》，从全台抽调的40多名记者，加上后方报道组七八名编辑，每天围着这两个节目转，报道的主要形式是专题和特写。印象最深的是一直被我们叫"大综合"的专栏，这个大约传承了10年的专栏可谓"高端大气"，每篇主题都来自政府工作报告，从宏观经济到民生建设、文化发展……，前后数年，这个栏目都叫《国是论坛》，栏目配乐始终是一首曲子——《红旗颂》。2006年3月14日，两会闭幕当天，我去央视参加崔永元主持的《新闻会客厅》节目，现在网上还能搜到那期节目的视频，题目叫《小崔会客新闻界：新闻使两会更加透明》，其中有一段谈到《国是论坛》。

崔永元：你们《新闻和报纸摘要》大家都知道，有很密集的信息，在两会报道里，你觉得哪个小栏目或者哪一段做得比较精彩？

高　岩：我们开了三个栏目，一个叫《国是论坛》，一个叫《强国方略》，一个叫《倾听基层》，这三个栏目主题的层次有区别。

崔永元：你自己更喜欢这三个中的哪一个？

高　岩：我就说我们最辛苦的一个吧，最辛苦的就是《国是论坛》，这个栏目每次大概有六七分钟，在这六七分钟里要集纳40位到50位代表的观点，有20位左右是用声音来表现的。

中国之声2013年全国两会特别直播前方报道组 （左三为作者高岩）

崔永元：同期声。

高　岩：对，还有20位左右是通过播音员读一下他们的观点。关键是这些观点还要形成一定的逻辑，整个六七分钟的节目下来，相当于一篇文章，要表述一个主题，这个工作量是相当大的。

崔永元：比小强填字还难。听众的反应怎么样？

高　岩：听众的反应挺好，两会期间中央人民广播电台的短信平台，一直是听众表达观点的一个大的沟通平台。在这个短信平台上，有很多听众对这个栏目大加赞赏，一个是觉得这个栏目特别有思想深度；再一个，听到了代表委员真实的声音，而且他们观点又很分明，角度也不同。

其实，电视上的回答不过是即兴反应，我内心里并不真正清楚有多少人在听我们的报道，他们的感受究竟怎么样。那时候我们还没有用收听率、市场份额评判节目的意识，更没有网络转载率来衡量节目的影响力，节目评价主要来自领导和同行，还有就是自我感觉。

2006年那一年写大综合的两位编辑一位是刘钦，一位是柯成韵，如今他们分别是中国之声特报部主任、经济之声新闻部主任。记得两会报道的最后一天，后方报道组依然像往常一样战斗到黎明，跟刘钦、柯成韵一起离开大楼，两人不约而同地说"累得后背痛"。那一年他们一个32岁，一个31岁，平时强健如牛，可是连续半个月每天仅有几个小时睡眠让他们疲惫不堪。2013年两会后方报道组的年轻编辑恐怕无法想象，当年那么强悍的两名业务骨干，何以辛苦那般。其实，当我们整个队伍历经了中国之声十年的改革历练后，一切都已今非昔比。

2012年、2013年，我以副总监的身份连续两年负责频率两会报道，报道手册上我的身份叫"总统筹"。经过2008年、2011年两轮改革，中国之声可谓脱胎换骨，从节目平台到报道资源，从采编队伍到运作流程已然相当成熟，在重大报道中可统筹、需要统筹的太多了。所以担任这样一个"总统筹"，压力与之前担任新闻组组长不可同日而语，而那种指挥大兵团作战的感觉也足以令人豪情万丈。

2012年两会，经过近两个月的策划、酝酿，我们拿出了一本50页的报道手册，在册的前后方报道组成员达80人，这还不算为中国之声供稿的记者站上会记者、主要承担播出任务的各节目组编播人员。我们从设计之初就确立了一个基本原则，坚持两会报道的"新闻"本位，将中国之声的日常新闻理念坚决贯彻到两会报道中，绝不另起炉灶，充分利用中国之声的常态架构，信息、解读、人物、评论……，立体推进两会报道；新闻报道与特色专栏相结合，保持中国之声对新闻速度和新闻深度的双重追求，促成新闻视野和人文情怀、高端权威与百姓民生的完美结合。

为了实现这些预定目标，我们把整个两会报道组又分为9个小组：策划包装、板块编辑、时评、《做客中央台》（官员版）、《做客中央台》（企业版）、《政务直通》、新媒体、简报、后勤及技术保障。组织了9路时政记者（赵雪花、张华杰、冯悦、侯艳、肖志涛、马闯、刘乐、焦莹、温飞）、4大本台评论员（王健、赵九骁、王磊、白中华）、3名专栏新秀（张棉棉、汤一亮、吴喆华）整装上阵。

对于两会报道的组织策划，蔡小林总监反复强调一点，就是大胆启用年轻人，尤其是上会记者，原则上入台不得超过三年。蔡总甚至开玩笑说："放手让年轻人干，干砸了全当练兵。"没想到，这支年轻的队伍几乎每天都给我们创造着惊喜，他们表现出敏锐的洞察能力、熟练的采访技巧、独特的表达方式，每天捕捉焦点、挖掘亮点、放大热点，大大提升了报道的可听性和思想性。这次两会报道被各方称为中央台"史上最好听的两会报道"，各大门户网站的新闻首页不断更新着中国之声的两会精彩报道，市场调查也给我们送上了一份大礼，两会期间中国之声全天收听率和市场份额分别上涨了13.63%和13.51%，《做客中央台》（官员版）、《做客中央台》（企业版）、《政务直通》市场份额更是分别上涨了28.57%、22.22%和66.67%。

多少年来，我们一直把两会当成政治任务去完成，几乎所有人在两会报道前的心理预期都是"放弃市场"。在制定2012年两会报道方案时，我将两会报道所占中国之声全天报道的比例设定为30%，也是担心两会报道可听性不强。但是，当我们更多地用新闻的眼光去看待两会，豁然发现两会是那么大的新闻富矿；当我们拥有了训练有素的采编队伍，豁然发现在挖掘这座富矿的竞争中我们能够创造多少新闻产品；当我们整个节目的生产流程理顺了，豁然发现我们可以利用那些新闻矿藏打下怎样的市场。

2013年，我再次担任两会报道的"总协调"。这届两会是党的十八大之后的第一次全国两会，是一次换届的两会，意义非比寻常。如果说2012年中国之声的两会报道是一次大练兵，那么2013年的两会报道则是一次大检阅；如果说2012年两会报道我还曾试图对战线有所控制，2013年两会我们将使尽浑身解数全线出击；如果说2012年两会上一些记者、观察员刚刚崭露头角，这次两会将隆重推出他们当中的佼佼者，树品牌、打影响。2013年中国之声两会报道手册上打出了五大创新亮点：

创新亮点一：品牌栏目《此时此刻》主播走出直播间，走进两会现场，在行走中播报两会最新动态。

以"此刻主播行动"的形式，派两名"此时此刻"主播——张蕾、杨昶参与报道两会的热点新闻，突出"短、平、快"的资讯与两会新闻现场同步结合，强调主播的视野、观察以及主播的即时行动。

创新亮点二：改文风与两会报道紧密结合，"短实新"给报道注入新活力，"重解读"让听众听得懂。

《新闻和报纸摘要》《全国新闻联播》主题报道专栏（即大综合）首次

大"变脸"、降身段，推出专栏《2013，我离梦想有多远》，每天求解一个普通百姓感受最强烈、最期待有所改观的民生焦点问题，探索梦想实现的路径；中国之声评论员首次走进人民大会堂，现场参与重大直播，引导听众"有质量"地收听。

创新亮点三：特别报道《改革探路》，从会场向外延伸，选取12大改革试点深入调研，形成每天以改革关键词为主线的深度报道。

推出专栏《改革探路》，解读我国重要政策试点的前生今世，如官员财产公示、公车改革、医疗改革、户籍改革……视角触及改革试验地的最深处，涵盖我国改革呼声最高、难度最大、热度最强的领域和改革措施，剥茧抽丝，从人的浮沉看试点意义，在试点命运里说全局发展。

创新亮点四：推出中国之声名记者、名主持人、名观察员，引领中国之声两会报道热点、亮点。

为"名家"量身定制专栏，充分利用他们各具特色的知识背景、表达方式，增强报道的深度和权威性、可听性。《首席记者问两会》以中国之声知名财经记者季苏平为核心，在两会重要新闻发布会现场提问，抓住重点人物、焦点问题，深入解读；《做客中央台》由新秀主持人林溪担纲；《直通北上广》由中国之声当家主持人郭静领衔；中国之声观察员王健首次亮相大会堂直播。

创新亮点五：利用中国之声"新媒体年"的契机，使新媒体全方位介入，与传统媒体同步报道两会。

首次在央广新闻中设置新媒体互动环节，每半小时1分钟，增强传统媒体与新媒体的互动；中国之声官方微博推出两会报道专栏《记者看两会》、评论专栏《微评两会》、早晚各一份《中国之声两会报》；联合腾讯、新浪、百度、搜狐、凤凰、央广网，对中国之声两会报道全面呈现，与广播同步传播。

策划案中的亮点能否在执行过程中真正亮起来还要靠管理，靠报道队伍的素质。两会对上会记者的独立作战能力要求极高，每年两会都有些上会记者进入角色较慢，很努力却出活不多。为了让上会记者方向更明确，工作更有效，我们首次尝试把除时政记者外的40名上会记者分成4组，每组配备一名责任编辑，分别是刘黎黎、赵明明、丁飞、崔天奇。这四名编辑思路清晰、手脚麻利、文字功夫一流，成为上会记者强有力的后盾。在指挥中心，不时会看到某个角落正在召开几个人的小型策划会，不时会听到各种形式的调兵遣将。其实这样的"首次"并不是多大的创新，2011年中国之声改革，最重要的成果就是理顺了采编流程，记者编辑各司其职，每个人在自己的岗位上对节目发挥作用，任何一个节目都不是单个人的作品，而是新闻生产各个环节流水加工的结果，两会报道组编辑与记者的有效衔接，正是这种专业化管理理念的延伸。这四名编辑跟2006年两会上的刘钦一样优秀，但"效率"却似乎比刘钦他们高了许多。两会报道启动之初他们熬过几次夜，之后常常九十点钟就陆续收工了。刚开始，蔡小林总监对晚上偌大的指挥中心10点以后就剩下零零星星几个人还感到有些奇怪："想当年我们带两会都是到后半夜啊，你怎么成光杆司令了？"很快，他就不再过问了。我猜，他对那些在岗位上生龙活虎，干完活还有精力出去疯上半夜的"小孩"很满意，对他们的战果很满意。

有2012年两会的经验，我知道那些年轻的记者、编辑们会带给我很多惊喜。但是2013年长达17天的两会报道，我仍然觉得"每一天，我都被一些事情感动着"。

新闻组组长赵军做过十年报摘，加上联播、晚高峰的历练，成熟、稳健、有锐气，对时政报道、程序报道的把握准确、稳妥、游刃有余，让我们看到了国家电台看家本领的传承；时政组组长赵雪花率领的俊男靓女团队，严谨而充满活力，大量时政稿、程序稿从《全国新闻联播》节目首发，紧张却有序，肖志涛、冯悦前后两年在总理记者会上精彩提问，扮靓了中国之声的形象；《首席记者看两会》，财经记者季苏平领衔，杨宁、栾红左右配合，丁飞后台支撑，每天抓焦点，每天创新表达方式，3月10日，《国务院机构改革和职能转变方案》发布，几分钟后，"首席"团队提前采制的长达20多分钟的权威解读在《新闻纵横》节目推出，各大网站疯转；王健作为中国之声观察员首度亮相大会堂直播，新闻的视角、思想的引领、语言的生动，使大会直播一改以往高高在上的形象，王健本人也一炮打响；《做客中央台》（官员版），时政采访部主任郭亮领衔，苦思冥想出《专家会诊报告》《媒体观察报告》《民众体验报告》三个报告，实现了这一名牌节目的再创新，年轻主持人林溪独自出任这样一个重磅栏目的主持人，一度压力大得哭鼻子，节目呈现却清新、睿智；《做客中央台》（企业版），郭燕二度担纲，请来宗庆后、董明珠已不是新闻，令人瞠目的是把吴晓求这样的专家请进直播间做评论员；《直通北上广》，著名主持人郭静放弃主持了多年的《做客中央台》（官员版）另起炉灶，专业调查、街头采访、名嘴斗智，手段翻新令人叹为观止；《政务直通》，李宇飞率夜间部着力打造，设在17楼的媒体观察室首次实现与直播间的音视频直通，代表委员、专家、媒体观察员音视频、新媒体同步互动……

最难忘3月16日，国务院25个组成部门的"一把手"名单发布，提前一天，报道组把最能干的上会记者全部派往人民大会堂，16日的指挥中心捷报频传，欢呼声不断，"采到新任发改委主任徐绍史了""采到新任卫生和计生委主任李斌了""采到教育部部长袁贵仁了"…… 农业部部长韩长赋、工信部部长苗圩、民政部部长李立国、交通部部长杨传堂、文化部部长蔡武……，次日《新闻纵横》推出报道《共和国新部长群像》，其中竟然出现了10位部长的同期声。2008年全国两会也是换届之年，那一年我也曾向前方记者提出过采访新任部长的设想，最终竟毫无战果，不了了之。10年间，中国之声的战斗力提升至此，叫人怎能不感慨。2013年两会，中国之声市场份额再度飘红，全天节目市场份额同比上涨26.41%。

十年磨一剑，两会报道只是中国之声改革的一个小小缩影。作为一名先后四次负责过两会报道的操盘手，我亲历了中国之声两会报道的演变；作为中国之声十年改革的参与者，我感叹十年来我们一路拼搏的时光。中国之声最可贵的是永无止境的改革精神，往昔辉煌不足留恋，正像温家宝总理在2009年两会记者会上吟诵的："莫道今年春将尽，明年春色倍还人。"只要坚持常变常新，明年中国之声两会报道将更精彩，未来的中国之声将更精彩。

2013年岁末

《爱心守望　风雪同行》开播纪实

魏胜利

　　2008年1月，我国南方发生了大面积的雨雪冰冻灾害。灾害肆虐的时间正是一年一度全民大迁徙的春节前夕，它席卷的地域偏偏是以往习惯了温煦冬阳的南方，其危害之大50年来从未有过。一时间，城乡交通、电力、通信等遭受重创，百姓生活受到严重影响，经济损失巨大。

　　然而，灾害在发生初期并没有引起各级政府和媒体的足够重视。在其他媒体还在进行常规报道的时候，中国之声率先推出大规模的直播报道《爱心守望　风雪同行》，央广网同步全面跟进，台网一体，全力关注各地雨雪冰冻灾害，及时充分报道灾情，联系各级政府及其职能部门实施有效救援，有效疏导被困群众的焦虑紧张情绪。

爱心守望　风雪同行

打破日常节目编排，临时动议推出全天特别直播

1月18日，西北地区东部、华中、贵州等地普降大雪或者冻雨。中国之声19日《全国新闻联播》和20日《新闻和报纸摘要》节目集中报道了各地雨雪灾害的初步情况。20日上午，王晓晖副台长给中国之声、军事中心的几位负责人发来短信，要求当天及次日所有节目都要增加对气象的关注，尤其要关注在新藏公路和三峡一带陷入困境的司机和乘客们，调动一切资源采访连线送温暖，让全国听众帮他们。

接到通知后，中国之声新闻编播部值班副主任高岩和几位编辑立即行动，将一小时后即将播出的《新闻直播间》原定内容全部撤换，安排新的内容。

当天中午，中国之声连线前方报道了新藏公路交通中断、车辆受困的情况及武警救援的进展情况，因大雪滞留在宜昌夜明珠码头的1000多辆汽车疏通工作的情况。同时，在节目进行中，受雨雪冰冻灾害困扰的听众不断打来电话、发来短信，寻求帮助。310国道宝鸡——天水段上千车辆长时间滞留的情况，黔东南州冰冻灾害肆虐的情况也被核实并报道，贵州因雪灾停电的消息首次在媒体披露。就在节目进行中，越来越多的中央台驻地方记者开始行动起来，他们赶到滞留严重的路段，赶到当地公安、交通部门，与编辑部门配合帮助解决滞留群众的困难。

从听众发来的短信中，编辑们发现有关路上拥堵的信息特别多，意识到灾情在加重。14:00开始，全天整点新闻开始滚动播出灾情动态信息。

与此同时，中国之声各节目部门开始策划第二天的雪灾报道。20日下午两点，《新闻纵横》与《早知天下》决定在第二天早上联合推出一小时特别直播节目；随着汇总的信息越来越多，各地车辆与人员滞留也越来越突出。当晚六点，特别节目决定改为两个小时。

持续的大雪和全国各地众多长时间滞留在路上的人们，让节目的决策者们无法安坐家中。当晚11点半，王晓晖副台长、总编室主任杨志东、中国之声副总监史敏聚集在中央台四楼会议室，商议第二天的报道安排，他们决定中国之声第二天全天直播。

指令一下，记者中心和湖南、贵州、陕西等八个有关地方记者站全体动员开始为第二天全天报道做准备。与此同时，中国之声连夜组成5个报道组，部门负责人都是在深夜2点接到集结指令。

当天夜里，特别直播节目的值班副主任武俊山率领主持人郭静、吴凯，编辑庄丽、李天娇等人彻夜无眠。在准备节目内容的同时，所有的人也在苦苦琢磨特别直播节目的名称。

21日凌晨五点，武俊山说，栏目的名字就叫《爱心守望 风雪同行》怎么样？他的主意立刻得到了在场所有同事的肯定。名字有了，还要配乐，要做开始曲、片头、片花。6:50，编辑刘钦合成完开始曲已经是7:01。7:00，没有节目名的节目开播，7:10，特别直播节目《爱心守望 风雪同行》开始曲第一次播出。

就从这一刻开始，全天不间断的雪灾救援特别节目开始接力直播。

汇聚力量，温暖严寒

第一个被切入直播节目的电话来自一位姓李的大货车司机，那是20日中午。电话中，李师傅说，他开车从新疆吐鲁番出发后堵在国道310宝鸡段两天两夜了，他们又冷又饿，更严重的是，他们运输的是液化天然气，长时间停留会有泄漏甚至爆炸危险。李师傅的电话一经播出，更多的滞留在这一路段的人们发来短信，讲述同样的遭遇。

经了解，该路段因路面整修和大雪导致大批车辆滞留。中国之声第一时间通过驻陕西记者雷恺向陕西省交警总队反映了这一信息，总队通过电台向受困司机和群众表示歉意，并说明因大雪封路救援车辆难以较快到达的原委。随后，交警总队调拨10万元食物与饮用水、300条棉被送往310国道宝鸡段。从这一刻起，李师傅们的命运始终在牵动着所有听众的心，每隔一段时间我们都会与李师傅连线跟踪报道他的状况，同时陕西省、宝鸡市以及甘肃省天水市交警、交通部门也在节目中为听众解疑释惑，及时发布针对这一路段的应急救援措施。

节目全面关注救援进程和李师傅他们在特定情况下的生存状态，给滞留群众带来了信心和希望，也为亿万听众表达爱心的目标。在节目的努力和当地交警的配合下，到1月21日18时，这个车队顺利通过这一路段。

同样的情况也发生在贵新高速公路上。节目进行中，主持人和编辑们越来越多地关注到来自贵新高速的听众短信。在电话中，他们情绪激动，多位乘客说，他们滞留在此已经两天两夜，车辆燃油告急，车上饮水和食品耗尽，司机和乘客出现感冒等病症。但是更让他们心焦的是，他们看不到交警，不了解政府信息，甚至拨不通交通故障报急电话122，他们不知道这样的状态将持续到什么时候。节目汇总这些紧急情况后，立即与贵州省交警总队取得联系，交警第一时间解释，甚至公布了个人手机保证随时接听电话，并且在几个小时后赶到了现场，送去了食品饮料。这让听众们感受到了政府在关注他们，在全力救助他们，他们原来的不满情绪也变成了感谢。

随着节目的播出，越来越多的听众汇聚起来，他们发送短信或者鼓励受灾群众，或者提供冰雪天气下驾驶技巧、防止冻伤的办法等减灾、避灾知识。这些信息让中国之声成为雪灾中一个汇聚爱心的平台。

1月23日早晨，在第一阶段雪灾救援特别节目暂告一段落的时候，中国之声播出了一期特别节目，鸣谢了所有给节目提供支持的人们，他们中有普通司机、有热心听众、有一线交警、有公路收费站工作人员、有政府官员、有兄弟媒体同人，因为是他们支撑起了特别节目《爱心守望 风雪同行》。

直播接力持续进行，编辑记者全情投入

21日早晨，直播节目紧张进行中；这个早晨，北京也下起了小雪。中国之声的编辑记者们从四面八方赶到台里紧张策划全天的节目，每隔两至三小时，就有一拨编辑记者主持人进行接力式的直播，中国之声近百人投入到报道中来。

7点一过，本来没有节目的评论二部主任李跃强和编辑何曼、陈朴等人就赶到了直播间，稍后，打不到车的丁晓兵从广安门跑到了台里，他们负责10:00～12:00两个小时的直播节目。只有一个多小时的时间，一切从零开始。多年积累的新闻素养在这一刻显现，策划节目内容、联系前方记者、约请各方嘉宾、编写直播提纲，一切都要在短短一个多小时内解决。节目播出过程中，针对听众提出的问题，何曼总是第一时间联系到相关的政府职能部门，让他们在节目中解疑释惑。这般及时的互动，让节目成为受困司机和乘客的贴心人。

12:00，何曼和同事们离开了导播间，转身来到会议室，他们是在碰头会上边开会边吃的午饭。当台领导提出节目要加强地方政府职能部门的声音时，何曼、刘天思和丁晓兵又开始了联系地方政府的工作。

哪里有群众的呼声，哪里就应该有政府的回应，只有这样节目才能真正成为信息整合平台，才能在雪灾救援中发挥作用。他们动用一切资源，在上百次的电话沟通中，一个个政府职能部门负责人被找到，一个个实施救援的武警部队官兵被找到，他们的声音第一时间被连接到直播中。

　　那一天，当离开电台的时候，何曼等人已经一刻不停地工作了十几个小时。

　　像何曼他们一样，蒋琦、雷恺、陈屹等驻地方记者和张亚然、李天娇、赵九骁等联系有关部委的记者们也是全天都在工作，第一时间将政府应急救灾措施发布出去，每个整点他们都会在节目中出现持续报道相关信息。他们的电话真正成了热线电话，而他们渐渐沙哑的声音也为听众越来越熟悉。

　　22日上午，连续工作多日的编辑董廷燕突然休克在办公室。那些天，小董负责与各地方记者站和地方电台组稿，编辑重点新闻节目的相关节目。她的休克，让领导和同事们心痛不已。下午小董去医院检查了一下，并无大碍，本来领导让她多休息几天，可是休息了两天，小董就坐不住了，于是她又出现在直播组里。

　　新闻编播部副主任李伟每天都是笑呵呵地在报道组工作，统筹策划节目，协调地方记者站和地方电台的记者组织报道，大量一手的消息被及时提供给直播节目。很多同事只看见李伟笑呵呵地工作，几乎没有人知道，他一有空就要到医院陪床，因为老父亲正在住院，有时候是睡在医院醒来就奔到了电台。

　　节目一播出，就立刻引起各级政府的高度关注，国务院应急办公室迅即约请中国之声有关人员到中南海，了解情况，做出批示。22日，王求台长向所有报道组同志们的辛苦工作表示感谢，并请大家保重身体。24日，中宣部副部长李东生在批示中说："我是中央电台的忠实听众，每日从电波中获取大量信息，直播节目体现了围绕大局、服务人民的要求，创意好，组织好，信息量大，特向一线记者表示敬意。"同一天，时任国家广电总局副局长胡占凡在批示中说："这是中央电台发挥广播特色的又一次成功实践，大家不仅贡献了智慧，也付出了艰辛的努力，感谢同志们。"

风雪启示录

武俊山

一个人要走过多少路，才能被称为真正的男人？一只白鸽要飞过多少片海，才能在沙滩上休憩？

如果说一个媒体的成长注定要经过一番艰难坎坷，那么，2008年席卷全国的冰冻雨雪灾害肯定是中国之声成长之路上成功翻越的第一座山峰。或者我们从现代传播互动关联的角度看，这也不失为一次"事件成就媒体"的经典案例。尽管至今仍没有准确的收听率和到达率的统计，但此次事件给中国之声带来的口碑以及由此产生的公信力和影响力无可估量。

多少年以后，当我们以一个媒体发展演变的目光和视野再次回首整个事件的时候，一定不会忘记2008年1月20日中国之声正式启动《爱心守望 风雪同行》报道的那个夜晚，因为，无论是从决策机制、行动方式抑或是新闻布局和生产播出流程的角度观察，这次风雪报道都无疑是中国之声日后改革的一次最高级别的实弹预演。

关键决心

2008年1月20日，中央气象台已经连续第4天发布暴雪橙色警报，贵州、新疆、西藏、湖北、湖南、江苏、安徽……大雪几乎冰封半个中国，警报的名单在不断拉长，那些被暴风雪阻隔在路上的人和车，那些被覆冰压塌的房子和高压线塔，还有那些被严寒冻裂的水管，无一不牵动着人心。

一场突如其来的灾难正考验各级政府和职能部门的智慧，也向转型期的媒体发起新的挑战。风雪之初的几天，没有任何人，没有任何专业的机构能够预测，如此异常的天气将对人们的生产生活产生多大的影响，它的烈度和破坏性几何？它将持续到什么时候？没人能给出准确的答案。此时的中国之声，刚刚迈出改革的第一步，距离真正的专业化尚待时日，当铺天盖地的风雪变成一场公共危机，作为大众传播媒体的中国之声正面临一个关键的抉择。

此时的中国之声，改革刚刚涉水，诸事仍在摸索之中，尚未形成24小时全天候的新闻布局，各部门的资源尚未得到有效整合，人员自由流动和协同作战依然只是偶一为之。人心思变，专业化的格局、流程和轮廓依稀可见，但想要迈出关键的一步甚为艰难。中国之声，距离近在眼前的彻底改革只差一个机会，或许，只欠一个决心。

2008年的第一个月，这个机会来了。1月20日下午两点到当天深夜，不到12个小时的时间内，中国之声连续做出三个决定：当天下午2点，第一个决定，由《早知天下》与《新闻纵横》在第二天早上7点到8点共同推出一小时特别直播节目；当晚6点，第二个决定，频率内各部门人员全力配合，直播延长到两个小时；当天深夜11点半，第三个决定，1月21日起，中国之声全员进入紧急状态，全天直播风雪灾害。

当"突发事件看媒体"成为我们这个新闻传播时代标准的法则的时候，媒体在"重大突发事件"中的表现变得尤为重要，甚至会影响若干年

中央台"爱心守望 风雪同行"特别直播总结研讨会

内这一媒体的走向和沉浮。从这个意义上讲，每一次重大的突发事件都是对媒体的一次全面检阅：媒体的反应能力、预判能力、到达能力、策划能力以及各方面的综合实力在突发事件中都表现得更加淋漓尽致，而媒体的眼光胸怀以及把握机遇的能力也会以更加直接的面貌展现在公众面前。

多少年以后，当人们回顾这次里程碑式的报道时，一定不会忘记这几个关键的决定以及决定背后毅然决然的勇气，正如2003年的伊拉克战争和非典阻击战促成2004年中国之声的初次改革，2008年的风雪让中国之声完成了又一次历史性的转身，并成功地引领了新一轮媒体的改革。

紧急状态

关键的决心既定，接下来便是迅速进入紧急状态。我有幸直接率领了这样一个执行团队，成功地完成开启《爱心守望 风雪同行》直播大幕的任务，并见证了这样一个值得铭记的历史时刻。

虽然背后有中国之声乃至中央台众多部门的支撑，但直接的执行团队一共只有6人，人手虽少，但可谓来自四面八方：《早知天下》的庄丽、吴凯，《新闻纵横》的申玉彪，新闻采访部的李天娇，中国之声的主播郭静，加上我，一共6人，半夜之前先后到齐。如今看来，这样一个组合，最大的突破便是打破了中国之声部门间的界限，实现了以节目为中心的频率间人员的流动组合；另外一个突破是打破部门各守一节的节日运行模式，实现了大时段运行，并将各种资源进行合理的统筹和整合。

与今天中国之声的全天新闻布局不同，当时中国之声每天早7点至9点的节目内容由5个部分组成，由5个部门分头管理：7点到7点20的《新闻纵横》属于新闻评论部，7点20到8点的《早知天下》属于社会新闻部，8点到9点，《今日论坛》《体育直播间》和《财经在线》三个节目各20分钟，分别由新闻采访部、文体新闻部和经济新闻部负责。这便是当时中国之声新闻早高峰的格局设置，尽管每天都有柜台会协调会商，但整个频率依然无法摆脱各部门各自为政、各管一段的局面，中国之声需要一个崭新的组织架构，如何再造一个全新的流程已迫在眉睫。

而如今，再造流程的机会就在眼前，无须前思后想，无须左顾右盼，任务必须在一个晚上完成。1月21日早晨7点到9点，这个流程设计就要以特别直播的形式和公众见面。它必须经得住推敲和考验，才能成为全天直播的一个基本框架，它必须有足够的理由甚至让持不同理念的人认同并接受。

6人小组要完成的第一个任务便是确定目标，然后根据总体目标设计工作方式和基本流程，再将任务明确地分解到每一个人身上。

总体目标无须多说，中国之声已将此次风雪引发的自然灾害定义为高级别的警戒水准，并将启动进行全天持续的直播，我们的团队必须以此来设计新闻的框架流程，而非一天两天的特别节目。

关于这个流程，我的想法是，第一，要保证资讯的充分流动，调动所有力量将灾情如实地、快速地告知公众，在这样一个公共危机中，还是那句话，越多的信息就意味着越少的误解；第二，要引入关键的现场，让人了解那些灾情最严重的地区、场所正在发生的情况和细节，让公众知情，并尽可能多地为职能部门提供行动的参考；第三，要关注个体命运的发展、持续的变化以及最终的结果；第四，要将各级政府及相关部门及时拉入这个平台，通过与这些具有更强行动能力的机构合作，发布更权威的信息，进行更有效的救援；第五，要留出足够的空间进行互动，让大家说问题，想办法，促成问题的解决，哪怕是互相安慰和鼓励也很重要。

这样几个原则确定后，团队马上进行分工。主持人郭静和吴凯各负责三个关键的现场，负责找到前方的记者和当事人，并反复进行沟通；庄丽负责一个关键现场以及两个关键人物命运的持续关注；申玉彪负责在两个小时内不停滚动更新资讯并进行合理的分类整合；李天娇负责撰写不同情绪版本的短信互动，搜集各类实用信息，同时在短信中发现最新的问题和线索，然后进行及时的反馈和提示；而我负责将所有这些环节进行全面的梳理和评估，然后按新旧、远近、轻重等几个判断原则将其合理地安排在两个小时的直播中。

不用说，直播架构以1小时为一个单位，这是大的框架。我们这个执行团队又将每个单元细分为四个小节，每小节15分钟，每15分钟里再分三个层次，这三个层次分别为资讯、关键现场或关键人物以及互动交流。尽管在节目直播中，这样的流程和分层设计不可能得到百分之百的执行，但在设计之初，我们仍然尽量将开场及回报的语言进行标准化的处理，并将资讯的位置和长度进行规范化的约定，因为我们深知，专业频率的一个最基本的指标便是它是否能将各种新闻元素进行类型化的处理，并以一个严格的、合理的、易识别的逻辑顺序进行有效的搭配组合并循环播放。这样一种流程设计，它的生命力就在于形式的标准化、模块化和数据化，而它的根本魅力在于内容的不断滚动更新，能够在一种快节奏的运作中如实地描述、记录这个世界的变化。

就这样，在紧急状态下，我们这个团队中的每个人都进入自己的轨道，各司其职，在统一的指挥部署下，与其他团队进行了充分的合作，一起完成了风雪报道的开篇，并正式开启了中国之声《爱心守望 风雪同行》的接力直播。

人文情怀

作为最早觉察到这场公共危机并准确做出预判的媒体，中国之声从2008年1月21日起推出全天特别直播《爱心守望 风雪同行》，并进行大规模的、持续的报道，不仅展示了广播媒体的快速反应能力、到达能力和良好的沟通能力，也突显了国家电台在应急突发事件中的重大责任与重要作用。

应该说，通过《爱心守望 风雪同行》的特别直播，中国之声充分展示了它在危机前期的监测和预警功能，而在危机期间，广播这一大众媒体也成为各方传递信息、互通有无的重要渠道，无论是中央领导人到各地视察灾情，还是铁道部、交通部、民政部等部委发布重要信息，中国之声都在第一时间进行了报道，而各地最新的灾情以及受困群众的具体困难也都能通过短信或热线的方式在直播节目中得以真实全面的呈现。在整个危机期间，中国之声的特别直播也成为各方沟通协调的重要平台，正是在这样一个各方互动过程中，全社会才对风雪灾害有了充分的认识和警醒，而在信息的彼此传递和交流探讨中，整个社会的凝聚力和向心力得到前所未有的增长。

一直有人问我，为什么将特别直播命名为《爱心守望 风雪同行》？应该讲，这与我们对媒体的天然属性和历史责任的认知直接相关：一个出色的媒体，不可能只传递冰冷的信息，而不关心人的生命、生活和他们的命运；一个有影响力的媒体，不可能只关注问题和危机，而不积极想办法让它向好的方向发展；一个有前途的媒体，不可能当国家和社会出现巨大危机的时候只袖手旁观，而不主动担负起它应有的社会责任和历史责任。

为特别直播命名苦思冥想的时候，在我脑海中浮现出的几乎全部是风雪中被围困的人群和车辆的画面，同时内心也充满了人们在路上相互帮助的感动和温暖，整整一个晚上，在处理完所有的流程和文案终于可以松一口气的时候，一个名字突然出现在眼前：《爱心守望 风雪同行》。

《爱心守望 风雪同行》，这个透着浓浓人情味名字的背后，蕴藏的正是一个媒体深厚的人文情怀和历史担当。灾难，固然可以成就收视率和收听率，但同样也在检验一个媒体的责任心和良心品质，一个出色的媒体，在践行它求证精神的同时，始终不应忘记的是，只有贴近生活、心系民众的安危和冷暖，才能真正赢得全社会的尊重和认同，这也是那一年风雪带给我们最重要的一个启示。

一座山峰要耸立多少年，才能被冲刷入海？一个人要仰望多少次，才能看得见天空？

2008年南方冰雪灾害报道之最

★ 第一家意识到雨雪冰冻灾害极其严重并上报中央的媒体；

★ 第一家开辟专门栏目进行抗灾救灾报道的媒体；

★ 抗灾救灾报道规模最大的媒体：1月20日～2月12日不间断特别直播，超过10天24小时主题直播；

★ 温家宝总理专门向中央人民广播电台的听众拜年、向灾区群众问候；总理通过广播拜年在中国广播史上尚属首次；

★ 随行时政记者在湖南、广东等地突破常规，持续现场直播报道温家宝总理指挥抗灾救灾工作，速度之快、规模之大，在中央台历史上是空前的；

★ 21位部长、省委书记、省长通过中央电台向听众拜年、向灾区群众和奋战在抗灾救灾一线的干部群众问候，规格之高、规模之大，在中国广播史上尚属首次；

★ 270余位编辑、记者参与一项主题报道，人数之多创下中央电台历史之最；

★ 16家省级电台、13家地市级电台、贵州电视台、中国交通报、国家电网报、贵阳晚报、重庆晨报等兄弟媒体的50余位一线记者为中国之声提供连线报道；

★ 交通部、铁道部、民政部、公安部等部委接受中央电台派驻记者驻点报道；各部集中接纳中央电台记者驻点工作尚属首次；

★ 中央气象台首席预报员每天早晚定时直播发布天气预报，规格之高，前所未有；

★ 公安部选派11个省100多位执勤交警担任中央人民广播电台交通信息员，随时提供交通路况服务及相关信息咨询；公安部首次派出干警进驻中央人民广播电台报道组，根据受困听众求助信息协调各地交警提供有效帮助，合作深入，前所未有；

★ 交通部责成14个省交通厅宣传、公路、路政等部门的50余位负责人担任中央电台联络员，24小时随时接受采访，发布交通路况信息；

★ 唯一进入公安部应急指挥中心持续直播的媒体；

★ 独家连续七天现场直播"公安部抗击雨雪灾害信息协调小组会商通报会"；

★ 独家现场直播"交通部部分省份公路灾害抢通工作视频会商会"；

★ 唯一对湖南、贵州两省电力交通情况通报会进行现场直播的中央媒体；

★ 唯一对罗海文、罗长明、周景华烈士追悼会进行现场直播的媒体；

★ 交通部第一时间通过中央电台独家发布京珠高速公路重新贯通消息；

★ 第一家报道黔东南州因雪凝灾害停电的媒体；

★ 第一家报道310国道、贵新高速公路等地车辆长时间滞留的媒体；

★ 与民政部、中华慈善总会、中国红十字基金会、中国扶贫基金会、中国青少年发展基金会、中国儿童少年基金会等慈善组织联合推出"把爱心放手心"全国广播爱心捐助大行动，规模之大，在中央人民广播电台历史上尚属首次。

★ 《大雪无情人有情》(蔡国庆、白雪演唱)、《出门的人》(祖海演唱)、《这个春节这个家》(王宏伟演唱)、《无怨无悔》(刘和刚演唱)、《回家的路》(小柯演唱) 等多首抗灾新歌在特别节目首播。

汶川手记

王亮

中国之声特别直播《汶川紧急救援》从5月12日19：00起开始24小时无间断直播，直击灾情，传递温暖，中国之声被灾区群众称为"生命的电波"。地震发生后，中央台军事记者王亮第一时间赶赴灾区，他是第一个冒着生命危险随部队先冲锋舟水路开进再徒步行军进入震中汶川映秀镇，并最早从现场发回报道的媒体记者。在灾区采访的17个日日夜夜，他几乎走遍了震中最危险的地段：汶川、北川、青川、绵竹、什邡、彭州、安县、都江堰……本文是他的一组震区采访手记。

挺进，映秀！

5月13日，我到达都江堰，得知通往震中映秀的国道213线因山体滑坡已全线中断。道路中断，通信中断，震中汶川映秀成了"孤岛"。十万火急，成都军区13集团军军长许勇带领50名勇士组成敢死队，采用先水路再徒步的方式向映秀挺进！直到午夜时分，敢死队仍未和后方取得联系，生死不明，他们的命运叫人揪心。

次日，成都军区抗震前指决定再派300名官兵沿同样路线向映秀出发，增援先遣部队。作为军事记者，我成为了这300名官兵中的一员。

上午7点，队伍在都江堰紫坪铺大坝的临时渡口集结完毕。每十人一组登上冲锋舟沿岷江逆流而上，向汶川方向驶去。当我们乘坐的冲锋舟经过一个叫作狗脚湾的峡谷时，谁都不曾预想，死神就在这里悄悄地等待着我们。

峡谷间，江面陡然变窄，江流湍急，抬头望去，地震导致的山体滑坡使两岸高耸入云的峭壁如刀削斧砍一般，没有一丝植被，黄色的土石裸露着，巨大的岩石悬在头顶，叫人毛骨悚然。"开足马力，快速通过！"我们决定闯过这道"鬼门关"。欲速则不达，冲锋舟螺旋桨因被江面的漂浮物缠住，发动机熄火了，失去动力的冲锋舟在江水中直打转。刹那间，天崩地裂般的巨响传来，余震使岩石从峡谷两侧几百米高的山崖上崩落下来，砸向江心。我和另一名战士情

记者王亮在北川通过卫星电话进行直播报道

急之下用手划桨，尽力让冲锋舟避开头顶飞落的乱石，一种对死亡的巨大恐惧连同落石激起的水雾烟尘，在峡谷中弥漫开来。失去动力的小舟在江面上挣扎着，十几分钟后，另一艘返航的冲锋舟途经此地，才将我们救出险境。

上午8点30分，冲锋舟驶抵阿坝州铝厂，山体塌方淤塞了前方的河道，我们决定弃舟徒步前行！接下来4个半小时的徒步行军让我终生难忘。

这是一条怎样的路啊！一路上余震不断、塌方不断、泥石流不断……身背救灾物资的战士们要在飞落的乱石间杀出一条血路来！我们攀爬的巨石是地震后刚刚掉落下来的，一旦松动，上面的人就可能从几十米甚至上百米深的悬崖跌下，葬身湍急的岷江。山间的泥石流也是随时会吞噬战士生命的"魔鬼"，许多巨石之间的空隙已被泥石流填满，一名战士一脚踩下去，瞬间陷到了腰部，无力自拔，赶来营救的两个战友趴在地上，一人拉住一只胳膊，才把遇险的战士从烂泥浆里拔了出来。

下午1点，我和战友们终于进入了震中映秀。映秀的灾情，让人触目惊心。当看到老老少少几百名危重伤员躺在坝子里急待转运的时候，他们的伤口在流血，我们的心也在流血。

1点47分，我通过随身携带的海事卫星电话连通中央台直播间，直播报道了震中映秀的灾情、部队展开救援，以及数百名危重伤员急需转运的消息。这是全世界所有媒体中最早从震中发出的报道。在随后的多次直播连线中，我现场采访了带领敢死队员第一时间赶赴映秀的13集团军军长许勇，报道了部队官兵展开救援的情况和救援所面临的困难，以及映秀数百名危重伤员急需转移的消息。抗震救灾指挥部在听到中央台的直播报道后，决定在天黑之前再增派一百架次的直升机把所有已抢救出来的危重伤员全都转运出去。当看到一架架直升机穿越峡谷朝着映秀飞来的时候，我觉得挺进映秀这一路的艰辛和危险都是值得的！

最后的北川

北川，一个将永远烙在我的心尖上；无论现在或将来的哪一刻，一旦想起就会无情刺痛我的地方。

2008年5月13日，我从北京西郊机场搭乘空军飞机飞往灾区绵阳。中午，刚刚在绵阳军分区的防震棚里吃完到灾区后的第一顿饭，忽闻一阵焦急的喊声传来："北川平了！"

一个身着迷彩、浑身是泥的女同志冲进了防震棚，她向正在后方指挥抗震救灾的绵阳军分区政委徐文良报告："北川平了！北川告急！"她叫付晓英，是分区政治部干事。地震发生后，绵阳到北川交通中断，她被派徒步前往北川察看灾情。她报告："地震造成山体滑坡使有着两万六千人口的北川县城'包了饺子'，县城内绝大部分房屋倒塌，大量群众被埋，伤亡惨重！"

因事先得知震中在汶川，我决定还是暂时不去北川，按既定计划抓紧时间赶往汶川。但从那一刻起，"北川"这个名字就死死地揪住了我的心。

第一次进入北川采访，是从震中映秀撤出后的第二天（5月15日）。我们的车子沿着刚刚疏通的公路前行，一路上塌方、危桥、路面塌陷……险情不断。

在临近北川县城还有3公里的地方，因最后一段公路还没完全打通，运送物资与抢运伤员的车辆已经大量拥堵，我们弃车步行。迎面而来的是大批从北川和附近乡镇疏散下来的受灾群众，他们身上背着家里最后的一点儿财产——大多是几件衣服，或者一些散乱的日常用品。这些并不值钱的东西成为他们日后对家园的唯一纪念。

我沿着刚从乱石岗中开辟出的一条小路艰难前行，不时可以看到战士们在用门板、竹竿制成的简易担架向外抬运伤员，这是北川通往外界的"生命通道"！

进入北川县城，我被眼前的景象惊呆了——仿佛一只上帝之手伸进这个山坳坳里的小城搅了一搅，搅碎了这里的一切，也搅碎了我们的心。四面垮塌的山体将下沉的部分县城掩埋；未被掩埋的建筑都像是被揉碎了一样；遇难者的遗体横七竖八地散落着；大小车辆就像是被砸烂的玩具，随意地扔在路边、山坡上、河滩上，甚至嵌在石头里……

可怜的北川！

北川，中国唯一的羌族自治县，传说中的"大禹故里"，在2008年5月12日14时28分，它1400多年的历史永远定格在了龙门山的地震断裂带上。

在北川采访期间，两个衣衫褴褛的小伙子引起了我的注意，在大批受灾群众外撤的时候，他俩却久久不愿离去。他们找到部队，恳求道："家里人都没了，我们跑出去做啥？我们要留下来，和你们一起去救活着的人！"

谢谢你们，小伙子，是你们让我们坚信：北川，没有死！

北川是这次地震中受损最严重的县城，理应成为报道关注的重点。5月16日，我决定临时调整采访计划，再进北川，两次采访仅隔十几个小时。

二进北川时，进出县城的最后3公里道路已经完全打通。我跟随一支救援队爬过老城的废墟，来到位于山脚下的北川幼儿园旁边一座垮塌的建筑物前。来自台湾的地震专家用生命探测仪测出这里有三个微弱的生命信号。我迅速架起海事卫星电话，通过中国之声的电波开始直播报道这次救援的全过程。

救援的过程中又发生了三次余震，其中一次还引发了山体滑坡。战士们把保险绳系在腰间，冒着房体二次坍塌的危险，从房顶的一处狭小空隙里钻进废墟寻找幸存者。救援进展得异常艰难，所有接近被困者的通道全都堵死了。战士从废墟里找到了被困者的身份证件、日记本和一张全家福。我们得知这是一个三口之家：男主人叫杜波，女主人叫何洪玥，两人都是教师，他们还有一个可爱的女儿。女主人的日记本里有一首题为《浪花》的小诗。

我通过电波继续直播救援过程：

听众朋友，现在搜救仍在进行。搜救队员刚才从废墟中找到了女主人的一个日记本，里面有她写的一首小诗《浪花》："闲暇时，我常到溪边看浪花。在阳光的照射下，像晶莹的珍珠，像活泼的孩子，像闪光的眼睛，像跳动的音符。搏击，奋斗不止；奔腾，永不停息。"此时此刻，让我们为埋在废墟下的这三个顽强的生命祈祷，愿他们的生命就像这浪花一样——奔腾，永不停息！

我和所有的救援队员一起在废墟上度过了令人煎熬的6个小时，等待着奇迹的出现。我在心里一遍遍默念着：时间啊，你慢些走吧，给救援人员多一点儿时间吧！然而，奇迹并没有出现：生命探测仪显示，生命信号从三个变成两个，又从两个变成一个，最后全都消失了……

眼睁睁地看着鲜活的生命从自己眼前消失，一种莫大的无助感压得我喘不过气来，让我窒息。

晚上八点，我随救援部队撤出北川县城，站在山坡上，我回头眺望，再让我看一眼这座流血的城市吧——最后的北川！

遥远的凝望

郎峰蔚

　　一直无法忘记，今生也恐难相忘，那一份遥远的凝望。她将深深地沉入我的脑海，漂浮在那些合目而无眠的夜晚，犹如灰暗的黎明前，光芒渐渐敛去的晨星，留不住，但永在。确切地说，那是一双羽化的眼睛，一种没有焦点的期待。这双眼睛，来自破碎了的中国四川省汶川县映秀镇医院，那一片曾经破碎而揪心的废墟。

　　我遇见她的时候，她是一尊雕像，笔直地凝固在映秀小学的断壁残垣前。

　　那是一幕交织着嘶喊、掀起、搬运、尘土、瓦砾、晃动、晕眩、哭泣、呐喊等等似乎不相干又紧紧聚合在一起的一堆词汇的救援情景，那是一场充满希冀、充满焦急、充满无奈但绝不会停歇的与死神的徒手搏击。

中国之声记者郎峰蔚（右一）现场连线汶川地震救援人员

突如其来的强烈地震把整个映秀镇拉倒在地，所有的建筑物都被恐怖地扭曲肢解。映秀小学的所有校舍，全部变成了瓦砾，犹如摔碎成上百万片的瓷器，厚厚地堆积在深山峡谷的空地上。地动山摇的那一刻，是2008年5月12日星期一14点28分。一张张稚气的小脸坐满了教室，听课，读书，和着老式的脚踏琴唱着歌谣，肯定还有调皮的小动作和小胖子们的瞌睡。

此刻紧张的施救行动，是针对三年级的教室。黑黢黢的废墟下，断续飘出小孩子微弱的哭喊。救人先救孩子。没有大型机械，没有机电设备，救援队员们只能拼了命地徒手挖着、掘着、刨着、呼喊着。

一位年龄在三十岁上下的女医生，默默地站立在医疗组的一边，手中紧紧攥着一把止血带，眼睛死死盯着面前的废墟。

"我负责包扎、止血。"女医生的回答一字一句，净如寒冰。

现在的我已经记不太清，采访时，她回答这第一句话的时候，是不是在看着我，但我却清晰地记得，说完这句话，她的眼帘缓缓下垂的过程。一层漆黑浓密的睫毛像放下支架的窗扇，重重地合上了。嘈杂的环境和焦

汶川紧急救援

虑的氛围中，我不得不惊诧于她低沉的平静，好奇又关切地轻声问："您家里的人，都好吗？"

沉默。这沉默却不是一种回答。无言的僵持，令我陡然有些害怕。似乎过了很久，旁边的另一位医生才抬起手，指了指他们背后不远处的另一堆废墟说："在那儿，那里面，她家的孩子，五岁。"沉默中的女医生，本已僵硬的面容瞬间抽搐，泪雨滂沱。她捂住面孔蹲在地上，泣如悲鸿，不能自已。那一刻，我惊呆了，"那，那一边什么时候救呢？"

那位医生垂下手臂，一边抱住她剧烈抖动的肩膀，一边摇了摇头，摇得很重，几乎是用叹出来的气说，又像是自言自语："那一边，是学前班的教室，塌得最严重。里面根本没有声音，你说这么多的孩子，怎么就没一点儿声呢！救援队现在只好先救这边，三年级教室一直有孩子在呼救。"

我不敢不忍不能再问一句，仰起头任泪水横流在我的脸上，滑落在突如其来的无奈无助的悲哀中。

过了半晌，女医生不再抽泣，她站起来反复地深呼吸。我这才敢再度望向她。那一刻，从那晶莹的泪痕深处，我迎接了所见过的最动人的复杂。她恢复了先前一样的神态，安静地站着，紧紧攥着止血带，默默盯着三年级教室的生死救援，背对着学前班教室的那片废墟。但现在，我看清了她的眼神，那样地关注，那样地急切，那样地含忧带虑，那样地沉默如深潭般的静。那安静，却让人撕心裂肺。一个母亲，一个医生，面对骨肉生离死别的灾难，身临救死扶伤的战场，只有几千几万遍地强忍着不再向掩埋自己孩子的废墟望一眼，只有几千几百次重复地提醒自己作为医生的使命，只有在泪光中无数次捶打煎熬自己的心灵，只有在心底千遍万遍地呼唤骨肉的乳名，只有抢救所有的孩子时都如同己出……，我们才能看到她一直在这里笔直的坚守，才能在她的眼神里看到不敢回眸的凝望，才能在凝望里看到无尽的期待饱含奔涌。

我放下话筒，不再打扰那人世间最遥远的凝望，只在心底永远把这一刻记住。

在玉树的最后一天一夜

高岩

突然的撤离

4月20日，在玉树的第五天，早上7点，手机铃声突然响起来，抓起来一看，是侯东合副总监打来的。这里7点钟天刚刚亮，这么早，有什么急事吗？"喂，高岩老师！" 接起来，电话那端却是李欣的声音，她跟侯总一起住在二炮驻地的一个帐篷里，我带着另外一批记者住在武警驻地的帐篷里。

"——侯总感冒加重了，嗓子都肿起来了！"我一听，头"嗡"的一下。

"——他现在在哪儿？"

"——去医疗点看医生了！"

侯总是17日带领4名记者抵达玉树的，18日早上他就感冒了。19日晚上，他从指挥部开完会回来给我们布置工作，我就觉得他状态越发不好了，鼻子、眼睛周围都红红的，一直要流眼泪的样子。我劝他赶紧撤下去，他就是不肯："不要紧，我有数。等接替部队来了，你先撤，我21日之后再撤（这时候我们已经得知了21日的哀悼活动，侯总已经让我开始着手做策划了）。"在海拔3800多米的玉树，感冒是非常危险的，每天都有参与救援的战士、医生、记者因为感冒、发烧、肺水肿被紧急送离。我当即跟李欣说："侯总回来你让他马上收拾东西，准备走！"挂断李欣的电话，我马上拨通了一直在机场值守的记者梁兴旺的电话："兴旺，马上联系空军，看什么时间有货机离开玉树，成都、西宁、兰州，哪儿都行，越早越好！"梁兴旺也是17日跟侯总一起抵达玉树的，他接替记者陈俊杰盯机场，一方面报道空中物资运输情况，一方面随时协调空军方面，将中央台记者接进来，送出去。放下兴旺的电话，侯总的电话就打进来了。

"——医生说我需要输液，我这就去。"

"——不行，您马上走，到成都或西宁去输液。"

"——我现在不能走！我先输液看看，后天走吧。"

中国之声记者结束玉树震区采访，乘空军运输机返回北京（右一为作者高岩）

"——不行，万一控制不住就麻烦了。这件事请您一定听我的。我已经联系了机场，您马上收拾东西。"

…………

侯总无奈，终于答应了我："那好吧，我走！我把望远也带走，他一直咳嗽，我看他不行了。你那边还有没有身体不行的，跟我一块儿走。"

这时候，我们帐篷里席地而睡的男男女女7个记者都已经被我的电话吵醒了。"谁觉得身体不行了，马上准备跟侯总一块儿走！"我问了几声，睡在我身边，一直用被子蒙着头的陆敏突然把被子从脸上拉下来："高老师，那我走吧！"我马上意识到，我早该撵她走了。她是16日跟我一起上来的，高原反应一直很重，吃了东西就要吐，夜里整夜睡不着，白天却10多个小时在外面跑。19日，我本来安排她跟另外两名女记者一块儿撤离，她就是不肯，昨晚，她2点多做完节目，一定又没睡着，整个脸都是肿的。"太好了！你跟侯总走！"一瞬间，我看到陆敏的眼圈红了："对不起，高老师……""你早该走了，快收拾，别多想！"

8点，侯总和望远乘坐的军车来到我们驻地接陆敏，送他们上车的时候，我看到侯总的表情非常复杂，看着我欲言又止，几次叹息！我知道他原本想让我先撤，他守到哀悼日的……

因为前一个的节目策划案里有望远和陆敏的任务，送走他们，我马上跟后方指挥中心沟通，调整节目安排。

一会儿，我收到望远的短信："高主任，你真是豪杰！在去机场的路上，看着沿途本应美丽的玉树，我觉得自己还应该再为她多做点儿什么。可是，现在我像个逃兵。向你和仍在玉树坚守的战友们致敬！"望远一周前刚刚跟我以及特报部的3位兄弟姐妹参加完王家岭煤矿透水事故的报道，16日又跟我们一起来到玉树，他每天在废墟上奔跑，报道中几次落泪。先行撤离，对这个情感丰富的战友来说，确实是个难以接受的过程。我马上给他回复："我知道，你是饱含着感情在为玉树做报道的，你已经尽力了，向你致敬！"

10点，梁兴旺通报，侯总他们已经搭上了去西宁的飞机。

12点，青海记者站通报，三人全部被送到医院输液。侯总重感冒、高血压，望远肺部感染，陆敏低血压，打点滴的时候血管都找不到了，再晚撤离一天，三个人恐怕都有大麻烦。后来听说，当天傍晚中央电视台一名

中国之声记者杨超在玉树边吸氧边做连线

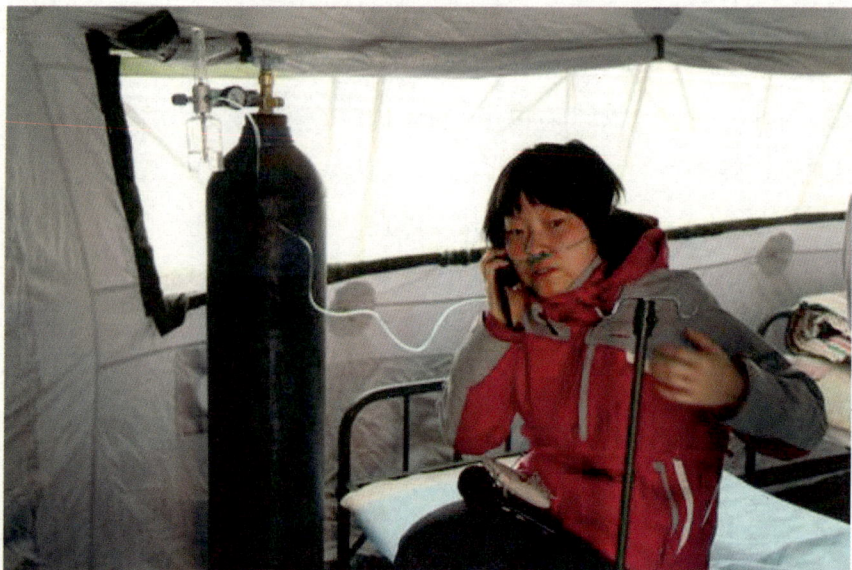

记者因脑水肿被空军紧急送离，情况危急。

换岗

8点左右，张小艳给我打来电话，他们乘坐的空军货机终于要从兰州起飞了。他们一行4人：徐冰、张小艳、王磊、肖湘19日一大早就从北京起飞，乘坐民航飞机飞抵成都，原本准备像我们16日一行6人一样，搭空军货机从成都飞抵玉树。可是，到下午才搭上的一架货机先是到兰州装货，在从兰州飞玉树途中突然遭遇雷暴天气，中途折返，两个小时以后再次备降兰州，他们只得在兰州滞留了一夜，20号早上重新起飞。得知他们起飞了，我马上联系住在玉树军分区的军事记者陈欣，从部队找车去机场接他们。跟他们同机的还有中央台军事中心前来轮换的三名记者。

接下来我要做的第一件事是安排他们的住宿。几经轮换，到这一天，中央台在玉树的记者还有三十多人，分别住在武警、二炮、军区、消防四个驻地。我逐一清点各驻地人数，哪儿也住不下四个人，只得决定把徐冰和张小艳安排到二炮驻地，把王磊和肖湘安排在我们的驻地。四个驻地中只有二炮驻地的帐篷里有床。除了史敏总监，张小艳是中国之声前方报道组中年龄最大的了，据说这次参与抢险救援，部队方面规定40岁以上的就不许上来了，而小艳已经46岁了，我希望尽可能悄悄地给这位敬业的姐姐多一点儿照顾。

没想到，四位新战友抵达后的第一件事就是七嘴八舌地要求我马上安排人增援梁兴旺，因为他们在机场看到的兴旺脸色土灰，嘴唇干裂。据说他的血压已经到了150，心跳120，还在到处跑来跑去，忙采访，忙联络，忙接送。我马上提出，第二天就让他撤离，换别人去机场值守。

徐冰是来接替我的，我转给他三份文件，一份每日工作安排，共16项，既包括策划节目、指挥调度记者，也包括随时更新联络方式、及时发现记者身体异常状况并安排撤离等。一份是最新的前方记者联络方式，还有一份是策划案样本。

下午，完成21日哀悼活动的特别策划，我开始安排第二天需要撤离的人员。原本我第一个打算带走的是白杰戈，他和陈俊杰是地震当天就从北京出发，乘飞机抵达西宁，又坐了14个小时的汽车抵达玉树的。到20日，他已经整整奋战了7天。这个四川的小伙子是我们特别报道部6名记者中年龄最小的，3月底赴云南采访抗旱，回京稍作休整又去辽宁采访一个舆论监督的节目（其间一直拉肚子），13日中午刚刚回到北京，14日就出发奔赴玉树了。前方已经先后有4批记者撤离，每次问到他，他都不肯走。这一次，他还是不肯。他跟我说，21日这个日子很重要，他要留下来。他家在四川雅安，属于汶川地震震区。我发现几乎所有有关地震的新闻，他都格外关注，智利地震，就是他第一个往指挥中心打电话通报消息的。这个爱干净的小伙子，昨天终于找到热水，不顾我的阻止，把头发洗了，还开玩笑说："你只要让我洗头，我就能再坚持一个星期！"我看他身体状况还可以，加上他视角独特，情感细腻，表达生动，留下来会对哀悼活动的报道起到不可替代的作用，就狠心同意他留了下来。

按照到达震区的时间先后，我先是决定带刘黎黎、费磊撤离，我们一批来的6个人，前两天已经有3个分别撤离。随后梁兴旺、杨钧天、张磊、李欣的名字一个个被加入到名单里，他们的身体都出现了不同程度的问题。侯总临走的时候嘱咐过我，发现任何人身体不行，我都要当机立断。

人员调整，报道方案就要随之调整，那天，我已经不记得给后方策划部的王巧玲打过多少次电话了，每一次她都说："没关系，高老师，你们辛苦了！"我知道，那天指挥中心也非常忙乱，每次从巧玲的电话里，我都能听到好多人在说话，尤其是王凯副总监的大嗓门。为了21日从6：00到24：00的大直播，他们一直忙碌到深夜。让我有所安慰的是，这两天，我有意让记者们集中采访了一些感人的故事，典型的人物，做成录音特写，备大直播用，下午所有记者的录音特写题目集中到我手里，竟然有36个。18个小时的大直播，正好平均每半小时一个。20日当天，我还要求记者们每人录一个3分钟左右的记者手记，总计也有近30个。这些内容，加上我们选定的6个直播点，前方记者对大直播足以构成强有力的支撑。巧玲一再安慰我："高老师，内容很丰富，你放心吧！"

最后一夜

寒冷加上高原反应，在玉树，最难熬的是夜晚。快1点了，气温又降到了零下。帐篷里冷得让人牙齿打颤。我们7个人仍各自忙碌着。我已经钻到了被子里接打电话，做着前后方的最后协调。第二天去机场的路上，我特意在手机上数过，在玉树的五天时间里，我打过500多个电话，而20日那一天无疑是最多的一天。我右边铺位上、一直在被子里写稿子的刘黎黎是个特别细致的女孩，看我冷得直哆嗦，就赶紧叫当天刚刚到、也在写稿子的肖湘把空铺上的一床被子拽过来给我加上，其实我已经是穿着一条三保暖秋裤、一条毛裤、两件毛衣、一件冲锋衣，还盖着两床被子了。第三床被子加上，暖和了些，我慢慢地就睡着了。

　　大约三点左右，我被自己憋醒了，胸口闷得一点儿气也透不过来，心跳特别快，后背隐隐作痛。我知道是心脏又不舒服了，到玉树的第二天晚上就出现过同样的状况，吃了些丹参滴丸慢慢就缓解了。我赶紧起来，从包里摸出丹参滴丸吃上。可是这次药却好像不起作用了，难受的感觉越来越重，我只得坐起来，试试能不能好受些。那种滋味有生以来从未有过。一时间，我脑子里甚至闪过这样的念头："心脏病人临死前就是这样的感受吧！"这时候，对面一排地铺上，费磊还坐在被窝里写稿子，不知什么时候帐篷外的发电机停了，可能是没油了。他架了一个手电，飞快地在笔记本电脑上敲击着。白天，他抓到了三个非常好的题材，一个是"救援人员从废墟中挖出的出租车开始营运"，一个是"救援队伍里的女医生"，一个是"灾区电力迅速恢复"，另外他还要给21日早上的纵横准备一个连线，录一个记者手记，这一夜，他恐怕要熬到天亮了。费磊跟我是同一年入台的，但直到这一次同赴玉树，我才发现他既有豪爽、大气的一面，又有非常细致的一面。一路上，他经常挥舞着手臂，跑前跑后，帮助大家，照看行李。八个人的帐篷难免凌乱，只要有时间，他就会把帐篷里清理一下，大家都开玩笑说："费磊在家里一定是个好丈夫。"他见我坐起来，不停地深吸气，吓了一跳，赶紧过来问我怎么了，要不要看医生。我想起白天旁边驻地武警医院的大夫给我送来一瓶氧气，那是前两天我去医疗点看心脏，她主动说要给我找的，找了两天终于找来了。我赶紧让费磊帮我把氧气罐抬过来，把氧气管插上。他一一帮我弄好了，还不停地嘱咐我："不行别挺着。"我心里想，到玉树的几天里，我把感冒挺过去了，把特殊生理周期的不适挺过去了，把拉肚子挺过去了，这下好像真的挺不过去了！想起侯总说的一句话："汶川报道的艰难是你可以凭意志克服的，而玉树报道的艰难却是你自己无法克服的。"

氧气的嘶嘶声在玉树寒冷的夜里显得那么清晰，远处不停地传来无家可归的藏獒狂躁的吠叫。呼吸平复了些，脑子也变得异常清醒，几天来记者们报道的一个个场景像过电影一样在闪过。右边铺位的刘黎黎不知是什么时候睡下的，这个看上去袅袅婷婷、文文静静的姑娘，实际上性格非常坚韧，她每天一大早就出去采访，常常一天做十多次现场连线，晚上回来又要写稿子、做录音，基本上每天只能睡三四个小时。来玉树之前，李涛副总监曾经给我定了一个规矩，不许任何人，尤其是女记者单独行动。但是因为任务太多，刘黎黎、陆敏加上已经撤离的玉蕾、王誉颖早都把这个规矩破了。有一天黎黎一早出去采访民政物资发放，中午给我打电话说，突然发现了救灾物资审计的线索，申请去采访，之后我就再也联系不上她了。到晚上8点半，天完全黑了，她还没回来，真把我急死了。结果她回来后特别兴奋地给我讲，她在采访审计返回的路上碰到了一群唐山的志愿者，他们从废墟里挖出几万元现金，还有8车茶叶，当场把邮政储蓄的业务员找来，把钱存了，她跟随采访，录下了整个过程。

睡在我左边的王磊今天刚刚到，这个体育记者出身、身经百战的小伙子看来适应能力不错，睡得沉沉的，不时发出轻轻的鼾声。我们走了以后，他可就是大主力了。

5：00，帐篷里突然响起了手机的闹铃声，我起身寻找，看到对面一排地铺上，白杰戈坐起来，把手机关掉，又倒下去躺了一小会儿，然后再次起身披上衣服，装上采访设备匆匆出了帐篷。他大约也是写稿子到2：00多才睡下的。21日哀悼活动的大直播从早上6：00启动，第一个连线就是他的，他要走到格萨尔广场去，先看一下情况。他拉开帐篷帘子的那一刻，我看到外面还完全是黑的。

又过了一会儿，肖湘的手机响了，他今天的第一个连线是8：00，现场是离我们驻地14公里远的赛马场，因为昨天上午刚到，到了以后又去做了一个关于帐篷小学的报道，他对赛马场的情况了解不多，想早点儿过去，于是约了武警的车6：30来接他。我再次看到他掀开门帘匆匆走出去了。

7：00，我拔掉氧气管，把费磊、黎黎、王磊叫起来，我们要出发去机场了。帐篷里，只剩下中央台武警记者站的站长孙崇峰了，他用被子蒙着头，还在睡着，昨晚他一共做了4条录音报道，一定是太累了。

远处的群山在晨曦中是那么美，一群群牦牛在山坡上徜徉，近处却是一片片废墟和残垣断壁。玉树啊，再见了！我突然对小白、对昨天赶到玉树、今天已经开始采访报道的几位记者特别牵挂。我想起了望远的短信。是啊，在玉树的采访报道中，我们经历了那么多的困难，但最困难的莫过于离开的这一刻，因为这里的救灾还在继续，而我们却不得不离开。新的战友开始了战斗，而我们却不能与他们并肩。玉树啊，我们还能为你多做些什么呢？

万一要是……

王磊

2011年3月11日日本福岛发生9.0级大地震引发海啸和核泄漏之后，中国之声派出王磊、李谦两名记者前往日本采访灾害情况。其间连线直播了中国地震救援队抵达东京羽田机场奔赴灾区、报道了震后第一个交易日东京股市跌破万点大关等重要新闻。记者第一时间搭乘刚刚恢复的东北新干线列车试图绕道新潟租车前往宫城、岩手，之后又转道青森从北面接近灾区……在日本的5天时间里遭遇4次7级以上余震，完成了中国之声对国外突发新闻的首次追踪报道。

2011年3月11日，那是个星期五的下午，当人们为东日本大地震引起的海啸瞠目结舌的时候，我正在台里值班。通常来讲，在周五下午碰到这么大的突发事件意味着作为采访部副主任的我不用为周六、周日找不到过硬的新闻选题而焦虑了。得到准备和李谦随中国国际救援队前往日本报道的消息，我不但没有紧张反倒长长舒了一口气。

一来是听说要和自己的救援队同行心里有底；二来是当时还没有福岛核泄漏的消息，只认为是个普通的地震加海啸，日本2009年世乒赛刚刚去过地方熟悉；三来是自己还没有入境签证，使馆周六、周日肯定休息——自以为去过30多个国家"经验丰富"的我甚至盘算着接下来的两天养精蓄锐好好做做准备。

虽然心情放松但忙碌的双手却没有一刻停歇，每天都随身携带电脑、采访机自不必说，领卫星电话也是有条不紊，为了以防万一我甚至连夜借出了因公护照，静静等待出发的消息。

当天深夜，一个电话让事情突然来了个180度大转弯，"由于种种原因，中国国际救援队只能派十几名队员，随队记者的计划取消，而且救援队何时出发还不知道。"——这意味着前往日本灾区采访基本夭折了。

说不清是不死心，还是别的什么，抓起电话，我从通讯簿里很快找到了国际组同事给我的日本使馆新闻联络人的号码，虽然我明明知道周五深夜非工作时间没人接听，但是我似乎还是隐隐地感觉：万一要是……

幸运的是电话铃只响了两声，更幸运的是一个令人激动的消息：3月12日周六下午15：00，日本使馆签证处因为地震特别开放！

日本使馆签证处大厅，申请签证的多是要前往日本报道地震的记者。在人群当中，提着所有采访设备和行李的我和李谦活像两个返乡的农民工。一般来说，申请签证最快也要第二天领取，而且当时去东京的航班还没有恢复，就连一些被困日本的飞机也还没有飞回来，就算立马签了也走不了——在大厅里的同行们看来，我们俩这身装扮似乎有些太沉不住气了。

连我自己跨出家门的时候，也只是和哄儿子午睡的妻子说了声"我去使馆签证"，但那一刹那似乎还是隐隐地感觉：万一要是……一个电话沟通之后，所见略同的李谦和我都拿上了全套设备和行李。

一个小时后，签证完毕的我们已经驾车飞驰在前往首都机场的路上了，副驾驶座上的李谦焦急地打着电话，查着航班的动态，反馈的信息又是悲剧——北京和东京的航线刚刚恢复，从航班时刻来看唯一飞往东京的航班起飞时间是16：30，而现在已经是飞机起飞的时候了。我们的车头依旧朝着机场的方向，虽然还没有买机票，但我和李谦都再一次隐隐地感觉：万一要是……

"JL864航班晚点，起飞时间待定。"——机场的广播声中，我和李谦掏出了身上所有的信用卡，因为要尽量多地保存现金，以往的经验告诉我们灾区可能没电，能不能刷卡还很难说。

在我正要打电话和家人告别的时候，父亲的电话过来了，福岛核电站一座反应堆爆炸了，父亲的话语中透着焦虑，我一边追问着是不是只是氢气爆炸，一边安慰着父亲，可心里还是隐隐感觉万一……万一到了日本发现我们不像之前那样幸运了呢？

汽车后备箱喝剩的多半箱矿泉水被我扔上了托运行李的传送带，登机牌和工作人员惊异的目光一齐递了过来……

震后前往东京的第一班飞机终于在最后时刻搭上了两名中国之声的记者。大地震后不到36个小时，成田机场吊顶坍塌，旅客大批滞留的现场情况已经通过中国之声记者的连线传递了出去。在和时间赛跑中，我们赢了

第一回合。

　　每一刻都不放弃让我们把一堆侥幸串烧成了必然，成就了首次中国之声记者对境外突发事件的现场报道。虽然现在回想起来我们还在为中央台没有驻外记者难以第一时间派人前往震区而感到遗憾，但我们还是可以问心无愧地说，我们很幸运，是因为努力到了最后一分钟。

日本地震速写

王磊 李谦

速写1：

2011年3月12日～16日

成田机场的大理石地板，大型货船二等舱里的大通铺，还有深夜火车站四处透风的木板凳，这些是我们在日本连续几晚睡过的"临时床铺"。日本记忆——很冷、很急。余震来袭，天花板左右摇晃；夜里惊醒，一桌子的电脑、采访机、手机被余震撞得乒乓作响。

速写2：

2011年3月14日夜

夜里三点，全城的防空警报刺耳鸣响，一遍又一遍，我们习惯性地将采访机伸出窗外，内心的恐惧被职业性地压抑，使命感领先了任何其他感官。

中国之声记者李谦采访日本地震回国后，接受核辐射抽血检查。

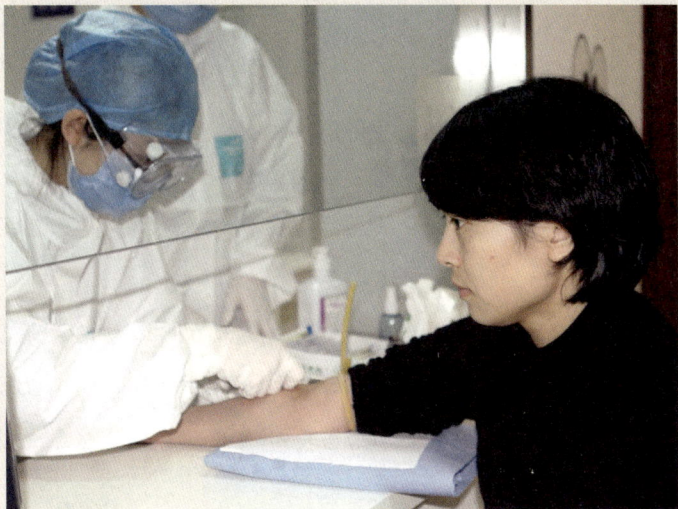

速写3：

2011年3月15日凌晨

大雪纷飞，站在海边的大贸船旁，一辆辆运输车，满载着帐篷、粮食等救灾物资，从眼前鱼贯而出，鱼贯而入……

速写4：

2011年5月21日

仙台，这个受灾最重的地区之一。四周一片灰黄，废墟上的建筑荡然无存。机场大厅全是没膝深的淤泥，机场外的电线杆七扭八歪，大树上挂着零星的汽车。机场的候机楼方圆几公里内一片荒芜，候机楼成了荒原上的孤岛。仙台车站，我们遇到了一位受灾的中国人——杜华。她的家被海啸冲毁，无家可归。杜大姐向我们介绍，由于受灾人数众多，车站旁的木板"安置房"现在十分抢手，失去劳动能力、行动不便的老人才能够入住，像他们夫妇正值壮年是根本申请不到的。那一天的采访，我们是搭乘杜大姐借来的一辆老皮卡穿行仙台。

速写5：

2011年5月21日

女川体育场，清理废墟的自卫队汽车停在路边。看台侧面，有一些被土掩埋一半的塑料布，那是尸体袋。由于前些日子没有电，没有办法火化，每天只能从土中挖出部分尸体火化，不时还会发现新的遇难者。这些触目惊心的讲述和画面虽然通过我们的连线、视频已经报道出去，却永远也不能从我们的记忆中抹去。

70天内，中国之声三位记者（记者肖志涛随温家宝总理进入福岛采访），五人次前往日本，报道日本地震、海啸、核泄漏给当地带来的影响。这也是中国之声首次派记者报道境外突发事件。

一场用手机传送的特别直播

陈瑜艳

2011年7月27日，"7·23"温州动车事故发生的第五天。

凌晨5点接到通知，8点要召开安监总局的会议，公布事故原因调查进展。根据经验，我把所有的采访设备、电脑充满了电。

睡了1个小时后，我起床赶赴会场，9点10分左右，做完了现场连线，刚想松口气，突然接到台里电话，必须参加12点温家宝总理的答中外记者问，因为要直播。

因为安监会议必须出《联播》和《报摘》录音稿，我只能给会议做全程录音，不能离开会场。同时，我不停地拨打新闻局联系人的电话，因为不知道温总理见面会的地点以及记者出发时间，我就无法估计是否能按时赶上。

9点50分，会议结束了。新闻局的电话也终于打通了，但得知的消息让我更加焦急："10点15分在记者住的水心饭店统一安检上车，准时出发，迟到绝不等任何一人。"从会议地点到水心饭店需要大约半个小时，这意味着我根本无法保证在大部队出发前到达饭店。我只能再一次电话请求新闻局延迟出发时间，但仍然被告知200多名记者不会等我一人。这时我意识到我必须做两手准备。

打上车后，遇上堵车。虽然赶上出发的希望变得很渺茫，但我的内心告诉我，不想就此放弃。一路上，我一边催促司机，一边电话打听水心饭店的情况，同时告知台里策划部有可能会迟到赶不上安检和出发的车，得做好最坏的打算。20多分钟后，出租车终于赶到饭店。我冲进大门，抓住服务员问，去总理见面会的安检在哪里？车子出发没有？服务人员一看我是记者，马上为我带路，我一路狂奔跑到了饭店后门，五辆大巴车正准备出发。我告诉领队："我是中央人民广播电台的记者，等我一分钟，我要直播，我必须要上车。"一边说着，我一边跑上楼安检，做完所有的检查和登记，然后跑下楼冲上了大巴车。

我是最后一个上车的记者，坐在座椅上时，我才发现我已经满头大汗。安定了一下心情，我给策划部打了电话，告诉编辑我赶上车了，可以正常直播了，编辑老师也松了一口气。

10点40分左右车队到达了动车事故现场，远远地能望见温总理见面会现场设在事故发生的大桥底下。因为要手机直播，我给手机换上了新电池，暗自庆幸前一天晚上全部充满了电。大家开始在车上等待放行时间，11点半，车门开了，记者们开始冲向大桥，并占据对自己有利的地点。

我一路跑着开始寻找设有音响的地方，总理讲话的平台是一个小土坡，上面架了几组长杆话筒，一对音箱竖在土坡对面用泥巴堆起来的高地上，我赶紧爬上去，可没站几分钟就被赶了下来。他们为记者设立了专门的采访区域，必须在专门的区域站立等候。

这时我一眼看到在记者区的另一头也竖着一对音箱，就赶紧跑过去站到阻挡线的最边上，音箱离我大概5米左右，这已经是能录音直播的最近的地方了，这时已经没有任何选择，因为不可能站到音箱前面，四周都是安保警卫。

接下来，我和所有的记者顶着烈日站了将近1个小时后，温总理终于到了现场。看到他走过来，我开始拨通导播间的电话，切进直播间，总理走到话筒前开始讲话，我简单地介绍了一下现场后开始直播。

我高举着手机，手一直伸着，希望能离话筒近些再近些，想尽量让直播的效果能好一些。因为担心手机信号会断，电池会用完，每隔几分钟，我就按亮屏幕看一下，在无法知晓播出效果的情况下，我只能做到保证手机信号畅通。一个小时后，总理答记者问结束了。我听到手机里我的电话已经切回了导播间，我这才敢挂电话，长出了一口气。胳膊已经僵硬了，衣服也被汗水湿透了，但是这时成功的喜悦和兴奋已经占据了我整个身心。

上车回饭店已经快3点了，我继续完成其他报道任务，4点的重点关注，上午安监总局事故调查组会议的晚高峰和联播的录音稿。一边准备连线内容，一边赶紧听录音，5点左右，所有的工作终于完成了，这才意识到我还没吃午饭。

温州动车事故是近年来最重大的突发事件之一，中央人民广播电台也是唯一的全程直播了温总理现场见面会的广播媒体。

这次一线的报道经历让我体会到，在突发事件现场，报道任务、报道事件、报道地点，一切都会变成突发的。有过突发报道经历的记者都知道，在一线，一切都是未知的。你不知道下一刻会发生什么，你不知道下一刻你会置身何处，你也不知道下一刻的报道任务是什么。你能做的只能是尽可能让所有的设备充满电，让我们的神经充满电。在最艰难的客观条件下，你全身的潜能就会被挖掘出来，你要有随时应对任何突发情况的准备，你必须冲在最前面。这是突发事件一线报道最考验我们的地方，也是它最有魅力的地方。

真相永不被掩盖

马闯

　　2011年7月28日，我像往常一样，早晨9点钟来到办公室，发现门没有锁，还以为昨晚谁忘了关。此时，张华杰已经在两个多小时前收拾好行李从办公室出发，跟随温家宝总理的专机赴温州，采访总理慰问伤员和遇难者家属。

　　"7·23"动车事故造成了巨大的人员伤亡，五天来，各种评论声不绝于耳，终于，温家宝总理28日飞抵前方。显然，总理此行代表中央对事故的重视，能更好地平息各方的舆论，而对媒体来讲，也无疑有着巨大新闻价值。临近中午，张华杰发来短信，上面写着两个家属的姓名和联系方式，我随即对他们进行了电话采访，并剪辑成2分钟左右的录音，供《央广新闻》使用。下午，张华杰陆续从前方发回总理与家属对话的录音，我剪辑成素材，在当天的《全国新闻联播》节目中，张华杰通过连线将总理与家属对话的录音串连起来，生动还原了现场。

　　当晚，央视《新闻联播》只播出了图像，没有声音，中国之声成了总理在现场看望家属的唯一声音源。张华杰回到北京后，带回了几个小时长的音响素材，我们从傍晚一直忙到第二天的凌晨两点，写稿子、剪录音，同时还不断与央广网沟通，让我们的独家音响在新媒体中发挥影响力。次日的《新闻和报纸摘要》及《新闻纵横》大段地采用了总理与家属对话的内容，在社会上引起了强烈的反响。我们在央广网上的工作也取得了成效：新浪等多家门户网站纷纷转载中国之声的独家音响，新浪网甚至将音响素材配合我稿件的文字制作成视频，挂在首页上。当时，微博正在兴起，中国之声还没有自己的官方账号，广西站记者张垒根据央广网上的音频和稿件内容，自己编辑了微博：

　　【中国之声完整披露家宝28日与遇难者家属对话内容。精简翔实，问题犀利，痛批铁道部】家属："不满意""这么点儿事都解决不了，何谈别的""我们不要钱，我们要命""买大白菜呢，讨价还价，一会儿17万，

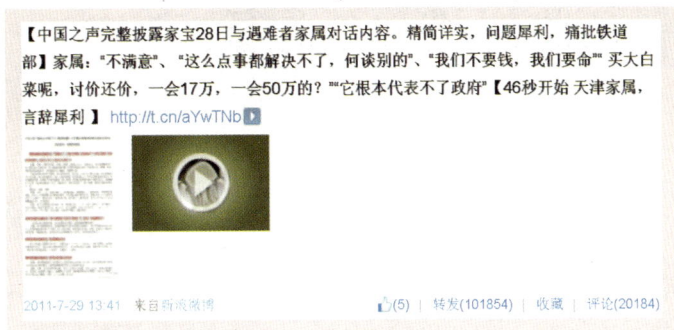

被转发10万次的微博

一会儿50万的？""它根本代表不了政府"【46秒开始 天津家属，言辞犀利】。

　　微博中，附有央广网的报道链接、稿件截图，以及可以直接点击播放的音频。该微博随即被多名大V转发，仅通过张垒的微博@张图腾 转发量就达到了10万，评论数超过2万，更是有不少网友根据央广网的内容自己制作微博来传播。可以说，这是广播报道首次在微博平台中产生如此巨大的影响力。

　　真相永不被掩盖。

一顶临时搭起的帐篷

王磊

2008年年初的冬天特别寒冷，雨夹杂着雪下得特别大，时间特别长。忘不了广州火车站广场上拥挤的人群，忘不了挂满冰凌的高压线，忘不了高速路上被风雪围困的汽车长龙。除了方便面和热水，车里焦急的人们发现车上的收音机成了他们的伴侣，什么时候雪停、什么时候通车、什么时候能回家、外面的情况怎样都要靠它。

之后的四川汶川地震，中国之声第一批赶赴灾区的记者们惊奇地发现悲痛过后收音机成了灾区军民最喜欢的物件，于是帐篷安置点周围架起了广播大喇叭，信息孤岛里人们空荡荡的心填满了中国之声，装满了祖国人民的祝福和鼓励。

从那时开始，一个巨大的计划开始酝酿，一幅宏大的蓝图开始描绘，为的是在今后用广播的声音带走停电的黑暗，驱散通讯中断导致的孤独和恐惧，为的是在灾难来临之前发出警报，为的是让我们这多灾多难的大国

王磊为国家应急广播芦山临时电台做连线报道

国家新闻出版广电总局局长蔡赴朝、中央人民广播电台台长王求为国家应急广播中心揭牌

在灾难中少流些泪。中央人民广播电台作为国家广播电台担负起了应急广播的历史重任，也找到了进一步发展的新突破口。

之后在玉树地震、舟曲泥石流中，汶川的模式被成功复制，早已储备好的收音机，迅速安装的大喇叭一次又一次把中国之声直接送到了帐篷里、废墟旁，像火炉一样温暖着灾区群众的心。

2013年4月20日四川芦山发生7.0级强烈地震，汶川地震以来对灾区群众专门广播的设想终于成为了现实。国家应急广播芦山抗震救灾应急电台在地震发生48小时后发出了第一声。两天之后，40公里外的宝兴县，县中学、电视台、红军纪念馆、灯光球场等地的大喇叭让这个山区小县城随处都能听到应急广播的声音。除了大喇叭，这一次和以往不同的是，应急广播电台在芦山和宝兴都特辟了专门的广播频率，当地以及周边的广播发射台用专门的广播频率把帐篷电台的声音传得更远。

不论是在芦山还是在宝兴，帐篷电台成了当地政府的信息发布台、灾区群众的主心骨，哪里有急需的救灾物资、哪里交通恢复可以出行、哪里地质灾害有危险、灾后如何预防疫情等都能从帐篷应急电台的电波中获得。帐篷电台门前还成了志愿者汇集的地方，哪里搬运救灾物资需要人手、哪里的受灾群众缺吃少穿需要捐助，听帐篷电台的召唤到灾区需要的

国家应急广播前方记者采访灾区群众

地方去成为了不少志愿者的行动依据。

虽然帐篷里应急电台的作用有限，但是在中国之声对灾区应急报道实践中一次次碰撞出的思想火花，已经由应急广播烧得红红火火，今后必将有燎原之日。

《党史开讲》

杨路

党史节目难做，难在学术与大众传播的脱节。平心而论，学术上党史研究已经逐步走向全面客观，但是在大众传播领域仍然有所束缚，而这种束缚某种程度上来源于我们自己。中国共产党成立90周年中国之声的党史节目应该怎么做？还是一味宣传伟大、光荣、正确吗？赵子忠副台长亲自拍板：破除束缚，全面客观公正讲党史。这一拍板，诞生了中国之声历史上，也是中央人民广播电台历史上第一个新型党史节目——《党史开讲》。

新型体现在哪里？体现在《党史开讲》节目不回避我党所经历的曲折和苦难，不回避我党在发展中出现掉队和落伍的人，不回避我党历史上的矛盾和斗争。

节目中，讲述人金一南教授注重突出中国共产党发展史中的"艰苦卓绝"和"艰难曲折"，告诉人们，绝不是"一大"和"遵义会议"一开，党就一帆风顺了。如《中共一大13位代表命运折射党的艰难》《"立三路线"脱离中国革命现实》《井冈山斗争时期"三骁将"为何都英年早逝》《国民党两面夹击下红军突出重围》《共产党人对"枪杆子"的认识历经何种变化》《历史的必然：党的第一代领导集体形成》等篇幅，都实事求是地反映了党在艰苦中探索、发展的历程。

在人物介绍中，《党史开讲》中除了讲述毛泽东、周恩来、朱德、彭德怀、陈赓、陈独秀、李立三等人的传奇经历外，对一些在党史上有重要地位，早年牺牲，以往又宣传不多的人物，像王尔琢、黄公略、伍中豪等，还有如叛徒张国焘、龚楚等，也都在节目中一一展现。听《党史开讲》，人们能够从中全面了解党史，客观认识历史名人。如《红军第一叛将龚楚的人生悲喜剧》一讲，介绍了大叛徒龚楚的一生。龚楚在井冈山时期担任过我军主要负责人，后叛变投敌，晚年回到国内。这一讲形象地反映了革命斗争的艰难复杂，显示了我们党的宽大胸怀，同时为我们补上了一堂党史课。

《党史开讲》节目最大的突破在于以一种科学的态度面对党的艰苦卓绝的历史，不粉饰，不回避，客观公正。而这恰恰是节目吸引人的地方，因为真正的历史往往是最精彩的。节目听起来也许并不是一帆风顺，而人们听过这整整一百期《党史开讲》，再回过头来想一想，就会感受到，正是这些艰苦卓绝、上下求索才证明了我们党的伟大，证明了我们党的胜利是历史的选择。

在历史研究中人们常说一句话：所有过去的历史都是当代史。正是我们自己不断地进步，对过去的认识才不断发展变化。《党史开讲》在中国之声的出现符合这个定律。十年中国之声，在改革中逐步破除束缚，在改革中确立自己客观公正的地位，在改革中也建立了自信，正是在这样的土壤中，诞生了突破性的《党史开讲》，既是偶然，也是必然。

现在距离当时的《党史开讲》已经过去将近3年，我有时在想，到2021年，中国共产党成立100年的时候，我们的党史节目又会是一个什么样子呢？

六问《难忘中国之声》

武俊山

一问：你们为什么在中国之声这样一个纯粹的新闻频率里总是播《难忘中国之声》？它又不是新闻？

在中国之声这样一个资讯化的新闻频率中，《难忘中国之声》的确是一个独特的存在，或者说是一个诗意的存在。它的历史情怀，它的人文精神，它的文艺气息，都与中国之声的新闻气质迥然不同。但是，《难忘中国之声》和密集的即时新闻搭配在一起并不显得突兀和矛盾。尽管二者速度一快一慢，情怀一紧一松，但组合在一起恰恰形成了中国之声张弛有度的节奏，甚至有一种浑然天成的融合感。

应该说，《难忘中国之声》和中国之声的新闻理念并不冲突，从某种程度上讲，《难忘中国之声》的历史情怀和人文追求也是对中国之声资讯化格局的一个补充和延展，它让中国之声更厚重，更细腻，更有人情味。

二问：中国之声不是追求"专业做新闻"吗？历史对它来说有那么重要吗？

为什么在一个纯粹的新闻频率中一定要安排这样一种新闻样态？为什么起初看来略显扎眼的《难忘》如今已变得不可或缺甚至成为中国之声最具影响力和传播力的品牌？缘起和理由无数，但这首先是因为公众对于一个新闻频率有更高的需求，听众除了想在这里了解当日最新的新闻，还想听到历史的声音和历史的故事，从而获取一个更为宽广的视野——正如人们所说，当我们不知道自己将向何处去时，不妨回头看一看我们从何处来。

尽管这是一个信息爆炸的时代，但有些声音，你也许还从没听过：比如毛泽东生前一直保存的从中国第一颗人造卫星上传来的东方红乐曲，比如周恩来1973年回延安时的珍贵录音，比如朱德在1952年广场阅兵上的讲话，比如中国第一颗原子弹爆炸成功后群情激动的场面，这些珍贵的声音，它所承载的是一个时代的记忆和共鸣。

有些事情，你也许耳熟能详，但未必知道它背后的故事和秘闻：比如梁思成当年是如何上书周总理并为保护北京的古城墙而四处奔走呼号？比如第五套广播体操的喊操人至今安在？比如1980年十五首抒情歌曲的诞生究竟经历了怎样的周折并最终成为文革后中国第一个歌曲排行榜？比如郎平在1982年获得第一个世界冠军后在《小喇叭》节目中究竟对小朋友说了哪些话？比如，你是否知道如泣如诉的小提琴曲《梁祝》居然诞生在大炼钢铁的年代？

有些时刻，有些人物，我们永远无法忘记，这些声音一经响起便能唤醒我们埋藏在内心深处的记忆。我要说的是，新闻不可能脱离历史，历史中蕴藏着新闻，有些重要的历史人物，有些关键的历史时刻，它本身就包含着今日世界的某种预兆和走向。

三问：那《难忘中国之声》的本质到底是新闻还是历史呢？

从《难忘中国之声》的内容和格调上来看，它无疑说的是历史，或者说是"旧闻"，但正如刚才我所说的，"旧闻"当中包含着"新闻"，历史当中孕育着未来。因此，我给《难忘中国之声》的作者们提出的第一个要求就是，要学会用新闻的方法看历史，用新闻的方法写历史。从这个意义上讲，《难忘中国之声》也是一种新闻，是一种诗意的新闻，是一种用新闻的手法梳理过的历史。

这几年的《难忘》写下来，我们也总结了一下"难忘笔法"：1.历史事件化；2.事件人物化；3.人物故事化；4.故事情节化；5.情节具体化——一定要具体到某一个时刻，某一时刻的见证，某一时刻的感受，某一时刻的共鸣，要学会"用片刻再现历史"才可以进行《难忘》的写作。听起来，这就是新闻写作的入门培训，但对《难忘》的作者们来说，最困难的事情实际上是你尽可以从前到后一步步地思考，但你要做的第一件事一定是从最后一步开始，要找到原始的声音和当事人的讲述，没有这个元素，《难忘》无从写起。

所以，我们写《难忘》，就像虫子钻苹果，一定要钻进历史的深处去看，一定要走到事件背后去看，一定要挖出人物脑海里那些鲜为人知的记忆，而不要人所共知、人所共见的资料性的东西。其实，这又何尝不是新闻的求证和追问精神呢？

四问：既然历史元素像你说的这么重要，中国之声为什么不给《难忘中国之声》多开辟点儿空间？现在好像一次最多也就播两三分钟？

一个专业的新闻频率是由各种要素组合而成的，对中国之声而言，它首先要保证资讯充分流动，要有关键的现场，要有深度的调查，要有有思想的评论，还要有气象、交通、出行的专业提示，当然也要有公益的诉求以及历史人文的关注，所有这些元素都要按一种科学合理的逻辑以及易识别的顺序，有机地安排在一个固定的单位时间内，然后在全天的时段内进行布局。总而言之，一个新闻频率的布局和设置是一个复杂的系统工程，它的结构必须做到标准化，每一部分的内容都要有精确的刻度，否则这个布局和框架将形同虚设。

所以，对《难忘中国之声》而言，由于一个新闻频率特有的节奏和格局设置所限，所有这些历史，所有这些故事都不可能以一种鸿篇巨制的方式展开，而只能以浓缩的形式呈现。经过反复的推敲和估算，中国之声最终给《难忘》预留的长度为三分钟。这也就意味着，无论你有多少故事，抑或你有多少情怀，都必须学会在三分钟的时间里，告诉人一个难忘的人物，一个难忘的历史时刻。

从形式上看，《难忘中国之声》更类似于一种"小身材，大味道"的微型纪录片。当然，这也给写作者提出了一个更为艰难的挑战——你不仅要全情投入地创作，同时还要遵守标准化的操作。

五问：《难忘中国之声》的创意从何而来？此后又经历了怎样的转变？

《难忘中国之声》创意始于2008年，当时魏漫伦老师提出要以声音档案的方式重现改革开放三十周年的历史变迁，梳理寻找三十年中那些重要的人物、故事和难忘的时刻。但由于种种原因，这个创意一直到2009年才得以实施，"改革开放三十年"的主题也变成"新中国六十年"。当年，中国之声专门组织人力物力，在世界范围内进行了"60年难忘的中国之声全球征集活动"，通过各种渠道，发现、挖掘并开发了一大批珍贵的声音资料，不仅实现了在广播中的播出，也为中央台保存了一份难得的声音档案，意义非同寻常。

此后，中国之声在纪念中国广播70年的2010年、纪念中国共产党成立

90周年的2011年又进行了有针对性的开发和创作。但应该讲，这几次的创作只是单一主题的梳理，且只在当年特别的月份、特别的时段安排播出，并没有形成整体的规模和声势。从2011年10月改版后，《难忘中国之声》作为一个核心的元素被设计到中国之声全天的新闻架构中，真正实现了常态化的播出。我们也对《难忘》进行了分系统、成规模的开发、设计和推广，遵循"用声音记录中国、打造国家级声音档案"的原则，两年多来，《难忘中国之声》先后推出"难忘80年代""奥运传奇""电影传奇"等系列节目，它的影响力和美誉度与日俱增，已成为中国之声最具标志性的节目品牌之一。

2013年9月，《难忘中国之声》推出《广播传奇》，旨在以广播史梳理中国史，以中国史反观广播史。为探寻中国广播70多年的发展历程，《难忘》的工作团队进行了大规模的回访，采访到了延安新华广播电台时期的播音员孟启予、钱家楣和新中国第一代播音员葛兰、潘捷以及著名的播音员主持人方明、铁城、陈醇、关山、徐曼、虹云等近百位人物、他们的后代及众多当事人，同时挖掘了一大批珍贵的历史声音，如对志愿军广播、第一次体育实况转播、第一套广播体操，以及《记录新闻》《新闻和报纸摘要》《全国新闻联播》《小喇叭》《空中之友》《今晚八点半》等经典节目的珍贵音响。

通过这次集中的采访和梳理，《广播传奇》相对系统地整理了广播史上那些重要的声音档案，展现中国广播从创建、发展、变革到最终成长为中国最重要、最具影响力的传媒之一的艰难历程。同时，《广播传奇》以广播为窗口，观察记录了中国几十年来所经历的社会变革、历史变迁以及社会生活的转变，可以说凝结了几代人的情感共鸣和心灵记忆。

六问：《难忘中国之声》有一个专业的写作团队吗？未来还有哪些开发和推广的计划？

《难忘中国之声》从来就没有一个专业的写作团队，每一个作者在中国之声都有自己的岗位和满负荷的工作量，写作《难忘》完全是额外的工作。每一个被我们挑选成为《难忘》作者的人，除了有才华，还要有足够的热情和耐心，否则很难完成这样一个富有挑战性的工作。在《难忘》的创作过程中，我经常被他们的才能和坚持所感动，他们和中国之声一起成熟、成长。

就不说未来的计划了，先说眼前和下一步。2014年，《难忘中国之声》准备推出《难忘——城市传奇》，一个基本的想法就是以国内那些重要大城市的发展创建为主线，通过与当地的宣传及档案管理机构的合作以及真人实地的采访，梳理城市发展中重要的事件、人物和关键的时刻，以此再现历史的沉浮和社会的变迁。比如北京第一条地铁的修建，西南联大在昆明的故事，青岛解放那一天等等，都可以写入《难忘中国之声》，写入《城市传奇》。

"有请此刻主播"

刘艳蕾　杨昶　张蕾　杨扬

　　2011年10月8日改版，中国之声推出全新资讯品牌《此时此刻》，36档节目覆盖全天各个新闻时段。您听到的《此时此刻》，一直在试图用最简单的线条描绘新闻事件的大体轮廓；节目的背后是一个怎样的团队呢？有请此刻主播：

细节捕手：刘艳蕾

　　"早上好，各位。首先来看此刻最新消息……""中午好，各位。""下午好，各位。""晚上好，各位。"只要这个世界没闲着，《此时此刻》就不闲着。

　　每天清晨五点半，编播人员已各自从梦中紧张兮兮地挣脱出来，就像我们那首未经推广已有粉丝5位（1个写的4个唱的）的原创歌曲里所唱的："此时此刻，我已醒来，期待你的诉说……"全国各地、全球各个角落、整个天体系统，正在发生或者即将发生什么，好的还是坏的，很快，你不会落后于别人知道这件事情。就在早晨8：00，此刻主播会准时坐在直播间，无论一早有多么仓促、堵车加限行有多么令人发狂，从8：00开始，我们会淡定地带各位一起开始扫描这个世界。

　　一天中，我们负责播出36档《此时此刻》，也许您能感觉到的是此刻主播们播得比以前顺溜了，感觉不到的是我们比以前强壮几倍的手臂。是这样的，有隔音效果的直播间大门10岁以下的小孩儿是拉不动的，我常常刚拉开厚厚的铁门，后面就尾随进来一位水还没喝完就蹭进屋的新闻评论员。一小时，少说开关大门8次，健身效果从几位此刻主播身上得到了完全体现。特别是二杨（杨扬、杨昶），在中国之声，绝对没人对二位身材说个"不"字。一米八几的大个儿，精瘦有型，来《此时此刻》之前他们可不是这样啊，那会儿他们都胖成中年杨蜀焘了，现在，已然恢复青春年少，再次变回杨哥。而二蕾（张蕾、艳蕾）的共同信条就是"活一天就要美一天"。虽然话筒那端的听众见不到我们，但还是希望大家可以感觉到一股自信的正能量。

还想知道点儿您感觉不到的吗？《此时此刻》的灵魂人物要求每档此刻新闻头条必须是此刻发生的事件，早五分钟编辑进去那都不叫此刻，上不了头条，头条一定要守到最后一分钟。因此，经常直播间主持人已推起《此时此刻》垫乐，此刻稿件还正从打印机往外冒，热乎乎的，此刻主播会用神一样的速度飘进直播间若无其事地立刻开播，播的过程中慢慢恢复正常心跳节奏。当我们回到刚才焦虑的发稿室，经常会看到惊得目瞪口呆的实习生。潜台词应该是：原来看起来那么简单平凡的岗位还如此惊险刺激。

简单的事重复做，你就是专家；重复的事用心做，你就是赢家。相信《此时此刻》在众位有新闻理想、热爱新闻工作的同事的共同努力下，终将成为一股不容小觑的新闻力量。

拥有无尽活力的男人：杨昶

《此时此刻》栏目从初创运行至今，作为全程参与者，我收获良多。没有一位此刻主播仅仅把自己作为一个播报机器，而是向"新闻大厨"的定位在努力。最能体现这一方向的尝试当属2013年全国两会报道的"此刻主播行动"了。2013年3月2日到3月17日两会期间，作为"此刻行动主播"，我离开话筒和主播台，每天直接走入新闻现场，采集报道两会进程及热点消息。最多的一天出现在6个不同的现场连线，足迹遍布人民大会堂、梅地亚新闻中心，以及各代表委员的驻地，每一档连线都有重要的会议正在或即将进行，每一次播报都是最新鲜出炉的第一手信息，热线连通的是广大听众和新闻发生的第一时间、第一现场，主播也会对"第一人物"直接观察和对话，转述最生动的细节，最精彩的言论。主播不再是直播间里的信息发布终端，而是变身为一个移动的发布平台。

作为此刻行动主播，需要根据两会议程及报道的重点策划设计自己每天的行程和报道计划，这是一个比较复杂的前期工作，因为要考虑连线地点的距离（代表委员的驻地分散，最远的在五环以外），到达时间，采访时间，生成稿件的时间，送审的时间，连线的环境条件等等因素。除去全体会议、重要发布会、记者会，更多的新闻来自各代表团的开放日活动和不同界别委员的小组讨论对代表委员采访。行动之余还要担负梅地亚新闻中心记者会的重要直播任务。

这期间，除了连线播报，微博的灵活运用也让主播移动发布平台的作用得以彰显。每到一个现场，连线前后，我都会第一时间将消息通过腾讯和新浪微博进行发布。在两会期间，腾讯微博根据一定周期内微博新增听众数量、发布微博数量、互动情况等30多项指标，经过加权计算，形成的上会记者影响力排行榜前十中，中国之声有四位记者赫然在列，而我也有幸跻身其中。

经此一役，此时此刻的这支新闻"奇兵"的作用得到极大彰显，而我也在"跑"新闻和"播"新闻的并行中得到成长。

话筒前那位美女：张蕾

2013年两会报道，中国之声推出了"两会主播行动"，将此时此刻报道前移，由两位此刻主播到两会现场连线发回报道。任务交给了杨昶和我，每天八档，每个整点连，早上从9点到12点，下午从1点到4点，每档连线都要尽量在不同的现场。我看着策划书上的安排发憷：每天去哪儿？怎么找那么多现场？每个小时来得及吗？可既然领了任务，只好硬着头皮往前蹚。

按照安排，杨昶侧重政协一块，我则侧重人大这部分。3月4日，节目开始正常运转了，可是人大还没有开幕，我说些什么呢？抱着试试的心态我先去了各代表委员驻地，到了一看心里踏实了，可捕捉的亮点太多了。代表委员从全国各地各行各业来，他们都带着强烈的地域特色、行业特色，和听众们分享这些特色，解读在这种特色背景下产生的提案议案……节目不愁没有内容了。3月5日，十二届人大第一次会议开幕，会议九点开始，我六点随台里的直播团队出发准备八点的连线。我还记得那天天刚亮，一路沿着长安街从西向东正迎着初升的朝阳，红彤彤的，特别美。因为代表和其他记者一般提前半小时进场，所以那天天安门广场上很安静没有什么人，而进到大会堂里面则是另一幅场景：灯光开得很暗，工作人员都在忙碌地进行最后的检查工作，会场的布置、文件的摆放、代表桌上的内容……八点连线的内容也就产生了：会议正式开始之前会场的细节。也正是从那天的连线开始，我逐步清晰了此刻行动主播连线内容的选择：中国之声的其他报道从内容入手，而此刻行动主播的任务就是丰富细节，为听众挖掘那些在普通报道中没有的背景、细节和现场。现在想来，已经记不清十六天里到底做了多少档连线跑了多少地方，唯一的印象就是每天都在疯跑。平常我也算是一个爱美的女孩儿，两会期间很多场合都需要着正装，那十六天里我的装扮就是：西服西裤和球鞋——没有球鞋根本跑不动。那十六天顺利蹚下来要问我什么功劳最大，我想是——我的球鞋。

情绪饱满的歌手：杨扬

说到《此时此刻》的诞生，有很漫长的故事可以讲：从一开始几个人的想法，到后来一群人的出谋献策，再到一个团队"摸着石头过河"实现——每个阶段都能展开万字描述；但我今天想说的是一首歌的故事。

这首歌是一部应时应景的作品。

经常有艺人在中央台做访谈时讲："我的这首歌是某年某月某日，走过某条街道时，由于一道绚丽的阳光意外地洒满我心中最柔软的处女地，于是，我用15分钟写出了这首歌。"但除了"15分钟写出这首歌"这句，剩下的多半是在"公司老大的敦促""一年一张专辑的思维定式"和"上头条"的压力下完成。

这首歌是在《此时此刻》节目刚完成安营扎寨任务、正准备攻城略地时出现的；在一片"快！再快""让新闻来得更猛烈些吧"的呼喊声中，这首歌居然以情歌样态示人，也让演绎它的几位此刻主播抓狂——我们不是海量信息的把关人、公平正义的宣读者和社会的瞭望者么？为何演绎——情歌！？

歌曲创作者——中国之声编辑部主任武俊山解释说："新闻不仅是壮怀激烈的，更应该是美的，是一种向好的情怀。"我们每天接触很多负面消息，但我们做新闻的目的，是为了让社会变得更美好。"

录歌是在完成一天的工作后开始的——说不上人仰马翻，但也属思维困顿。制作人、录音师初曦——拥有强大的编曲能力，却一点儿也不影响他的羞涩；作曲人段玉龙——可以在棚里录出完美的唱段，却不能给几位云里雾里的业余歌者以指引。怎么办？

事件的发展，有两种说法。

官方说法是：此时此刻是一个新团队，它有强大的自我完善能力。主唱杨昶、杨扬努力寻找吐字发音最佳状态，配唱张蕾和艳蕾则用心揣摩歌曲的内涵。整个团队很快进入状态，深夜收工。

坊间说法是：几位此刻主播相互飚高音、飚技巧，直到有人说"别飚了！再飚天亮了！"于是，15分钟后，四人各演绎出最终版，深夜收工。

唯一可以肯定的是：收工时，夜已深。

《此时此刻》

作词/武俊山　作曲/段玉龙

山上的花都开了　我看见你也笑了

满天的云彩都散了　我看见你怎么哭了

此时此刻你在哪里　我不想再次错过

此时此刻你想些什么　我在这里等你诉说

此时此刻我听见狂风呼啸而过

此时此刻我看见是谁的泪花闪烁

我多想和你相拥　漂洋过海　听美人鱼来唱歌

我多想牵你的手　走进夜里　看静静开放花朵

你知道此时此刻　我已醒来　期待你的诉说

我只想牵你的手　一起远行　就在此时此刻

树上的鸟都飞了　你知道我心碎了

海里的鱼都睡了　你知道我梦醒了

此时此刻你在哪里　我不想再次错过

此时此刻你想些什么　我在这里等你诉说

此时此刻　我看见　远方有灿烂烟火

此时此刻　我看见　谁的笑容如此寂寞

我多想和你相拥　一起去看　远方沉默的灯火

我多想牵你的手　一起去看　流星在夜空坠落

你知道此时此刻　我已醒来　期待你的诉说

我只想牵你的手　一起远行　就在此时此刻

《政务直通》的五路追杀令

刘钦

2011年初，王求台长要求中国之声创办一档高档访谈节目，蔡小林总监指示此档节目由夜间节目部牵头创办，在台领导的大力支持下，在蔡总等频率领导的强力协调下，在各兄弟部门的积极帮助下，《政务直通》节目于当年两会顺利开播，并实现了平稳周播。从要求创办到顺利开播，时间非常紧迫，回想起来，当初犹如被追杀一般，当然，那时我也在追杀别人，于是有了本文。

领命

2011年1月的某一天，离过年不过20来天了，我正在策划部工位上盘算着，今年终于可以带媳妇孩子回老家过年了。不料，被老蔡一把拉进他的小黑屋，"频率决定让你去夜间部主持工作。"顿了顿又说，"央广夜新闻改改版，把夜间部的新闻感觉带到跟轮盘一个节奏上来。"对在指挥中心跟着老蔡混了两年半的我来说，带着大家找新闻感觉不是什么难事。铆足劲儿，跟夜间同事们激动人心地把春节节目《大展宏图中国年》做完，至今还拖欠我们除夕加班费的老蔡又一把把我拽进小黑屋，"王求台长想在中国之声开个栏目，类似于《阳光热线》，最好两会就有，两会后正式推出。"有播出时间，有节目样态。老蔡再加了一句："需要什么你尽管提出来。"暗想，老蔡"真厚道"，这么急难险重的任务这会儿再告诉我，可让我过了个好年。记得很清楚，第二天就是2月14日。掐指一算，离3月5日播出也不过20天。根据我对老蔡的了解，肯定是他在求台面前拍胸脯吹牛把自己逼上绝路了，求台要他尽快推出，他说，我们两会期间就能搞出来。又突然想起台领导对老蔡的一句感叹："说什么都行，要什么都有。"解读一下就是说，对上级布置的任务，老蔡从不推辞，就算明早要播出，他也会"强硬"地拍胸脯，我们有，明天交没问题，其实拍胸脯的时候他手里啥也没有。要强害死人！不过这也是我真心佩服老蔡的地方："执行力强！"先跳下去，再寻找落点的勇气不是谁都有的。

算账

　　领命而退，无路可退。强将手下不能有弱兵，我开始想象，这还未定名的节目未来长啥样？是《做客中央台》的日常版？是原《新闻观潮》的变形版？是《做客中央台》和原《直播中国》的杂合版？是原《新闻纵横》+《今日论坛》的合体版？如果要做，咱能每天拉来这么多的要员答疑解惑面对听众质疑吗？想着头就大，还是开干吧，老蔡都说了没问题，咱们能有问题吗！跟梁悦老师和王莹姐一起领着夜间的同事们开始算账：31省区市+香港、澳门+近70个国务院各类机构，差不多100个，再加上总理，如果他们每年能来一次，那就是百十来期节目。省会城市、计划单列市、地级市等，如果每个城市的负责人能做客一期，最理想状态是100期，客观实际一些，50期应该没问题，想着想着热情无比高涨，如果这150来期节目能够做成，那嘉宾来上节目，王求台长和赵子忠副台长得隔三岔五地感受一下"万国来朝"的风光。接着算账，世界森林日、世界水日、世界气象日、世界防治结核病日、中小学生安全教育日、世界卫生日等等一年50多个节日，再盘算点儿当前社会热点或地方重要新闻事件，需要解读或澄清，也许每年能有个50期。越算越兴奋，七七八八加起来，在极其理想的状态下，每周五期都没有问题，一般情况下做个三期应该也是可以的，反正每周一期是手拿把攥。

动员

　　账算明白了，心里有谱了，开始出方案，这是大胖子周宁的强项，身形硕大却心细如发，每次做方案总把这段话放在显要位置："台领导对《政务直通》十分重视，多次做出指示。"表示我们背负了台领导无比的重托，记者站和兄弟台要能跟我们合作一期《政务直通》那是无上荣光，异常高端。最终呈现到老蔡等频率领导手上的是："《央广政务直通车》（暂定名）节目构想、可行性分析及建议。"与这个只有五页表格方案一起出现的还有一份"中央人民广播电台中国之声《央广政务直通车》（暂定名）节目开播倒计时表"，仅一页。老蔡把自己逼上绝路，我们也把自己逼上绝路，从2月15日开始到3月3日，19天时间里，要筹划出至少十期两会特别节目，到3月15日，节目要正式开播。在一次全频率的统筹协调会上，老蔡拿着方案发话，按照这个方案和倒计时表运转，刘钦要什么资源都给。节目开播后不久，老蔡又拉着我上十楼找王求台长，汇报工作、请求援助。

有了尚方宝剑，紧接着部门再动员，一系列文案上下翻飞：2011年《政务直通》节目可预知主题策划、《政务直通》节目操作流程、《政务直通》节目说明、《政务直通》操作规范、《政务直通》排班表、《政务直通》登记表。当然，最重要的还有马烨起草的两份极为细密精心的中央人民广播电台《政务直通》节目致国务院各部门及各地方政府的一封邀请信，采访部和编辑部就是拿着这两封信去游说嘉宾，效果明显。

定题

关于节目的名称，有经验的人都知道，这是一个要死掉大量脑细胞的事。《政务热线》《政务直通车》，第一批题目里这两个比较显眼，第二轮讨论，又觉得怎么也得把"央广"这两个字冠上去，于是有了《央广政务热线》《央广政务直通车》，自我感觉，这两个题目送上去应该问题不大，能被挑中一个。老蔡定下了《央广政务直通车》送赵子忠副台长定夺，最终赵台拍板定名为《政务直通》，把"央广、车"这三个字拿掉了，简洁明了，干脆大方。回到办公室，我跟大家开玩笑，赵台把"车"拿掉了，可能考虑到了2011年刚推出的北京购车摇号政策，没有号哪能有车，哈哈。

垫背

"有难同当，有福同享"，这个说法比较好听。阴险一点儿说，就是"临死也要拉个垫背的"。在送审方案最后不太起眼的地方，我们下了个"套"，横向找合作方，拉上了时政采访部、编辑部、特别报道部。因为夜间的同事讨论来讨论去发现，可对接的资源，我们盘算的中央要员地方大员都在他们手里。于是提请老蔡明确：《政务直通》不是夜间节目部的节目，而是中国之声，甚至是中央人民广播电台的节目，需要举全频率和全台力量来支撑。因此请频率考虑用特殊节目考核、运行机制来确保此档节目良性高质平稳运行。夜间节目部只负责节目整合、播出，对播出效果负责。每期《政务直通》是时政采访部、编辑部或特别报道部必须完成的任务，如果没有嘉宾或没有相关解决办法，应当有相关制度惩罚。"损招"，老蔡当即同意，我们顿时有了"难有同担者"的感觉，虽然当时三位部门主任都面有难色。当然，忙不会白帮，两年多过去，写此文时，我发现自己还是很有眼光的，被我"黑"的三个苦难同担者，两个已经是频率领导了，高岩、王化强，还有一个是夜间节目部的现任主任李宇飞，《政务直通》的主政者，受益方，帮人就是帮己的轮回定律显灵了。

这正是：领导指挥有方，各部慷慨帮忙，节目如期开办，平稳有序运转。

2013年11月13日晨
写于中国之声特报部工位

静思，往事如在……

王莹

20年前北京最美的秋天，第一次走进中央人民广播电台的大门，《今晚八点半》节目组成为我职业生涯的开端。对广播文艺节目制作一无所知的我，接到的第一个任务是给评委制作一盘"每月金曲"年度候选歌曲的盒带。我信心满满地拿出两个采访机，模仿着其他老师的样子，连上线，十首候选歌曲分别在十盘专辑中，需要一首接一首串在一盘盒带上，真是烦琐。终于，母带做好了，我心中暗想，这下好，一变二、二变三，不到一天的工夫，就能全部完成。正得意地准备交差，没想到，老师一听就急了，说你自己听听，只有第一盘能用，后面的声音越来越衰减，怎么听，重新来吧，这就是我的第一节广播课。

此后经年，随着在音乐圈交友越来越多，节目也渐渐顺手，于是心里颇有点儿沾沾自喜。一天，节目组的小雪老师很不客气地跟我说：昨天听了你的节目，很多地方压着歌说话，你不觉得难听吗？你在制作节目前有没有把每首歌认真听一遍，根据音乐来写稿子呢？我当时心里一惊，是啊，为什么自己就没有想过这个问题呢？广播是声音的艺术，音乐、音响、语言的配合非常重要，文艺节目尤其如此，我却只顾着埋头写稿，简单合成，而且因为是直播，很少有机会再回过头来听自己的节目，又怎能发现问题，前辈这记棒喝，来得正是时候。

2004年中国之声正式起航，当时的中国之声文艺部不到20人，却担负着每个周末和五一、十一、春节长假全部的直播节目，连续四五年，大家放弃了所有的节假日，虽然辛苦，但节目却把我们锻造成各个领域的行家里手，文学、音乐、戏曲、曲艺、广播剧，八仙过海，各显神通。我所在的节目是《娱乐新干线》，每个周六的早晨都会和听众准时相约电波中，从采访、编辑到主持，每一件事都做得津津有味，因为那时的我们像爱护自己的名字一样，从心里爱惜中国之声这四个字。

2006年，与奥地利使馆文化处合作纪念莫扎特诞辰250周年的节目，在一期直播中介绍莫扎特的歌剧《费加罗的婚礼》与意大利作曲家罗西尼的作品《塞维利亚的理发师》之间的不解之缘。就在节目播出之后的第三天，我接到了一位听众的电话，那是上海的一位老听众，经常听节目，却是第一次打过电话来，他善意地提醒我在节目中把《塞维利亚的理发师》说成了《塞尔维亚的理发师》。至今我还清楚地记得当时接到这个电话的感受，除了羞愧还有一份由衷的感激。后来读到冯骥才先生所著的《乐神的摇篮》，其中也有这样的一处笔误，作为读者，一直想找机会给他提出来但却始终未能付诸行动，于是想到，我们的听众要花费多少时间，要有怎样的爱护和执着，才能想到不远千里给主持人打电话，真心感激中央台的话筒赋予我们的使命和尊严。在话筒前工作近二十年，有一篇文章《因敬畏而苛求》带给我最深的警惕。文章的作者是广播界的一位前辈，他在文中说："播音员主持人在相当意义上代表了一个台甚至一个国家的时代取向和时代形象。他们在话筒前虽然表现为一种个人身份和个性的存在，但这绝不是一种个人行为，而是一种媒体行为和公共行为。因此，出于对职业的敬畏和对听众的敬畏，播音员主持人要一刻不停地学习、学习、再学习。"

文化是一个民族的血脉，是我们的精神家园，为推动社会主义文化大发展大繁荣，发挥国家电台传播主力军作用和重要的文化载体功能，2012年8月中央人民广播电台文化发展工程正式启动，推出大型文艺专栏节目《中国大舞台》，每周日19：30～21：00在中国之声播出。伴随工作岗位的调整，我也告别了中国之声。身在其中时，压力和疲惫已经冲淡了的感情，直到离开时才发觉它依然还在。熟悉的直播间，不再熟悉的面孔，从《中国大舞台》开播至今，经常有机会再度回到中国之声的直播区，节目也仿佛成为一种牵挂，让我从心里觉得自己从未离开。

一年多来中央台文化发展工程策划推出了喜迎党的十八大"红色唱响"演出季、2013中央台新年音乐会，秉承高端多元、荟萃精品的宗旨，自主策划、采制播出近70台音乐会、戏剧舞台演出，忙得不亦乐乎。许多节目都是通过中国之声与广大听众晤面，每一次《中国大舞台》直播进行中，我都会特别认真地看听众在微博中的留言，大家感慨最多的是难得能够在这样一个喧嚣的时代，通过倾听广播感受艺术之美。不禁想起莫言曾说：文学和科学相比，的确没什么用处，但文学最大的用处，也许就是它没有用处。文化大抵亦如此，点滴之间，润物无声，如饮泉水，冷暖自知。

最近在筹备大型主题交响歌会《歌唱延安》，邀请方明老师朗诵抒情长诗《回延安》。录音结束后，方明老师回忆自己最初来到电台工作时，是一位录音师，让我们大吃一惊。他说当年跟着老师外出采录戏曲、音乐会很多年，还曾破纪录地用一只德国话筒成功地录了整场的交响音乐会。他鼓励我们要多采录精彩的文艺演出，为听众提供更多优秀的文艺节目，因为大家真的需要。

中国之声的十年弹指一挥间，我的二十年亦如白驹过隙，忽然而已，又有多少前辈将自己的三十年、四十年都献给了我们深爱的中央人民广播电台，岁月在电波中流淌，又将是一个崭新的十年，祝愿中国之声明天更好……

直播车开进北京站

刘玉蕾

　　不知从什么时候起，《温暖回家路》这个暖暖的名字就与中国之声的春运报道紧密联系在一起了，甚至在很多听众心中，尤其是那些曾在返乡路上听到过这个节目、在火车站口看到过我们的直播车、给家人寄过明信片的旅客总是对此念念不忘。也是在不知不觉中，《温暖回家路》成了中国之声春运期间的品牌节目，成了我们自己这些家里人每年一度都在期待的大餐。

　　当时，2011年春运将逼近，每年这时对中国之声来说也算是大考的开始，因为伴随着几亿人从东向西、从南至北的大迁徙，伴随着历时一个多月、长达40天的春运，中国之声不仅要同步感知交通运输部门、旅客等各

中国之声记者刘玉蕾在《温暖回家路》特别直播现场

方的时时脉动，更为重要的是要能够及时传递各方信息，让旅客回家的路不再只是买不到票、折腾、费劲、受累和不安，而能多一丝愉快、幸福、平稳、顺利、踏实。

其实，每年的春运虽是年前报道的重头戏，可要想多点儿新意、多些创意，即使绞尽脑汁也不可得。而从2010年世博会之后，中央台的直播车受到了中国之声的青睐，当时频率领导（蔡总、侯总、时任时政采访部主任化强）就建议：我们能不能把直播车开出去，开到火车站进行现场直播，并与过往的旅客进行互动。

这真是个不错的创意啊！如何去落实呢？时间紧迫，最后这一关只能是我这个跑铁路的同志具体去协调、落实了。这么大的车，又要与当时的铁道部沟通，还要和北京铁路局接洽，然后再去找哪个火车站能够停放直播车（包括它使用的电力设备、开车路线、夜间维护、线路调试），很多环节必须逐一过关才能实现直播，完成这些工作就仿佛是超级玛丽打通关，真不知我们能否闯关顺利？！

赵子忠副台长（右四）来到《温暖回家路》直播现场

当然，后来的结果，大家也知道了：在北京火车站的站前广场上，年年都有中央台直播车的身影，这不仅成了中央台中国之声春运时的一个标志活动，也成了北京火车站春运期间为旅客更好提供服务的一个窗口。

这是2011年我们第一次以《温暖回家路》为名进行春运直播报道的现场回顾：

据中国之声《新闻和报纸摘要》报道，中国之声"春运2011"特别直播《温暖回家路》继续在北京站现场直播，提供服务信息，与旅客现场互动。

伴随着《东方红》熟悉的旋律，北京火车站一派繁忙景象。在广场西侧的中央人民广播电台直播车里，中国之声春运2011特别直播《温暖回家路》正在进行，成为北京站一道新的风景线。

现场直播原声回放：各位听众朋友，每年春运的时候，北京站都是全国客流量最为集中的火车站之一，所以我们今天把移动直播车开到这里，希望通过北京站这样一个大站的春运情况来透视整个2011年春运的运行状态。

直播不仅邀请北京站新闻发言人和一线售票员为大家现场提供信息服务，还派出多路记者在火车站站前广场、候车大厅、站台等地发来动态报道，同时还特别推出中国之声《春运明信片》活动，广场上的旅客可以将美好的新年祝福通过电波传递并寄送给远方的亲朋。很多人驻足在直播车前收听收看节目，一位姓黄的旅客说，这种直播形式很新颖。

黄姓旅客：虽然我今年过年不回家，但是这种形式让人感觉很温暖。

《温暖回家路》——中国之声春运2011特别直播，从1月29日大年二十六开始，一直到2月1日大年二十九，每天9时30分、11时30分、14时30分、16时30分四个时段播出，与全国回家的人一路相伴，欢迎听众参与！

随着连续三年的大规模直播报道，有太多听众记住了《温暖回家路》，有太多思乡的农民工是听着《温暖回家路》的广播踏上回乡旅程的。最近中央新闻纪录电影制片厂导演韩君倩还联系到侯总，希望要到《温暖回家路》当时的直播音响以加入到她创作的纪录片中，曾荣获过金鸡奖、华表奖的韩君倩导演的选择无形中也是对我们节目的高度肯定！

那么，朋友们一定还在追问：当初我们的闯关顺利吗？也许，我的答案会有点儿让你意外，几乎没有碰到什么坎儿，顺利得令人难以置信！

从打好报告给当时的铁道部宣传部，再到北京市铁路局，一路绿灯。

当时唯一难以抉择的地方在于我们到底是选择北京西站，还是北京站，其实两个火车站都很愿意配合我们的直播，但西站南北广场的现场条件不能放这么大的直播车，因此最后我们选择了在北京站直播。

很多人都说：铁路是铁老大，平时对旅客的需求是不放在心上的。其实如果多了解一下铁路就会知道，很多铁路职工是相当有奉献精神的，常年在火车上过除夕的司乘成员不在少数。别人再难这一年到头总会在过年时奔回家，与家人团聚，积蓄能量，来年再出外谋生，可对铁路人来说，不能回家过年、坚守本职岗位却成了他们的一种本能。也是在这种半军事化管理的模式下，铁路人干起事来效率特别高！

谁也没想到，头天我们定好路线、直播车在广场停放的位置以及特殊供电需求等具体事项后，第二天北京火车站就回复我们：直播车当天就可以开到火车站，开始做直播前的各项准备工作！这种办事作风太给力了。坦率地讲，我们的直播车还曾开进清华大学进行百年校庆的直播，当时各项对接工作也是我来具体负责的，比较而言，铁路人干事的干脆、利落给我留下了更深刻的印象！

从此，每年这个临时组建的直播团队都开启着一场有关"温暖"的直播，这当中也有着太多"温暖"又"美好"的回忆。在中国之声十岁生日的时候，这个小小的新生儿也三岁了，我们是否也该有个约定，约定好让春运系列之"温暖回家路"也能迎来她的10岁生日，并继续温暖全国听众！

"大黄蜂"简历表

【学名】

中央人民广播电台卫星数字新闻采集车

【俗称】

中央台卫星直播车

【昵称】

"大黄蜂"（中国之声主持人在直播里亲切地叫它"大黄蜂"）

【年龄】

5岁（2008年至今）

【外形】

长15米、宽（两侧展开）4米，高3.9米

"大黄蜂"直播车

附录

【标配】

主持人、编辑记者和4位技术保障人员

【简介】

中央台有一辆"大黄蜂",它是直播车和卫星车的合体,既能单独做卫星信号传输车,也能做新闻现场的大型直播间。截至目前,最长直播时间为8个小时。

在中央台,主要使用频率依次是中国之声、音乐之声。

最大特点:亲和力强。凡"大黄蜂"出现之处,回头率高达100%!它是新闻现场的独特风景,是主持人和听众互动的绝妙场所,更是老百姓拍照留念的最佳背板。

【履历】

2008年北京奥运会、残奥会开闭幕式

2009年至今每年全国两会直播

2009年音乐之声中国TOP排行榜颁奖典礼

2009年山东济南全运会

2010年上海世博会("大黄蜂"出动最远的一次)

2011年清华百年校庆直播

2011年至今北京站春运直播《温暖回家路》等各类直播20次左右

【后记】

2010年,因工作需要,"大黄蜂"被刷成了白色,不过它依然穿梭在各种重要的新闻现场。直播,依然在继续。

（本文特别鸣谢中央台播出传送中心转播部副主任张长征、中国之声采访部记者刘玉蕾）

在奔跑中直播

王磊

2008年3月24日～5月4日北京奥运会火炬进行了奥运会历史上最长的一次境外传递，中国之声记者王磊跟随运送奥运圣火火种的专机，中国之声记者王锐和音乐之声主持人张志强（小强）采用"蛙跳"方式，全程跟踪报道了火炬境外传递全过程。他们的足迹遍布世界五大洲、行程13万多公里，从大雪满天的伦敦到骄阳似火的新德里，从晴空万里的旧金山到暴风骤雨的达累斯萨拉姆，从初春的圣彼得堡到深秋时节满目红叶的堪培拉，成就了中国之声历时最长、路线最长、经过国家和城市最多的一次境外连续跟踪报道。同时，此行的中国之声的记者们还作为北京奥运会火炬传递团队成员担负了为火炬传递公共广播信号的制作任务，全球数十家电台使用他们制作的公共广播信号向各自的听众报道了北京奥运会火炬传递的盛况。

2004年，雅典奥运会的圣火也曾经来过北京，在暑热中传递了一天。我也跟随火炬传递的车队报道了一天，八个小时，二十多次连线，每一分钟都在移动，总是不知道下一个火炬手是谁，总也不清楚火炬手将跑向哪里，时常会有感人的新情况出现，时常会让人肾上腺素加快分泌。奥运圣火经过的道路两边，我深深地为喜盼北京奥运会的中国人的热情所感染。在传递的终点颐和园，我甚至边连线边紧随最后几棒火炬手马国力、田亮在昆明湖边奔跑。夕阳西下，我喜欢上了这种边跑边说的感觉，哪怕听起来略有些气喘吁吁。

不知是命运的安排还是纯属巧合，四年后的2008年我登上了运载北京奥运会火炬的专机，这一跑就是21个国家和地区，几万公里。

初到距离雅典三百七十多公里的希腊奥林匹亚，我在北京奥运会圣火取火仪式的彩排现场确实被难住了。虽然来之前明确知道直播现场是野外，没有电也没有通讯线路，只能靠自己头戴耳麦，身背便携调音台，一手持拾音话筒，一手控制调音台或手持稿件资料进行直播，也因此做了充分的准备，但是仪式的流程令我感觉无法完成全程直播的任务。

举行北京奥运会圣火取火仪式的奥林匹克古竞技场建在河谷旁的山坡上，面积比两个足球场还大，一边是举行取火仪式的古奥林匹亚竞技场，另一边是祭祀取火种的赫拉神庙，中间有大理石宫门相连，旁边是相对高度80、90米的山坡。奥运圣火取火仪式将在古竞技场开始，嘉宾致辞之后将从大理石拱门通过来到赫拉神庙前观看女祭司取火，之后女祭司持火种通过大理石拱门回到古竞技场放飞和平鸽，点燃首位火炬手手中的火炬开始漫长的奥运会火炬传递。由于赫拉神庙前的取火仪式只允许祭祀、贵宾和固定机位的摄影记者在场，更不允许有解说声出现，我不得不在嘉宾致辞之后跑上将近百米高的山坡，从山坡上远远俯瞰河谷旁赫拉神庙前的取火仪式，之后再返回到河谷中的古竞技场直播第一棒火炬手起跑并放飞和平鸽的仪式。由于赫拉神庙和古奥林匹克竞技场只隔着一道拱门，嘉宾进出方便，仪式可能非常紧凑，这就要求我在三段直播的两个间隙里不超过四分钟的时间在百米高的山坡上跑个来回。

好在前后方的充分沟通和细致安排，让北京直播室里的主持人苏扬、王莹能在直播的同时从容地调度直播间的嘉宾、制作好的录音报道和编辑选择的背景资料在我转场的时候发挥作用。记得那时后方监制任捷老师电话里和我说得最多的就是："孩子，我们就听你的，你可以随时结束，我们都能顶上。"我的回答总是："给我两分钟，我就能跑到山顶接着解说。"

这次奥林匹亚的取火仪式背后还有一个精心动魄的故事。当北京奥组委主席刘淇致辞的时候，台下突然有两名"无疆界记者组织"的成员从座位上站起来高呼反对北京举办奥运会的口号，其中一人还手持用五环旗变造的黑色骷髅、手铐旗帜冲到刘淇身边。当时直播正在进行，站在台侧面音箱旁用话筒拾音的我突然听到台下一片骚动，下意识地将拾音话筒指向地面，调低了录音水平，这时一个示威者高呼口号从我身旁蹿上主席台，让人一身冷汗。好在刘淇主席提高了音量，继续致辞，直播没有让万里之外的国内听众从收音机中感到什么异样。

此后的一个半月，北京奥运会火炬境外传递的漫漫长路上，天天倒时差，专机做旅馆。早上抢先冲下专机，全天伴随火炬采访，傍晚传回报道，登上专机，一碗酸辣粉，一身透汗，闭上眼就是一觉，睁开眼睛又是崭新的一天……这样的循环成了常态。最长的一次，我竟然坐着睡了16个小时从南美洲的布宜诺斯艾利斯飞到了非洲东海岸的达累斯萨拉姆。

　　无论是巴黎、伦敦"藏独"分子的捣乱，还是伊斯坦布尔"东突"组织的"示威"，即便是在美国旧金山因为各种见不得北京奥运成功的人的破坏而临时改变传递线路，极度疲惫的我都始终用兴奋的声音向国内的听众介绍北京奥运会圣火传递的每一个细节。跟随奥运火炬确实点燃了我的激情，成就了我的梦想。

苦旅回甘

——记2006年世界杯校园行

陶磊

苦旅回甘。

接到梁悦老师的约稿电话，这四个字刹那涌上心头。十年的中国之声，枝繁叶茂。成长过程，包含所有广播人的心血，渐渐凝结了央广的气质。

2006年夏，德国世界杯足球赛拉开战幕，如何借力在持续攀升的收听市场再下一城，广播能否再创体育赛事直播的经典之作，成为策划会上讨论的焦点。"拉出去，进大学"，记者去德国，直播进校园，成了2006年中国之声德国世界杯直播的关键词。

分头联系高校组织校园主持人初选、挑选直播场地，急飞上海家乐福中国总部洽谈推广合作，协商中国网通、中国电信准备直播线路，几位不懂足球的美女主播也匆匆开始了自己的足球解说之旅……

一天时间，我和于雷开着莫玉玲的富康车，把直播海报送到了北京地区的6个家乐福门店和4所大学。

一周时间，王化强从十几部电影对白中剪辑出一套《校园世界杯》直播片花。

一个月内，校园世界杯的直播海报铺满了家乐福76家门店和参与直播的十所高校，中国人民大学、中国传媒大学、北京第二外国语学院、中国青年政治学院、南开大学、武汉大学、上海交通大学、中山大学、河南大学、大连理工大学等全国10所著名高校预选赛快速展开。

6月10日至20日，中国之声晚间节目主持人向菲、青音、方舟带领编辑和技术团队提前奔赴直播校园。

十场直播中，北京的四场穿插在其他高校中间，有些城市间还没有直飞航班，著名体育评论员梁宏达、直播总指挥伍劲松和我不得不揣着10余张机票出发了。

清晨奔赴机场，傍晚到达直播点，晚间互动热场和直播，深夜总

2006年中国之声"世界杯校园行"

结……直播组和记者站的同事们一同接力奔波。

久违的中央电台再次走进大学校园，把在校大学生带到中国之声的直播话筒前。不可忘却的是，每天早早被挤满的礼堂、热情的围观和互动，还有直播中慕名而来的当地听众，甚至开封街头小吃和吉庆街旁的出租车司机都知道"中国之声来了"……

"有多少不眠的夜，丈量着下一段路该怎么走，有多少失败回头，才明白咬紧牙关不放弃的理由……"《永恒的烟火》，是当年"超级女声"纪敏佳代言校园世界杯活动时演唱的歌曲，是至今回荡在报道组成员心中的激动，权作中国之声十岁生日的祝福，献给最可爱的中国之声人。

一路向前

——中国职业足球20年特别直播

崔天奇

中国足球职业化都20年了，我才刚25岁。但是，当我在2013年3月参加两会特别报道时，头一回听化强老师说起中国之声要转播中超联赛了，头一回看到工人体育场的门后面竖起了中国之声的logo，我就知道这活我得干，而且我必须得干，因为，我爱足球，我爱国安，我更想在中国之声这个平台上报道足球，助威国安。

上北京国安贴吧里看看，但凡哪几位球迷记忆出现分歧了，说当年哪场哪场比赛谁进的球来着？就会有一位老球迷出来，缓缓说出正确答案，然后加上一个后缀——我从某某年就开始看国安了。

我也借用一下这个格式。我是1994年，也就是中国职业足球元年开始看国安的，那年的6月16日，东四后拐棒胡同的筒子楼里，几乎所有的男人聚在二层东头街坊家中那台当年还很稀有的21寸牡丹牌彩色电视机前，一起光着膀子，拍着桌子，喊着口号，喝着啤酒（我还很清楚地记得，当时就的是一大号钢种盆的糖拌带皮心里美萝卜，一红一绿宛若电视上那22个走位飘忽的大哥），见证了国安2比1生擒世界劲旅AC米兰。现在再看看那些由录像带转来的有些粗糙的画面，看看北京队刀刀见血的拼抢，让人高马大的世界巨星们胆寒的小快灵风格，以及一向宠辱不惊的世界名帅卡佩罗像看见外星人一样大惊失色的表情；想想当年刚刚获得意甲冠军的不可一世的AC米兰奔着淘金而来，却被名不见经传的时任中国联赛第八名冲击得人仰马翻的盛景，一股"跟丫死磕"的豪迈气概还是会喷涌而出。但是当年，学龄前的我还看不懂什么足球，不知道AC米兰是个什么玩意儿，但是我看得懂我爸和街坊叔叔大爷们除了过年没那么高兴过，我记得我爸指着电视上的绿色小人儿们告诉我：那是咱们队，那红的是外国队，咱们队的名字叫——北京国安。此后，国安情结就在我幼小的心里扎下了根，牢牢的。

中国之声记者崔天奇（右）与直播嘉宾金志扬

所以，直到20年后，直到我穿着盗版国安N98运动服、披着盗版国安风衣写下这篇小文的时候，一说明天纵横的稿子里有足球的事，主任们八成都会分配我来接。我喜欢足球，大家也都知道我是球迷，就连我生日都是世界足球日。但与其说我是球迷，不如说我是中国足球的迷；与其说我迷中国足球，不如说是因为中国足球里有"咱们队"。那五大联赛是好看，我看着也上瘾，但总觉得里头没"咱们队"，不知道该希望谁赢，那看球还有什么意思。总而言之，如果你们相信一个5岁小孩也能爱上"咱们队"的话，从甲A到中超，中国足球走了20年，我也跟着看了20年。而当我有一个能把兴趣变成工作的机会时，连究竟要具体做什么都没问，就不顾整年上夜班的疲劳，义无反顾地报了名。顺便说一句，就连我报名的地点都跟足球有关，是在2013年5月的宣体，台里足球赛的赛场边。

当我回忆起《一路向前——中国职业足球20年》报道活动的时候，其实脑海中最先浮现出的是普希金的一句诗："一切都是瞬息，一切都将会过去。而那过去了的，就会成为亲切的怀恋。"当然你要装跟敢为恋人决斗的诗人一样的13，前提是你得跟普希金一样，被生活欺骗了才行。首先，我发现在我们直播的十轮十场球里，没有我日思夜想的工体。这事好解决，领导果断地把两场国安的客场比赛交给了我。行吧，这事就不追究

沈阳铁西体育场的背景板

了。可另一件事实在有点儿搂不住，在我的印象中，足球比赛的直播，特别是从小听半导体里播的球，无非就是一个亢奋的声音高喊"7号夏普传给了9号夏普，哦原来夏普是赞助商的名字"之类的。所以，当我们连开三次选题会，确定了诸如"精气神，丢了吗？""绿茵恩怨，如何理性狂热"" 生存还是死亡，坚持还是流浪？"之类高大上的主题时，还是感到大地在颤抖，仿佛天空在燃烧。一个主题多种元素、两条主线全程互动；话题片花主题片花、预告片花互动片花；采个队员采个教练、采些球迷采些专家；是录音里插播比赛，还是比赛里插播片花；福彩体彩我连见都没见过，可要抄错了一个数惹的可是几个亿的祸，六段广告太长了你给它拆成七段，否则广告时进球了咱就完蛋；每场一万两千字直播稿，写五遍定下来算你命好…… 重点不是我关键时刻说话为什么这么押韵，而是每期以上工作基本上都是由一个编辑完成的。至少是我执笔的这三场直播，每一场稿件的完成都至少需要30个工时，而对我这种所有醒着的时间都用来睡觉了的夜班人士来说，就需要挑出半个月的夜班（五到六次），每次利用后半夜完活之后到早上导播之前这几个小时，像蚂蚁搬家一样地把那万余字的稿件码成，再把那些琐碎的录音、片花、广告等塞入其中。这导致我在《一路向前》工作完成后的很长一段时间，看电视转播都不爱开声。

当然，如果你敢出生在世界足球日，这些都不是问题。最让我印象深刻的是2013年9月21日的天津水滴体育场，天津泰达坐镇主场迎战北京国安。以上是它的学名，而更广为人知的江湖称号则是：京津德比。按照行文规律，接下来我应该复制粘贴上那场直播文案的开头，来铺陈每年两场京津德比的火爆，但我决定简而言之：在天津穿绿衣服，绝对挨打；在北京开津牌车，可能被砸。开选题会的时候，我向以谨慎著称的直播组长赵军保证，为了避免不必要的麻烦，到时候我绝不穿这件绿色国安polo衫去现场。而我也用热血捍卫了我的誓言——穿着黑色国安polo衫去的。而之所以冒着被主队球迷撕成肉色polo衫的危险也要把这枚国安队徽穿到天津，是因为那场比赛邀请的直播嘉宾是我打小的偶像：北京足球教父、前北京国安主教练金志扬。由于金指比大部队晚来一天，早走半天，因此我一边看起来高风亮节地主动在大家一声声"辛苦了"中面带微笑担负起两天之内两次凌晨才睡凌晨就起的往返京津的任务，一边心里乐得像哈韩脑残粉见到了那些个不知是男星还是女星的偶像一样，跟老爷子怀了旧（其实我认识人家人家不认识我）、合了影、签了名、探讨了国安队的技战术，还发扬了一下新闻纵横追问新闻的精神，在返回北京的火车上核实了一个有名的段子：当年之所以工体不败，据说是因为金指在更衣室里跟队员们喊了一句"这是北京，能让他们在这儿撒野？咱们愣让人X死不能让人吓死！"御林军从而士气大振。斟酌半天，遣词造句，布局谋篇，看似不经意地问出了这个问题，金指看了我半分钟，时速300公里的京津城际快

济南奥体中心体育场直播间

轨已经跑出去了五里地，才幽幽地说：我记得我说的是"踢"。我刚要说点儿什么，突然发现半车厢的人都在屏气凝神把脖子伸向这里，只好赶紧哈哈一乐，是是是，您看今天天气多好，这火车玻璃能摇下来不？吃包子搁醋还是搁辣椒啊？要不您再看看稿子？这一路，我和金教练说着足球，聊着国安，幸福着，快乐着，也在心里酝酿着如何完成好下一个任务。

按照王化强副总监的要求，从2013中超联赛的第20轮到第30轮，每一场转播之后，都要结合那一场的主题配发一篇评论性稿件，构成中国之声中国职业足球20年特别策划《绿茵十问》。从令人热血沸腾的足球场出来往往已是深夜，不过这恰好适合我全神贯注于稿件的构思与立意，力求通过"十问"来跳出足球的输赢而写出精气神，写出理性和思考。在那篇京津德比的直播中，有国安队长徐云龙探望绝症球迷、国安球迷自排球迷话剧、国安球迷收藏工人体育场草皮、京津两地球迷协会主席隔空对话等等故事和设计，恐怕在历史上所有京津德比的直播中，都是元素最丰富、形式最新颖的一次。以这样的节奏，几经周折，数十个夜晚，呕心沥血终于顺利完成了直播组交给我的三场直播工作，并写成了"绿茵十问"的第一问《精气神，丢了吗？》，第五问《绿茵恩怨，如何理性狂热？》，第九问《从中超到亚冠，我们缺什么？》。节目播出后，连我从来不关心足球的老妈都在听了节目以后表扬说："儿子，稿子写得好，写出了国安的精气神，有高度，有深度。"

这次自告奋勇地参加中国之声的《一路向前——中国职业足球20年》报道活动的经历，让我圆了一个幼年就有的另类足球梦，这个机会是中国之声给我的，我的心声是借助中国之声的频率发出的。感谢中国之声！

一段不到13秒的广播新闻

侯艳

去雅典之前，老记者曾对我说：采访奥运会就是前半程忙，中国队的夺金点比较多，后半程就没中国队什么事了。是啊，根据奥运会的赛程安排，前半程中国队有射击、跳水、乒乓球、举重等项目撑着，到了后半程赛事以田径和水上为主，这可是中国队的软肋啊。

田径比赛开始了，由于希腊气候炎热，所以重要场次的比赛都安排在晚上进行。第一次走进奥运会的田径赛场，我有一种眩晕的感觉，灯光把近13万平方米的主体育场照射得明如白昼，场地上同时进行的各项比赛让我不知道该看哪儿。能容纳7万多人的观众席座无虚席，雷鸣般的掌声和呐喊声把我淹没。来自世界各地的新闻记者占据了一面看台，闪光灯一亮，星星点点。我睁大眼睛把周围这盛大的景象仔仔细细看了个清楚，然后大声对旁边的同行说：今天来田径赛场，我才觉得真正到了奥运会。

我眩晕了，队员好像也眩晕了。中国队在男女竞走、女子5000米、女子链球等优势项目中纷纷落马，这些原本要夺牌甚至争金的项目却连挤进前八名都很悬。开赛9天了我们颗粒无收，出征前立下的夺取两枚奖牌的军令状让田径中心领导肩上的压力越来越重，这一天天的日子对他们来说可真是煎熬。

9月27日晚上，中国队最后的机会。男子110米栏决赛和女子10000米决赛相继进行，由于邢慧娜和孙英杰在此前的5000米比赛中状态不佳，人们把希望都寄托在了刘翔身上。刘翔在前三轮比赛中的表现让人放心，每一轮都是严格按照教练的计划去完成的，他顺利地进入决赛，这是中国选手第一次进入直道短跑项目的决赛。我坚信他一定能闯进前三名甚至夺取金牌，中国田径队在此前所经受的种种磨难和挫折似乎都预示着在今天晚上将有一个奇迹产生。

刘翔和其他7名决赛选手出场了，我紧紧地抓住话筒，描述着我的所见所闻所感，尽管当时是北京时间凌晨，我们的直播节目已经结束，但我依然要用最真实的声音记录下这历史性的一刻，记录下诞生历史的每一个瞬间。我是这样形容当时的刘翔的："在众多的选手当中，刘翔很显眼，他身着中国队传统的红色队服，脚上穿的是耐克公司为他特别制作的世界上最轻的红跑鞋，再加上他那年轻、自信而又富有激情的脸，看上去就像一轮即将升起的旭日……在前三天的比赛中刘翔已经为我们创造了一个历史，在决赛中他可以放下所有的包袱，朝着他的梦想飞翔！"

发令枪响了。刘翔像离弦的箭冲了出去，我相信当时现场所有的中国人都是站着喊着看完比赛的，110米，短短的110米，刘翔如同旋风一般席卷过了所有的10个栏架，并以绝对的优势第一个冲过终点，全场沸腾了！我身边的一位上海男记者高举手臂，用撕裂的声音高喊刘翔的名字，并一步跨过座椅冲了下去。全中国人都在呐喊，这是期待很久、压抑很久之后迸发的扬眉吐气的呐喊。我激动着、哽咽着继续我的现场报道，我突然很感谢手中的话筒，它可以让更多的人分享在这个美丽夜晚发生的故事。当现场的大屏幕显示出成绩时，我们才知道幸福还不只是这些，刘翔12秒91的成绩打破了奥运会纪录，也平了十几年来未被改写的世界纪录，刘翔自己也惊呆了，多么完美的胜利呀！此后的刘翔沉浸在巨大的幸福中：身披五星红旗绕场一周、一跳登上最高领奖台、用几乎虚脱的但很坚定的声音说："今天晚上我为黄皮肤的亚洲人创造了一个不大不小的奇迹。"他向全世界宣告了中国人、亚洲人在田径短跑项目上的崛起。

路

白宇

2011年元旦过后，贵州遭遇了2008年以来最严重的一次冰冻雨雪灾害。一时间，天寒地冻，道路结冰，人们出行困难、物流受阻，关乎民生的水、电、煤、气、物价成为社会难点、热点。威宁是贵州受冰冻雨雪灾害影响最重的地区。当地高寒山区群众燃煤、饮水、用电极端困难。记者白宇前后五上梅花山、四进雪山镇，在威宁的报道一共持续了9天，发出广播稿件60多条，国内各大媒体和主要网站纷纷转载，为党和政府的救灾决策提供了及时、准确、客观、有力的参考。

2011年1月19日，我只身一人赶赴贵州灾区。出发时，贵阳机场跑道结冰，飞机停航。

1月19日晚23点，我飞抵重庆，1月20日凌晨1点，我登上了重庆开往贵阳的临时旅客列车，这一天，正是春运开始的第一天。下午3点，我与中央

中国之声记者白宇（左一）在贵州威宁梅花山采访当地群众

中国广播网
www.cnr.cn

台贵州记者站记者王贵山、陈屹、韩军等汇合，并在第一时间成立前方报道组。

1月21日上午10点，我们开始向威宁进发。贵阳到威宁400多公里的路，我们走了13个小时，于当夜23点，抵达威宁县城，成为中央媒体中最早进入威宁灾区的报道组。

在这13个小时里，我们沿贵州省内海拔最高的公路艰难前行，海拔2800多米的梅花山上，大雾弥漫，路边的积雪已经没过脚踝，路面上的雪经汽车碾压后变成了一排排黑色的冰疙瘩。山路两侧，白雪茫茫，被积雪压倒的树木随处可见，高压线被凝冻包裹成碗口粗细，高高的路标上倒垂着冰锥，冰晶挂满树梢。山间大雾弥漫，零零星星的民居就散落在山崖下的迷雾中，最险峻的18公里山路，我们走了3个多小时，因为雪深坡陡，不少大卡车和小轿车都熄火停在路边，狭窄的山路上，只有四驱的越野车能勉强通过。

梅花山口的一组直播连线报道让尚未进入灾区的我们多少感到了一丝不安。路边，两个30多岁的年轻人蹲在地上烤着炭火。这让本已拥堵不堪公路更加难以通行，他们告诉我，他们是给威宁县城内一家超市送货的司机，昨天晚上开车经过这个山口时，觉得路太滑了，不敢开，就把车停在路边，拉好手刹，并搬了石头挡住四个车轮，然后下山去买防滑链。但买完防滑链回来的时候却发现车不见了，原来，卡车推着地上的石头一起滑进了路边的山崖，因为怕车上的货丢了，一直没敢离开……后来，我们的四驱越野车在一次停车后起步时侧滑到了路边的电线杆上，尾部撞变了形，但我们却因电线杆的存在感受着幸运之神的眷顾。

在威宁应急办我们了解到，梅花山片区地跨六盘水市和威宁县两地，白天的温度在-3～-7摄氏度之间，晚上最低可达到零下10摄氏度，山上共居住着15000多人，主要面临的是燃煤短缺，水、电紧张的困难。

1月22日一早，我们买了一些油和食品后，开始向梅花山深处行进。我们在海拔2500多米的新发乡啊嘎村茅草坪组的一户人家，两个四五岁的小女孩穿着两条单裤和瘦小的外衣，她们的小手掌心朝下扶着炉台儿，身体和火炉子紧紧地贴在一起，炉子上的铁锅里正融化着从房顶上扫下来的雪……其实，大家可以想象紧紧地抱着火炉取暖是一种什么样的感受？她们有多冷？炉子，热吗？

啊嘎村的饮水基本靠融雪，因为燃煤短缺，村民们只能在山上挖起大坑，等雪在坑里融化后他们再挑回去喝。我跟随村民来到他们所说的大坑旁，大坑有1米多深，周围满是积雪，坑底的积水漂着一层薄薄的冰碴儿，一位62岁的村民跟我们说起了他的提水经历："有的时候半夜都要来背，来晚了离村子较近的坑里的水就被先来的人背走了，有时候两点钟来一次，三四点钟还要再来一次，要等雪融化一点儿再来背一点儿。路上洒上水会结冰，都摔倒过好几次了，水洒了只能再拿桶来背，后来就用干稻草捆上脚，防滑。"

除饮水困难外，村民的生活用煤也出现了短缺，村民们说，梅花山下就有煤矿资源，在一些陡峭的山崖边上还能看到裸露的煤层，但他们买不起煤，实在没有煤的时候他们也会去那些地方捡一些回来救急。我采访时，正好遇到了两位前去找煤的人，他们答应，可以带我们一起去有煤的山崖边看一看。梅花山属喀斯特地貌，路窄，雪滑，坡陡。走在路上，身体一侧是被冰雪覆盖的山石，另一侧是看不到底的悬崖。山壁上，植物叶子上的积雪不时剐蹭着我的衣服并从衣服上滑落，发出沙沙的声音。小路上的很多地方只能容纳一只脚站立，有的地方需要蹲下身子小心翼翼地滑下去，路上不时有撒落的煤粉，村民说，那是背煤时摔倒后撒在地上的……

两位村民最终把我带到了一个悬崖边的洞穴，煤就在洞穴里面，洞口很小，只能容纳一个人半蹲半爬着进去。洞里光线很暗，村民引路，我深一脚浅一脚地紧跟着，因为看不清下脚的地方，脚底下总觉得磕磕绊绊的，再加上是半蹲半爬的姿势，头和后背稍不留神就会撞到洞顶的山石，山石和身体摩擦着，不时有土块被蹭下来。大概在黑暗中往下走了十几二十米的样子，洞里的路被煤层阻挡住，村民们开始用铁镐和铁铲挖掘，每一次震动，都会有土渣从头顶掉下来，落进头发里——那声音，那感觉，更像刺进了心脏。

采访机中记录着铁镐敲击煤块的声音、砂石滑落的声音，还有我自己怦怦的心跳和大口喘气的声音——他们只是为了那几斤煤呀，为了家里等水喝的孩子呀！村民们知道他们的行为不合法，我们在报道中为他们保守着这个用生命换取温暖的秘密。

后来我想，作为记者，如果我当时没有走过这十几米洞穴里的路，我怎么好意思说我到过了新闻现场；如果没有走过这十几米洞穴里的路，我永远也不会知道，老百姓的命和那几斤煤，到底哪个更值钱！

卢再龙住在雪山镇斗母彝族村2600多米的山上，是个左臂残疾的孤儿，靠种马铃薯维生，往年能收入1300多块钱，当年马铃薯受冻，只卖了七八百块钱。春节前，卢再龙所有的积蓄只有42块钱，钱被攒成团儿放在贴身的衣服兜里。卢再龙告诉我："米比土豆好吃，但因为买不起，不能每天吃米。"因为买不起煤，卢再龙只能捡一些枯枝烂叶烧火取暖。村支书卢万江介绍，和家里有病人的家庭相比，卢再龙的生活还不是最困难的，村里正常年份的人均年收入1000块钱多一点儿。威宁是我国南方的马铃薯种植基地，雪山镇是威宁的马铃薯主产区，家家户户都种马铃薯，但因为今年马铃薯受冻，每家人的收入都受到了损失。

在梅花山上，我们把身上所有的现金都捐给了受灾困难的家庭，希望老百姓能够买点儿吃的、穿的、用的东西，过个好年，同时与当地党委、政府和村民们商量互相帮助的办法。

从1月19日到1月26日的7天中，我累计睡眠不足10个小时，其中两次都是给《新闻和报纸摘要》《新闻纵横》发稿后直接出发采访，整个报道小组也已疲惫不堪。1月26日凌晨4点30分，我正在为两个小时后播出的《新闻和报纸摘要》做最后的冲刺：极度疲劳、睡眠严重不足，却还要把超过4G的音响素材剪辑为1分30秒的成片……

"哥，我实在不行了，得睡会儿，报摘的稿子写得差不多了，你帮我把音响素材整理整理，我实在找不着音响在哪儿了。现在是4点半，你5点20一定把我叫起来！我来合，然后发回去！"

《新闻和报纸摘要》的播出时间是早晨6点30分，我给自己留了1小时10分钟。而此时，陈屹腰椎间盘突出的老毛病正在发作，我不忍却又无奈地向他求救。

"你睡吧，我来弄！"陈屹好几天没刮过的胡子让他整个人显得脏兮兮的，但声音坚定有力，给人信心。

……

5点20分，距《新闻和报纸摘要》播出还有1小时10分钟，陈屹准时叫醒了我，但我却不认识他，也不知道为时间的紧迫而着急，那个瞬间，我似乎失忆了。

大概过了几分钟，我终于听清了陈屹跟我反复强调的一句话："兄弟，你的稿子里出现了两个咱们从来都没有采访过的人！"

……

一个小时后，最新的报道在《新闻和报纸摘要》里播出，一个半小时后在《新闻纵横》里播出，两个小时后，时任特报部主任高岩打来了电话。而此时，梅花山上15000人的生存状态依旧没能改变。电话接通后，我莫名地失声痛哭，或许是情绪的崩溃，或许是为自己的无能为力……那一年，我34岁。

哭过之后，我们下山了。

但我们没能及时获知的是，播出后的一系列报道被新华网、人民网、凤凰网、新浪网、搜狐网等重点新闻网站和商业门户网站转载，引起全社会的强烈反响。胡锦涛、温家宝、回良玉等中央主要领导同志做出批示，要求当地加大抗击冰雪行动力度。贵州省委、省政府迅速向全省发出通知，要求各地把老百姓因凝冻而造成没有燃煤的情况及时反馈到省应急办。同时紧急协调电网、消防、水务局等部门逐步解决缺水、缺煤、缺电等问题，并下拨专项资金用于补贴梅花山区群众的用煤困难。

刚刚返回贵阳的报道组不顾疲惫，再度翻越梅花山，于当夜11点再次抵达威宁，展开对党委、政府解决困难群众"三急"行动的报道。1月27日，有关部门通过成都铁路局协调车皮往梅花山送煤，40辆重型卡车装载着两千吨燃煤运往全县10个乡镇。1月27日到28日，中国之声全天候关注武警、消防部队和地方党委、政府为威宁群众送煤的行动，著名时事评论员何亮亮点评说，贵州各地党委、政府为困难群众送煤很"给力"，体现了党中央和中央政府对民生的高度重视。重返威宁以后，受灾地区干部说，他们从没见过一边采访一边捐钱的记者，记者的坚韧、敬业、社会责任感让他们非常感动。毕节地委和威宁县的领导说，记者的深入采访，让他们深化了对民生问题的关注，推动了他们解决民生困难的力度。

采访期间，我们连续播发了《贵州102省道梅花山路段路面湿滑，积雪达15厘米》《翻越海拔2500米梅花山，记者徒步走进缺煤少电大山深处》《直击贵州梅花山百姓生活：树枝用作燃料，凌晨排队打水》《贵州梅花山地区雪凝，百姓无煤取暖化冰取水》《凝冻致贵州雪山镇缺煤过冬，马铃薯种植受损严重》《贵州帮扶被大雪围困群众，解决用水电短缺等难题》《贵州威宁送煤上山，2000吨燃煤运往全县10个乡镇》《雪中送炭——凝冻灾害重灾区贵州威宁迎来送煤车队》等等一系列报道，从深入采访到发现问题，再到最后解决问题，体现出报道的连续性，彰显了中央人民广播电台记者的高度责任感。有听众在微博里给我留言说，他几次都是哭着听完报道的。

这次的报道，也引起台内职工和社会各界的广泛关注。中国之声党总支得知群众面临的困难后立即组织编辑、记者、主持人为困难群众捐款，中央台驻贵州记者站的同志也参与了捐助，短短两天时间就有100多人奉献爱心，最终两万元爱心捐助送到梅花山、雪山等地高寒山区群众手中。爱心行动迅速在全社会蔓延，大量听众、网友纷纷提出要参加到对威宁贫困群众的献爱心行列。几天后，原本烧柴的火炉煤火很旺，原本黑暗的屋子恢复了通电，原本无法融化取水的坚冰得到融化。困难群众说，有米了，好啊！政府送来煤，送来电，喝上了水，这个春节能够和别人一样过好年，很幸福！

到现在为止，当地很多群众都不知道我们是谁，但他们知道，党和政府在关心着他们。至今，我依然清晰地记得，那位微醺后的老人在我面前振臂高呼"感谢党啊！"

腊月二十九，我们下山了，车载收音机里正在播放《温暖回家路》，家里，爸、妈、老婆、孩子正等着我过年……

取舍

多年过去，再回头想起2009年罗彩霞被冒名顶替上大学事件的采访，种种情景犹如在昨天。翻看罗彩霞的博客，发现在事件曝光之后，她写过一篇名为《我的媒体曝光之路》的博客："天涯以每天一万多的点击量上升，始料未及。然后就有媒体留言，也开始有媒体的来电，但是中国之声的杨超姐姐，2号晚上电话，3号来校，这是我第一次正式接受采访，她很温柔，体贴，且干练，让我佩服又信任。5月4日刘记者来津，事无巨细，一一谈论。"

罗彩霞事件的采访之所以给我留下深刻印象，不仅是因为在看似严密的高考招生制度下，竟然有人公然盗用别人的成绩、身份上大学，还在于我第一次感受到了在媒体竞争中"失利"的滋味儿。

罗彩霞事件案情非常复杂，她本人在认为自己落榜的情况下，第二年复读考上了天津某大学，户籍等身份资料被盗用发生在她的老家——湖南某县，盗用身份的王某被贵阳某大学录取。因此，整个事件涉及三个省市：天津——湖南（户籍如何被盗用）——贵阳（大学录取通知书如何落到王某手中）。采访完罗彩霞本人，马不停蹄赶往湖南，正在当地派出所外苦苦蹲守的时候，一个"噩耗"传来：某报已经播发了这则报道！这就意味着到手的独家报道泡了汤！

真是有点儿懊恼。其实采访完罗彩霞，也曾犹豫过要不要发稿，跟领导打了好几个电话，反复权衡，在时效和完整调查的博弈中，后者占了上风。于是决定等一等，先赶往湖南。就这么一等，失了先机。

抢了先的是某报，罗彩霞的博客中提到的刘记者，一位非常优秀的调查记者，我们也因为这次采访而结识。事情就这么巧，我还在贵阳继续采访的时候，突然接到一个朋友的电话，有些神秘地说："有个抢了你稿子的人要跟你说话。"接过电话，他哈哈大笑着自我介绍说，晚我一天去采访罗彩霞，听说我已经去过了，当天连夜赶着把稿子给发了。

我这个气啊！可丢了稿子不能再丢面子啊！于是咬着牙、乐呵呵地说："小事儿，没关系！回北京请我吃饭！"没想到的是，我这强装出来的"豁达"竟然让我有了意外收获。

当时一直很困惑，为什么属于罗彩霞的录取通知书会落到王某手中，罗当时的成绩并没有达到贵阳某大学的录取分数线，是被点录入学的，这种种的不正常让我一直怀疑贵阳某大学也牵涉其中。但接受我采访时，主管副校长和某处长信誓旦旦、理直气壮：是按照规定将录取通知书发放给了自称是罗彩霞父亲的人，并核对了相关证件。

抢了我稿子的这位同行就在这关键的时刻透露了一个重要的消息：录取通知书是这所大学某学院的院长亲手交给冒名顶替者王某的父亲的，学校也知情。为了保护消息来源，他不能曝光这个消息。

本来郁闷的采访又有了一线曙光，我当晚就直冲处长的办公室，心里并不是那么有底，但嘴上却一口咬定掌握了全部事实。在僵持了好几个小时之后，对方终于吐露真情：我的消息是真的！心里的暗喜并没有持续多久，后面发生的情况让我措手不及，这位处长先是语出惊人：如果胆敢报道此事，将发动该校数万名学生集体请愿，在网络上攻击我！

当时我有些生气，回应道："你以为学生是你的私有财产吗？！"

随后几位学校工作人员围着我，有的唱红脸，有的唱白脸。当时已经是深夜，慌忙撤退，就在我即将进电梯的时候，令人更为震惊的情况发生了：这位处长竟然当着众人给我跪下了！我顿时慌了手脚，赶紧去扶，之后为了安抚对方的情绪又谈了好久，但有一点是无法改变的：稿子必须发，这毫无疑问！

当晚熬了一宿，稿子完成了。出于职业习惯，跟校方人员的交涉过程都被我全程录音了，对于"恐吓""下跪"这样的桥段，毫无疑问是爆炸性的新闻。剪完了录音，又是一番取舍，思量再三还是自己撤了下来。这位处长在这起事件中并不负有直接责任，只是急于替领导"消灾"才有了惊人之举。我不想让这样的"狗血"桥段冲淡了对罗彩霞事件直接责任人的关注和追责，也觉得处长的作为虽有不妥，但如施以媒体及公众的批判，对他来说惩罚太重。

最终，在第二天一大早的《新闻纵横》节目中，事实被揭露，学校在这起冒名顶替事件中的责任不容推卸。

寻找水胺硫磷

陈俊杰

第一次去三亚，是与工作有关。

2010年1月25日，武汉市农业局在抽检中发现，来自海南省英洲镇和崖城镇的5个豇豆样品水胺硫磷农药残留超标。

水胺硫磷是一种高毒农药，可通过呼吸道和食道引发中毒，是农业部明令禁止在蔬菜瓜果中使用的高毒农药。

一时间"毒豇豆"占据了各大报纸、网站头条位置，武汉、合肥、广州、北京等地纷纷严控海南豇豆进入市场。全国闻豆色变。海南数十万斤豇豆滞销。

豇豆为什么会有毒？海南豇豆还能吃吗？

海南农业部门说，海南没有高毒农药。但辩解苍白无力。

我和白宇深入海南豇豆原产地三亚市崖城镇、乐东县冲坡镇一探究竟。

豆贱伤农

崖城镇是三亚最大的瓜菜产地，仅这里豇豆的种植面积就达到近3万亩，供应全国。

我们抵达时，豇豆的收购价从1月初的每斤3块钱，跌到了2毛钱。一位农民说，采摘豇豆雇一个人工每天就要花费100到160元钱，即使幸运地能卖出去，也远不够冲抵人工费。

崖城镇蔬菜交易市场的豆角交易区门可罗雀。大量的新鲜豇豆在货仓的冰块上堆积着。收购商三三两两地聚在一起打牌。安徽货商刘先生和六七个老乡合伙做豇豆生意，合肥市场已经不准海南豇豆进入，他们一天的损失就高达60万元。

地头里，农民们仍在迫不得已地采摘豇豆。如果不采，豇豆就会老了，烂在地里。一位农民抓起一把刚从地里摘下的豇豆带着哭腔说，化肥、农药要花钱，孩子上学也要钱，今年种豇豆亏本了。

绝望写在了每个人的脸上。

豇豆有毒吗?

为什么豇豆会有毒? 这是解开所有矛盾的第一环。我和白宇展开了调查。

但在对农民的采访中, 没有任何的收获, 农民都说知道海南禁止使用高毒农药, 他们也不会违规使用。再问, 农民就会避而不谈, 转身走开。

我们找到了三亚市崖城镇, 向一位主管农业的副镇长表明来意, 说不是来添乱的, 而是客观报道, 但报道不能偏听偏信, 以正视听需要官方的声音。

这位副镇长的工作被做通了, 他道出了其中的两点原因: 一是农民因为药效或价格等原因通过非正常渠道购买和使用高毒农药; 二是农民使用的低毒农药中含有部分高毒农药成分。

原来, 高毒农药并没有绝迹, 地下渠道仍有销售。

但这似乎仍不足以解释清 "毒豇豆", 因为农药都有挥发期, 挥发后的豇豆为什么还会检测出高毒农药?

原来一般农药的挥发期在5至7天, 但海南豇豆生长速度快, 每隔一天就要采摘一次, 因此前一天喷洒的农药还没有挥发干净, 豇豆就已经上市销售了。

我们迅速将调查结果制作成了题为《多省货商停购海南豇豆,"毒豇豆"成因复杂》的报道。公众清楚地知道了海南豇豆并没有毒, 而是农药残留超标, "问题豇豆" 是比较准确的说法, 一下子市场紧张的情绪得以缓解。

用证据说话

然而, 报道出来后遭到了地方政府的质疑, 有关部门仍表示海南早已禁止高毒农药的生产和使用, 海南没有高毒农药。

"用证据说话, 一定找到高毒农药! "

在随后的几天里, 我和白宇怀揣采访机, 打扮成农民模样, 走访了崖城镇大小20多家农资商店。每到一家农药店都会碰壁, 因为我和白宇的北方口音显然让店主们产生了怀疑。

"去地里看看。"

在乐东县冲坡镇的地头, 我们找到了关键的证据。一个咖啡色的玻璃瓶跳入了眼帘, 瓶子上的字让我兴奋不已——水胺硫磷, 这正是武汉农业部门抽检出的海南豇豆含有的农药成分。

白宇跑过来, 兴奋不已, 拍下照片。随后两人扩大搜索范围, 又很轻松地找到了多个水胺硫磷的包装瓶。从生产日期和瓶子的新旧程度判断，这些农药是当年使用的。

接下来的收获更让我们两人激动。

当搜集证据准备离开时，一位农民模样的人出现在路边，似乎想去镇里。

"要不咱们把他拉上？"我问白宇。

农民上了车，他很高兴能免费坐车。

"知道哪里有好用的农药卖吗？"闲聊几句后，白宇问道，语气很随意。

"到处都有的卖。"农民很诚实。

"那我们怎么没看到？"

"你们是外地人，不敢卖给你们，不让卖的。"农民很谨慎。

"多少钱啊？"

"10块钱。"农民很熟悉市场。

"那你能不能帮我们买点儿？"我试探着问道。

"可以是可以，但……"农民有点儿顾虑。

"没事，你放心，我们买药也是自己用。"我们轮番安慰，打消了他的疑虑。

车到了冲坡镇，白宇给农民钱，农民带着白宇来到镇中心的一家农药店。

农民和店主简单说明来意后，店主离开了一会儿。几分钟后，农民从这家店里买出了两瓶水胺硫磷，药瓶上清晰地印有"高毒"的字样和骷髅警示标志。

第二天，一篇名为《高毒农药海南仍有销售　问题豇豆毒源难除》的报道被各大网站转载，同时刊登了我们买到的水胺硫磷的照片。

一下子，对中国之声前一天报道的指责烟消云散。

面对有力的证据，三亚市农业局有关领导在接受采访时只得承认海南仍有高毒农药销售，但同时也坦承，因为非法销售渠道隐蔽，熟人交易，农业执法部门查处难度极大。

至此，我们用两篇采写扎实、逻辑清楚的报道，纠正了豇豆有毒的说法，揭秘了豇豆的毒源，有力地抨击了地方保护主义，真实地反映了豇豆事件对海南农业的影响。

报道独家披露的经历引起了其他媒体的关注，后续报道轮番跟进。国务院、农业部、海南省委省政府高度重视，重新对事件进行了调查，最终三亚市农业局多位官员受到处分。

万米高空的连线

汤一亮

"我是记者汤一亮，我现在是在一万三千米的空中，进行直播报道……"

在说出这句话的时刻，我几乎可以听到自己的心跳，对我来说这是一次不同寻常的经历，对中国民航来说这实现了机上通讯的重大突破，而对中国广播来说这又是一次具有里程碑意义的直播。在当天的新闻中，文章的导语这样写道："这是中国广播史上第一个来自万米高空的直播连线。"

2013年7月1日，我正在随公安部在外地采访案件，突然接到国航的电话，告诉我7月3日国航将有一个航班进行空中上网飞行试验，如果成功的

中国之声记者汤一亮（右二）在万米高空中连线并采访中国民航局局长李家祥

话将可以实现空中与地面的网络互联。到时候，飞机上就可以上网了！凭着职业的敏感我马上问了句，飞机上能通过互联网支持的语音软件与地面通话吗？国航回答，理论上是可以的。只要有可能就要争取！于是我马上与国航相关方面联系，希望中国之声能够在这趟首航的航班上进行直播连线。国航方面经过协商告知我可以连线，但是也提醒我要做好信号不能接通的准备，因为机上网速只有1M，航班上300位旅客同时上网，也许不能保证信号的畅通。

只要有一线希望就不能放弃！在得到国航肯定的答复后，我马上向采访部值班主任汇报情况，主任与午间部进行协调后，午间部门的领导和同事积极配合。7月2日，国航进行试飞前的调试，与导播间进行了试通话，信号良好！

7月3日，国航CA4108次航班下午2点10分起飞，执行飞行任务的是一架A330型客机。航班起飞前，值班主任又与我多次确认连线时间，按照飞行安全规定和技术要求，飞机要在起飞后半小时，开始平飞之后才能开启电子设备，飞行高度要在1万公尺以上。于是，主任与策划部门在指挥中心再次确认了连线时间是15点整。如果遇到任何问题和不可预知的情况，可随时与后方沟通。

飞机飞上天空之后就是"孤岛"，如果信号真的出现问题，我将与后方失去所有联系，中国之声制定好的直播计划就会被打乱。为了稳妥地完成这次直播任务，我必须提前进入现场，做到知己知彼，百战不殆。于是，当天早晨6点多我就从家中出发直奔机场，在出租车上我就开始给国航宣传部门工作人员打电话，了解当天的飞行时间、执飞机长、乘务组配备情况，同时确认我要采访的项目负责人是否能按照事先约定进行采访。从采访、写稿、剪辑录音、回传，到与后方配合我报道的记者沈静文进行对接，一切都要提前进行，因为受网速的影响，飞机在飞行过程中是无法进行录音回传的。飞机14点10分起飞，17点左右才能着陆，如果在飞机上才采访的话，就会赶不上《晚高峰》《全国新闻联播》节目的播出。

北京是座名副其实的"堵城"，我在五环路上堵了近一个半小时才到达首都机场三号航站楼，约了国航项目负责人9点采访，本来以为6点半出发无论如何8点也到了，没想到却被堵在了路上。坐在龟速爬行的出租车上，看着计价器红色的字体飞速飙升，挪到机场估计要上百大元，心里好痛。同时又心急如焚，早早就给国航打电话催促人家不要晚了，不要耽误了我们节目的播出，如果我自己晚了，就"泰囧"了。幸好我早早出发，到达三号航站楼时8点35分，下了出租车拎着电脑包和采访机狂奔国航值班室。

10点30分顺利完成对项目负责人国航党委书记、机上网络项目组负责人的采访，此刻其他媒体参与此次航班采访的记者才开始陆续到达。安检过后，11点进入候机厅等候，其他记者在喝水、聊天的时候，我开始剪辑刚刚采访到的录音。30分钟剪辑好录音，10分钟将第一份稿件的提纲列好，传给午间部门的同事，午间导播立刻进行整理——入库——播出。中国之声第一时间播出对中国民航史上第一个可上网航班的相关报道，解答了人们关心的飞机上上网是否安全，技术上如何保障等问题。

"摇曳飞升九重天，俯首静观千层绵。"14点10分，飞机准时起飞，起飞前，我最后一次与指挥中心进行了连线时间确认，15点可以连线。但是首次飞行总是有各种突发的情况，在飞机平飞后，机上系统无论如何也不能与地面联网。眼看着时间一分一秒地过去，离连线时间越来越近了，我能想象出导播间里导播焦急的模样，我在飞机的机舱内一样心急如焚。但我没有任何办法与后方联系，真实体会到了孤立无援的感觉，我根本没有办法告诉直播间发生了什么。

飞机平飞后，我就从经济舱的座位上跑到了前舱，一刻不离技术调试人员，时刻准备着信号接通后马上就把调试好的电脑设备抢过来进行连线，因为，央视也准备连线，我要抢在央视前面。在信号不稳定的情况下，要占先机，能发出报道马上就要发，否则，信号效果不好，一切准备都将功亏一篑。

经过近40分钟的调试，终于找到了问题所在，是驾驶舱的一个插头没有插好，幸亏被机长发现了。重新将插头插好之后，信号终于接通了，我提着的一颗心才改成"平飞"。急忙抢过设备拨打直播间电话，第一次没打通，第二次终于接通，当听见导播声音的时候，我真的体会到了心潮澎湃的含义。导播听见我的声音之后，马上协调，准备插播连线。

在导播协调播出安排的时候，我忽然发现机舱头等舱里有一张熟悉的面孔——中国民航局局长李家祥。他到四川出差，正好乘坐这趟航班。我与李局长简单沟通之后，连线开始了，在连线中我对李家祥进行了短暂的采访，李局长的这段采访让连线锦上添花。连线时，很多乘客感到好奇，就围在我的周围，看我连线。我特别紧张，一方面担心信号不稳定，连线被掐断；一方面担心周围的乘客突然说话，影响直播。天遂人愿，4分钟的直播连线顺利结束了，虽然飞机上开着冷气，但我已是满头大汗，手心里也全是汗。我长长地呼了一口气，准备让自己平静一下。令我没想到的是，飞机上的乘客爆发出了热烈的掌声。他们说这是第一次见到中央人民广播电台的记者现场连线，现场采访，而且是在万米高空中的飞机上连线，意义非凡。

我的连线圆满完成，而中央电视台的记者，没能连线，因为在她的直播信号切入直播间时，飞机将要降落，按照飞行要求，已经不能开启机上互联网设备了。

在万米高空的连线顺利结束，我真心感谢所有为此次直播做出努力的领导和同事。我也深切地体会到，任何成功的采访报道绝不是一个人能够完成的，只有前后方的密切配合才能保障直播的圆满、顺利。

煤矿井下420米的连线

满朝旭

2010年10月16日，那是我到采访部两个月后的一天。傍晚，当天采访部的值班主任王健打来电话说："河南矿难了，30多人在井下，收拾东西走吧！"22点，我出现在了首都机场T2航站楼某登机口，那是当天飞往郑州的最后一趟航班，紧张和恐慌支配了我的各路神经。

在接下来的4天中，我完成了到采访部后的第一个矿难报道，37人在那场事故中丧生。从那时起，我的报道开始关注煤矿如何安全生产这个问题。通过了解，我得知山西的一些煤矿已经尝试在井下安装移动救生舱和修建固定避难硐室，当时采访部主任王化强直接说："给你时间，找个矿下去看看。"于是，在当时山西站的两位同事徐江帆和李凡的帮助下，我

中国之声记者满朝旭（右一）在井下采访

们找到了山西潞安集团常村四矿。

　　经过沟通协商，矿领导亲自带我们先下井参观一下，矿井深度420米，整个下矿参观的过程持续了2个小时，其中有一半时间是从地面下到巷道以及在巷道中徒步前行，这个过程换了多种"井下交通工具"，我据此在《新闻纵横》中还专门做了一个下井体验式报道录音。而在参观中最重要的就是看移动救生舱。"井下避险六大系统"的核心是应急避险系统，也就是移动救生舱和固定避难硐室，而包括通讯系统在内的另外五大系统必须和这个核心系统衔接。在常村四矿下的移动救生舱内，我发现里边的防爆电话是接通的，工作人员说这个电话目前可以打到井上。能打到井上，又是否能打到直播间呢？升井后，我立刻和王化强主任沟通报道事宜，"井下420米直播"的想法最终敲定，他的回复是："跟矿上沟通去吧，成了，大功一件。"

　　接下来就是我、李凡和徐江帆跟矿上各种软磨硬泡，终于矿上在确认所有安全细节的情况下，同意井下直播连线，将移动救生舱中的电话线路

满朝旭和矿工兄弟在一起

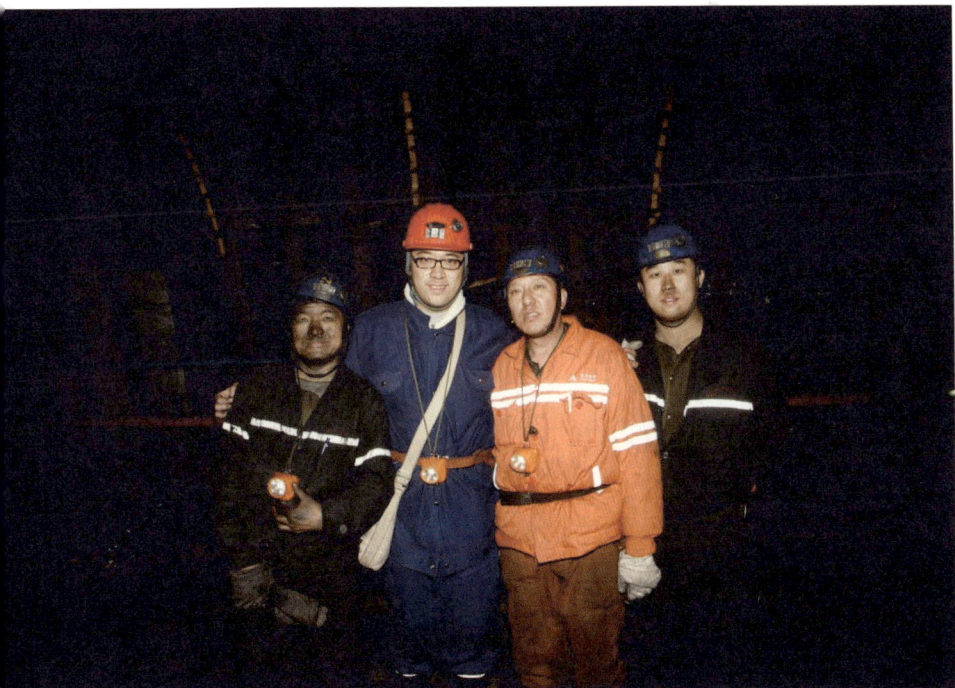

改成了长途电话线路。次日，我们再次下井直奔移动救生舱，进入舱内先用防爆电话拨通了王化强的手机。据他形容通话效果还可以，关键是直播间的电话效果如何。我告诉他井下防爆电话的号码，王化强赶往直播间拨打井下的电话。我在救生舱里坐了一小会儿，移动救生舱内的电话响起，铃声显得很闷，接起电话，传来王化强的一句："喂！"心立马踏实多了，移动救生舱的线路没问题了。另外在固定避难硐室还有一部电话，我们赶往那里试线，40分钟后那里的电话线路也检查完毕，至此，直播已经成功了一大半。当天晚上，直播方案传回了北京。第二天，在《新闻纵横》中，我进行了第一次连线，介绍了下井前的准备情况，以及要在井下进行的直播。

到了井下后，我和徐江帆兵分两路，我奔移动救生舱，他去固定避难硐室。我们将在10点的重点关注同时和直播间进行井下420米直播连线，先由他来介绍固定避难硐室，那一年智利33名矿工就是靠避难硐室在井下事故中奇迹般生存了69天，最终得救。徐江帆连完后，我来介绍移动救生舱的情况。但是我在移动救生舱中的连线并不是一次，1个小时后我还有一次连线，因为移动救生舱离采掘面很近，我要赶到采掘面了解挖煤的全过程，再返回移动救生舱再次连线。

11点多，当我挂断移动救生舱的电话后，顿感轻松，喜悦之情油然而生。现在想起那个时刻依然激动，如果让我在5年的主持人职业生涯和4年的记者职业生涯中选出最难忘的一刻，就是那时。

特别感谢兄弟李凡、大哥徐江帆。煤矿井下420米直播连线是广播电视新闻报道从来没有完成过的，也应了那句话——"无论何时何地，总有中国之声。"

南沙群岛日记

周文超

2012年4月，中菲黄岩岛对峙数日。10日，正在执行南海定期巡航执法任务的中国海监84、75船接命，在黄岩岛海域附近解救了数艘被菲律宾军舰非法围堵在黄岩岛泻湖内的渔船。2012年6月21日，国务院决定设立三沙市。南海再度成为媒体关注焦点，中国海监也频频进入大家的视线。中国海监究竟是一支什么样的执法队伍？2012年6月26日到7月8日，中国海监南海巡航编队从海南三亚出发，行程3200海里，对我国主张管辖海域进行定期维权巡航执法。记者周文超随船进行采访报道，揭开中国海监的神秘面纱。

2012年6月26日　　星期二　　晴

今天一路上，大伙儿见面问到最多的就是：你晕船吗？从小在洞庭湖畔长大的我，见过湖没见过海，划过船却没登过船。我们一行从三亚凤凰码头出发，坐船来到锚地，于下午两点登上了中国海监83船。这是编队的指挥船，总长98米，宽15.2米，深7.8米，排水量近4000吨，拥有先进的自主定位系统和全回转电推系统，可原地360度打转，是我国目前最先进的船舶之一，曾代表中国海监参加2010年在俄罗斯举行的六国联合安保演练。这次出海，它与中国海监84、66、71船，7112海监直升机组成联合编队，执行南海定期巡航执法任务。

我和中国海洋报的刘川分在一个房间上下铺。船开没多久，随着船体剧烈地颠簸，我俩身体开始出现不适，眩晕呕吐。再苦再难也要连线。慢慢调适自己，和着船体晃动的节奏，投入到紧张的备稿中。无论如何要把今天起航的新闻第一时间发送出去！下午5点到甲板连线，四周围是大海，没有边际。哪里才是东南方呢？海事卫星也找了好半天，却始终无法将信号稳定在50以上。83船张大副仗义相助，就这样一直帮我举着海事卫星，信号才好些。张大副稳稳站立在83船，帮我托举卫星，寻找东南方的画面，就这样刻在了我的脑海里。连完线，发现电脑上已积了好些个雨滴，原来下雨了。火速撤退，希望明天能顺利些。

2012年6月27日　　星期二　　阴

　　没想到巡航的第二天，我们就遇上了"鬼子"。上午10点10分，我们和往常一样在驾驶位旁边的小房间，和中国海监南海维权执法支队队员刘蕴哲聊天。这位毕业于广东外语外贸大学的姑娘熟练掌握英语和越南语，在维权中担任喊话工作。她2008年毕业考入支队，平均每年100天工作在海上，心中最牵挂的就是父母。热聊中，突然听到有人喊出现可疑目标。原来，通过表盘雷达显示图，发现有一可疑目标正高速向我巡航编队挺进，确定为越南海警船。10点20分，这艘船加速向我编队抵近，并喊话：我是越南海警5012船，正在此海域巡逻，你船已侵犯越南领海主权，要求你船离开此海域。此时，正在83船坐镇的中国海监巡航编队总指挥李永波下达命令，加强观察，调度整个编队由原来的纵向排列调整为搜索队形，并向该船喊话。中国海监编队执法组组长黄泳向对方喊话：越南船，这里是中国海监83船，根据联合国海洋公约和中华人民共和国法律，该海域为中华人民共和国管辖海域，我船正在执行公务，请你船不要干扰我船执行公务。越南海警船5012船回应，称其在越南管辖海域并要求我编队离开，还不时使用不文明语，我船未予理睬。双方喊话过程中，作为指挥船，中国海监83船头方向始终正对越南海警船，而中国海监84、海监66和海监71三艘船在旁边策应，对越南海警船呈三面夹击之势，迫使它不得不紧急停下后向后退却。维权执法结束后，我编队恢复原航线继续南下巡航。此时时间是10点52分。

2012年7月2日　　星期一　　阴

　　得知今天要进行编队演练，早早起来，打起十二分精神。早上的稀饭不错，湖南老乡烧的饭是越来越好了。上午8点，大副从船头取下锚球，船开始起锚，标志着今天编队演练正式拉开帷幕。随后，中国海监84、66、71三艘船尾随我们83船从永暑礁锚地缓缓驶出。

　　前天在小房间采访船员，船晃得厉害，保温水杯滑落，滚烫的开水倾倒在我手臂上。撸袖子的时候，连皮一起撸了下来。还好，船上有医生，

中国之声记者周文超（右）与中国海监南海巡航编队队员交流

帮我上了药。这会儿已经开始结疤了。换好药，从医务室出来，想去看看小飞机。走过一条不长的过道，就到了停机坪。机库已经打开，7112海监直升机缓缓驶出机库，旋转机翼，准备起飞。中国民航功勋飞行员荣伟驾驶飞机。

回到驾驶台，总指挥李永波已经指挥巡航编队由单纵队转化为横队，齐头并进航行在蔚蓝色海面上。编队指挥员介绍，编队难点主要在于四条船分属不同类型，排整齐成一条线，要做到整齐划一，考验编队水平。

自从我被烫伤后，船长王云嘱咐大家对我格外关照些，包括他本人也抽空接受我的采访。他跟我们讲到他带领的"中国海监83"船近三年来航行近8万海里，执行了一次又一次的重要任务，当时也遭遇过不少险情。他还说，每年有200多天工作在海上，除了经受海浪的颠簸和安危的考验，长久的分离让他对家人充满愧疚。他提到他的两个同事，一个在去年，一个在今年，在定期维权巡航过程中，老父亲去世，没有办法见最后一面，这时，他的眼睛红了。我在想，16年的海上生涯，支撑像船长这样的近万名中国海监队员的精神动力是什么呢？是不是就像船长说的，责任重大、使命光荣。

以责任赢信任

中国之声 责任至上

CNR 中国之声
中央人民广播电台

只闻其声·不见其人

春天的起航

温飞

　　8个月前，北京春寒料峭的一个早晨，在晨曦中前往机场的路上，听着《新闻和报纸摘要》《新闻纵横》里自己通宵熬夜制作的录音报道，看着车窗外的朝霞渐渐升起，心里一遍又一遍想象着即将开始的这段不寻常的旅程。从家里到机场的路，不知走了多少遍，但今天却格外不同。赶往的乘机地点不是平日出差时的候机大厅，而是机场的专机楼。

　　上午8点10分，中国民航一架波音747-400型飞机从北京飞往俄罗斯首都莫斯科。飞机起飞后，机舱里传来乘务员柔美的声音："尊敬的习主席和夫人，尊敬的各位代表团成员……"此刻，我已坐在习近平主席的专机上，开始了自己时政记者生涯中的首次出访。

　　这一天，是2013年3月22日。

　　就在一周前，习近平刚刚在全国两会上当选为国家主席，成为共和国第七位国家主席。而这次出访不但是他就任国家主席后的首次出访，也是我国新一届中央领导集体的外交开局之旅，世界高度关注。习主席将在9天的时间里，对俄罗斯、坦桑尼亚、南非、刚果（布）共和国进行国事访问并出席金砖国家领导人第五次会晤。这次出访的使命艰巨、责任重大，不容置疑；而作为"菜鸟"的我，第一次跟随领导人出访，压力更是不言而喻。出访前，办护照、外交部吹风会、做预算、银行购汇、做报道计划、采访不同领域专家、学用海事卫星等各种烦琐。

　　正在走神，机舱里突然热闹起来，原来习主席和夫人来到后舱看望大家。后来我才知道，这是每次出访习主席在专机上的一个惯例。当习主席走到我面前时，我赶紧自报家门："习主席好，我是中央人民广播电台的记者。""你好。"习主席微笑着回应道。本以为自己会紧张，但是没想到习主席的平易近人、和蔼可亲一下子拉近了我们的距离，让我切身感受到了他的亲和。习主席一一和大家亲切握手后，返回了前舱。从北京飞往莫斯科的8小时里，整个后舱，只有我穿着特别合体的黑色西

习近平主席上任后首次出访,中国之声记者温飞(左)和丁飞在南非总统府前修改稿件。

服套装,穿梭来去:一会儿和经验丰富的记者了解出访过程中的注意事项,一会儿又和外交部的工作人员"打探消息",希望为自己稿件多加一点儿鲜活的素材。

一顿美味的午餐过后,后舱越发安静。一会儿,各种东倒西歪的睡姿尽收眼底。想一想自己已经24小时没合眼了,真想睡会儿,可是看着手里厚厚的报道计划,想着到达后的若干活动、N条连线…… 唉,工作吧。

北京时间下午四点半左右,专机顺利抵达莫斯科伏努科沃2号机场。原本俄罗斯正赶上几十年不遇的大雪,我们在飞机上还想象着抵达后应该是白雪飘飘的景象,没想到迎接我们的是晴朗的天空,灿烂的阳光。

拖着行李箱、手提电脑包,背着装有"盘缠"的包包,艰难地走下专机。放眼望去,每个人都是这样,负重前行。正准备停下来见证习主席和夫人走出舱门的历史时刻,同行的记者提醒我,赶紧往车队方向跑。后来我才知道,从专机下来后必须第一时间跑到车上。如果掉队,后果会很严重。终于理解为什么爱漂亮的女记者脚上穿的都是平底鞋。

呼哧带喘地跑上车,晚高峰的电话打来,《直通专机》准备连线。就在连线的过程中,车子已经启动前往酒店。

刚进酒店房间,电话急促响起。外交部通知,记者马上出发,前往克里姆林宫。我迅速看了一下小册子，离普京总统的欢迎仪式还有2个多个小时呢，这么早就去！？同屋的记者告诉我，出访就是这样，很多活动记者都要提前到达现场。这可不比在北京，外事活动甚至开始前半小时到也没问题。好吧！

虽然提前1个多小时到达了克里姆林宫，虽然第一次来到克里姆林宫，可我却无心欣赏这座宏伟的建筑，因为一小时后的《全国新闻联播》还在等着连线。而接下来的密集活动，让我切身体会到了出访的紧张忙碌。

（以下均为北京时间，时差为-4小时。）

19:15：习近平出席普京总统举行的欢迎仪式（乔治大厅）

19:30：习近平与普京举行小范围会谈（绿厅）

20:15：习近平与普京举行小范围会谈（叶卡捷琳娜厅）

21:15：习近平与普京共同见证签字仪式、共见记者（孔雀石厅）

22:00：普京为习近平举行欢迎晚宴（多棱厅）

23:15：习近平与普京共同出席"中国旅游年"开幕式并观看演出（大礼堂）

一面要穿梭于不同的会场，保证所有活动的录音，一面要准备夜间21点、22点、23点的连线；一面要不停发微博、发快讯，一面还得见缝插针地把会谈的录音剪出来。由于晚宴延长了一个小时，活动结束后，抵达酒店已经是北京时间的凌晨两点。这时候，《报摘》已经火急火燎地催稿子了。一阵狂赶，连滚带爬，终于在《报摘》的截稿时间凌晨五点半前把所有录音成品发了过去。接下来，7点纵横的连线、9点的重点关注、12点的《全球华语广播网》……一一做完，已经是北京的上午、莫斯科的清晨。

当天（23日）上午，习主席访问的重头戏是在莫斯科国际关系学院发表演讲。这是习主席首访中的第一场演讲，将向世界传递哪些信息，未来中国将怎样与邻国、大国和发展中国家相处，全世界都在热切关注，希望从演讲中解读答案。由于中国之声现场直播此次演讲，我必须提前赶到国际关系学院。一看表，洗澡吃饭，没时间了；化妆打扮，顾不上了。唉，就这样吧，反正在国外，没人认识我。

由于安保极其严格，我们先行到达的记者在莫斯科的寒风中站了半个小时，终于进入了演讲现场。我又开始了新一轮的"战斗"：和后方对接直播的各种事宜、撰写直播前的连线……

此后，习主席的活动更加密集：会见国家杜马主席纳雷什金、会见梅德韦杰夫总理、参观国防部、会见联邦委员会主席马特维延科、出席中共六大纪念馆启动仪式……当在俄罗斯访问的第17场活动，也是最后一场活动——会见俄罗斯汉学家、学习汉语的学生结束时，已经是北京时间凌晨三点。此刻，我的整个身体已然腾云驾雾般，实在太累了！可是那么多节目还在等着呢，做吧。报摘、纵横、重点关注……一抬头，再一次迎来了莫斯科的清晨。

两个小时后，代表团车队从酒店出发，乘专机前往下一站坦桑尼亚。专机离开莫斯科时，雪，又下了起来。

从莫斯科飞往坦桑尼亚首都达累斯萨拉姆的9个小时，我的幸福指数达到极致。不但吃到了两天来唯一的饱饭，还奢侈地睡了一大觉。

坦桑尼亚的访问活动没有俄罗斯那样密集和紧张，也让媒体的记者们稍微喘了口气，养精蓄锐为下一站积累能量。而下一站南非，是我从北京出发就热烈期盼的地方。因为，不但可以遇到久未见的老主任赵希源，更可以和地面记者丁飞"会师"。

当地时间3月25日晚上七点十分，专机抵达约翰内斯堡坦博国际机场。正拿着行李步履维艰地往前走，一个身影蹦蹦跳跳朝我过来："温飞姐。"我循着声音望去，是丁飞！完全没有想到她会来机场接我。当然，这还要感谢南非使馆参赞希源同志。说实话，见到丁飞的那一刻，我的眼泪差点儿掉下来。从北京出来后一路辛苦跋涉，一路孤军奋战，终于盼到有人和你一起并肩作战了。就像在沙漠里看见了一股清泉，内心也瞬间清凉起来。我想，在机场拥抱的那一瞬间，一定会成为我们一生中最难忘的记忆片段。

有了可爱的丁飞，在接下来的访问南非以及金砖国家领导人第五次会晤的报道中，我们齐心协力，分工明确，愉快并高效地完成了每一天的报道任务。有一个有意思的小插曲，自从我和丁飞"会师"后，每天发稿中，导语的最后一句都是"请听中央台记者温飞、丁飞的报道"，但这却给中国之声的主播们带来了不小的麻烦。听众打电话来投诉说，主持人总念错，到底是温飞还是丁飞？弄得主持人们哭笑不得。最后，主播们达成一致，改为"请听中央台记者温飞和丁飞的报道"。

善解人意的丁飞总是任劳任怨地帮我分担各种工作，让我能够腾出精力多做"自主动作"。广播述评《命运共同体的春天起航》也因此而生。从习主席到访的第一站俄罗斯开始到最后一站刚果（布），在梳理讲话亮点、提炼核心观点时，我注意到，在莫斯科、达累斯萨拉姆、德班，习主席都谈到了"命运共同体"。他多次提及中国梦，重点阐释中国梦与俄罗斯的民族复兴，与非洲梦、与世界梦的呼应，以世界眼光展示了中国梦的深刻内涵。确定了"命运共同体"这一核心内容，我开始挑选习主席最具代表性的同期声，穿插评论，最终完成了长达3000多字的广播述评《命运共同体的春天起航》。文章的最后写道："习近平主席的这次出访，所行所见，所思所言，面向老友新朋，关切近邻远亲，连接历史未来，书写雄文华章。这一路，命运共同体之心声反复回响，国强民富之共鸣处处奏响，相互尊重之共识得以巩固，共谋发展之期待得以落实。地理上的遥远，隔不断心理上的亲近。发展中的考验，拆不散患难与共的伙伴。命运共同体的春天起航，从容而有力，温暖而坚定。"想一想，这何尝不是自己职业生涯中的一次春天起航呢！

广播述评《命运共同体的春天起航》得到了中央有关领导的肯定。

3月30日晚，习主席圆满结束首次访问返回北京。从机场到家里的路上，司机说我睡得很沉、很香。

就在之后的几个月里，习主席的足迹遍及欧美、拉美、东南亚，提出了一系列外交新理念，开展了一系列外交新实践。而我，也在一次次跟随习主席的出访锻炼中不断成长。作为成长的起点，第一次出访的经历——春天的起航，让我温暖，催我前行。

从"三十而立"到"四十不惑"

郭亮

　　当我试图回忆这十年，仿佛点开一个未经编辑的网站，这里集结了太多图片、标题、故事、链接，杂乱无章地扑面而来……最后，我的鼠标停在时间上：我的34岁到44岁，我才醒悟到，这是我人生最坚实、最巅峰、最起伏、最丰富，也最挑战的十年。

　　前不久听哈佛大学的黄万盛讲座，他谈到现代人对《论语》的误读，解释"三十而立"说："立"并不是指一个人立业或立命了，三十岁是不可能完成的。三十而立的意思是说，人到三十之后，才明白自己要做什

2006年11月，孩子刚刚满月的那天，中国之声记者郭亮获中国新闻奖，获奖作品是温家宝考察林权制度改革的《山定权，树定根，人定心》。

么，三十之前没有受过太多苦难，三十后才有条件立志、立德、立功，人生的使命才开始出现。

至于"四十不惑"，他解释，也并不是看破人生、无所迷惑的意思，而是说：人到四十岁，反观自己三十岁立志要做的事情，不会再因为其他诱惑而改变了。

我在中国之声这十年，恰巧经历了从三十而立到四十不惑的过程：确立了自我人生的使命，不再因其他诱惑而改变。

陈奕迅的《十年》里有句著名歌词："一边享受一边泪流……"每位中国之声同人，都懂得这句引用的贴切。

我从这十年里，截取几个记忆的片段吧，有享受也有泪流。

"中国之声"诞生之时，我正在中央人民广播电台时政采访部做记者。非常幸运的是，我在中国之声成立后的第一次出国采访，就是随当时新任国家主席胡锦涛首次出访。

那时，中国之声的时政报道，刚开始尝试从"录音新闻体"向"记者连线体"转变。新的节目形态，让我的发挥空间突然增大了：我发现，自己观察事物更具体、语言表达更个性，原来看似宏大叙事、最不易发挥、规矩最多的时政报道，也可以有所作为。那几年在时政领域持续的思考和探索，逐渐演化成一套个性化的报道模式。

今晚，我翻箱倒柜，找出当年随胡主席首访，为了电话连线，写在纸上的潦草笔记，看到年轻的自己，努力寻找事业的突破，真的兴奋不已，甚至莫名感动。把它摘抄在这里，致我们已变成回忆的青春：

经历8小时飞行，胡主席的专机飞临莫斯科上空，往下一看，莫斯科的四周被广袤森林包围，其间还点缀着静谧的湖泊，难怪俄罗斯民族会有《莫斯科郊外的晚上》这般深沉优美的旋律。

而"莫斯科郊外的晚上"，正是胡锦涛此行的第一个外交活动——普京总统夫妇将在莫斯科郊外的总统别墅，以私人家宴的形式为中国客人接风。现在，即使是对普通人来说，请到家里吃饭都是关系密切的表示，在外交上更是一种高规格和关系特殊的体现。

胡锦涛夫妇一下飞机便前往赴宴。总统别墅距莫斯科大约半小时车程。别墅四周森林环抱，门前有小河流过。普京夫妇已经提前在门口守候。

当晚，胡锦涛和普京都没有像平时正规场合那样打着领带，而是只穿格子衬衣和西服便装，而且衬衣领口敞着，不系扣子。普京手里拿着一捧小小的花束，脸上带着略显羞涩的含蓄微笑。我身边的一位记者小声感叹说："他真帅啊，像一个等着幽会的少年。"普京把花束献给了走下汽车的胡锦涛夫人刘永清。

在主人引领客人绕园一周参观别墅之后，两位元首在门口的台阶上，以非常轻松的状态，接受了记者们的采访……

记忆中的第二个片段，是2008年1月的一个清晨，当我开车上班走在西三环上，路灯还未熄灭，北京城笼罩在日出前的雾霭中，广播里是郭静主持的《新闻纵横》。

那时，南方的冰冻雨雪灾害，已经如同打开的潘多拉魔盒，危害一天天蔓延。我听到郭静与一位她曾经采访过的当地人对话，听到最后，眼泪模糊了我的眼睛……想到有那么多司机困在冰封的公路上没吃没喝，没有取暖和休息；想到当地人断水断粮，断电断路……我心里忽然闪念：广播可以帮助他们啊，就像眼前晨雾中的路灯，广播会给绝望和焦虑的人群带来一点儿希望的亮光吧？让我们做点儿什么吧！

当我的车开下公主坟的新兴桥，我赶紧拐进路边停车，激动之下掏出手机给领导发短信。我说，眼下南方的冰雪灾害对广播来说是个特殊的重要机会，我有两个建议：一是我认识国务院应急办的人，我来联系他们与中国之声合作，参与指挥救援吧？二是那些欢乐的广告与现在的节目气氛不符，听着别扭，能否改成企业声援灾区的公益广告呢？

可能那天早上，很多中国之声的领导都接到了类似的短信和电话。中国之声的同人想到一起，立即行动。我们不仅得到国务院应急办的高度认可，最后还让中国之声派一位记者"驻点"国务院应急办，与他们联席办公；广告比我预想的更快地变成了温暖人心的公益广告。

随后，中国之声不仅节目全天打通，人员也全部按战时整合。这次特殊时点的战役，不仅使中国之声的影响力迅速扩大，也锻炼了我们的队伍，客观上为几个月后的汶川地震报道做了很好的练兵。

　　作为时政记者，我先后随领导人赴贵州冰雪灾害地区和汶川地震灾区考察。说心里话，我非常羡慕被派往前线的记者，或是话筒前的主持人们，可以长时间、全过程地深度参与救援报道，有更直接的成就感。但也正是这两次战役，使我渐渐悟出：中国之声是一个整体，大家在各自位置上通力协作，共同成就。

　　后来，中国之声的一系列改革，更强化了整体协作的概念，每个人都是新闻流水线上的一员。人生并不是人人都能做主角，时时都能做主角，在中国之声，我懂得了做配角的意义。就像装满热茶的茶杯，虽然杯盖看上去貌似不重要，但如果没有杯盖，茶很快就会凉了。即使是作为配角的杯盖，也有它的使命和价值。是我们共同的努力，使这杯茶温暖馨香。

　　记忆中的第三个片段，是2008年的秋天，我人生最忙的秋天。有人

中国之声记者郭亮在2005年第五轮六方会谈现场

说，孩子小的时候特别累人；有人说，边工作边上学特别累人；有人说，单位改革特别累人。而对我来说，这三件事赶到一起了！

2008年秋天中国之声改版，我从时政部被调到午间节目部。虽然从业已十五年，先后干过编辑、记者，也做了部门副主任，但还没有太多管理的经验，除了每天面对六个半小时的直播节目，还要改版创新"全球华语广播网"栏目。而当时女儿还不到两岁，我又在同时进修MBA课程……我不知道自己是怎么活过那段时间的，只记得同事和朋友们说："郭亮原来那么注意穿衣打扮，现在怎么变成这样了？"

那个秋天，我的好朋友海滨从上海来北京出差，他是上海人民广播电台的主持人兼节目制作人，是我见过的对广播最有感觉和天赋的人。我向他求教"全球华语广播网"怎么设计，他出了许多精彩的主意。记得那个阳光灿烂的午后，我们坐在长城饭店大堂的咖啡厅里，兴奋地讨论着把广播和互联网结合起来，在节目里开设一个每天搜索互联网热词的节目。但难点是，由谁来做呢？这个人既要擅长驾驭广播语言，又要熟悉互联网生态，还要有个性化表达，而且得天天出场……最后我问："唉，你可以吗？"他断然回绝："绝对不行！我没空啊！"我软磨硬泡，威逼利诱，使出浑身解数，最后他答应："先帮你撑一个月，等你找到合适的人代替。"

就这样，2008年9月中国之声的《全球华语广播网》节目，开出了可能是中国广播界第一个每天固定报道互联网热议话题的节目。海滨独特的表达引来了好多粉丝听友。而我一直"没有找到合适的人代替"，拖了他两个月、三个月……直至两年，他因长期睡眠不足而险些崩溃。

今天，每当我听到"全球华语广播网"节目的开始曲，就想起我和苏扬、郭燕、张昊等人在制作公司反复听几十条音乐挑选栏目曲，想到李欣一夜夜熬着与有时差的各国华语记者沟通，想到我们如何为一期选题吵架到他们把我气哭，如何为一期精彩的主持如醉如痴地回味，如何为一周收听率的上升而欣喜不已，也想到大姐的笑容、天颖的才气、胡凡的睿智、梓君的细心……

通过午间节目部特别是"全球华语广播网"的历练，我终于从一个球员转岗为领队，从努力把自己的事情做好，到带领团队帮助每个人把事情做好。而进修时倍感痛苦的MBA课程，恰好在角色转换中发挥了作用，管理理念的更新、整体思维的建立、绩效考核等管理工具的选择，都学以致用了。

无论我个人，还是中国之声，都遭遇过许多挫折，但坚强地走到了今天。记得2010年春节，正是我人生的谷底，当春晚唱响《传奇》的时候，看到领导发给大家的一段话：

"我一直在你身边，从未走远。"是说你们每个团队？是说每天播及这片五千年土地的声音？是说我们的梦想？是说坚持后的吃惊？是说被挑战的脚不沾地的马不停蹄的心脏的崩崩吱吱，气喘吁吁？是说被委屈被慢怠被屈辱被分裂被高尚？面对时间，我们做成什么都显得不堪一击，不值一提；面对内心，我们做成什么都显得难能可贵，天真认真。这一年中国之声长高了，有经历有阅历有眼光有狡猾有速度，最重要的是大家学会了怎么一起做成一件事。

我们需要找回一种能力，找回帮助别人也帮助自己的能力，我们的内容可能不能给人以梦想，但希望每一分钟给人多些希望。我们知道还有一种声音在努力说真话，少说假话，它的每一句话即使无用，也要从它的声音里听得出善良，积极，宽容，信任。

即使我们拥有了许多错误和不统一，都值得互相说声谢谢！

祝福中国之声永远是个传奇！

那一刻，泪水充满了我的眼眶……太多的委屈、辛苦，都变得不值一提。

在那之后，许多领导、同事、朋友都给予了我终生难忘的帮助，让我深刻体会到人生冷暖。感谢言不及意，唯有付诸行动。

也许，今后还会有委屈、挫折和无奈，还会有"理想丰满和现实骨感"的悲叹，但我已懂得，那就是我们成长的维生素。

"无论你遇见谁，他都是对的人；无论发生什么事，那都是唯一会发生的事；不管事情开始于哪个时刻，都是对的时刻……"

中国之声，的确是我们宿命里的传奇。她教会了我们，从而立到不惑。

2013年12月3日

总理走进直播间

郭静

　　我有幸体验了三种职业身份的酸甜苦辣，正所谓"不会做记者的编辑不是好主持人"。

　　如果不是中国之声，我很难想象自己能这样真切地与历史打个照面。

　　2008年汶川地震的时候，《汶川紧急救援》连续播出了20多天，我想那会是我人生中最宝贵的一段经历。那些天里，我无时无刻不感受到，声音是有温度的，是有力量的，是可以凝聚人心的。所以，坐在直播间里，播着那些新闻，连线前方记者的时候，我常常在想，此刻的听众你在哪里？你们需要什么？想知道什么？想象着他们听到这些消息后的反应。这

2010年12月26日，温家宝总理考察中央人民广播电台并和听众连线交流（右一为作者郭静）。

些感情，很自然地融入我的声音。

"以责任赢信任"，2010年12月26日，当我在中国之声的直播间里迎接一位老人的到访时，对这份责任，体会得更深。

那原本是一个平平常常的星期天。早上8点40分，我正在直播间里调试设备，突然看到时任国务院总理温家宝推开直播间的门走了进来。

他微笑着握着我的手，轻声说："你好！"总理的亲切、随和，让我多少有些紧张的心松弛下来。

落座后，我请他戴上耳机，希望帮忙调节松紧，他微笑着说："我自己来……"

这是中国之声年终的一个特别节目，按照原定的节目方案，我们要连线青川、舟曲、玉树的前方记者和灾区群众。2010年，玉树、舟曲先后发生地震和泥石流，总理和2008年汶川地震时一样，都亲赴灾区探访受灾民众。所以，当我们邀请总理参加这样一个特别直播时，他欣然答应，准时赴约。

访谈开始前，直播间里正在播放前一个节目的录音。在舟曲采访的记者刘黎正沿着舟曲城关大街，边走边描述舟曲目前的物资供应。总理戴着耳机，听得很仔细。听到某处，他还拿起笔，在纸上做着记录。我看到，他写下的第一个词是"舟曲"，紧接着是"物价"……从那眉头紧锁的专注的表情，我知道，他不仅记在了纸上，更记在了心里。

在此后60分钟的直播里，我们连线了青川、舟曲、玉树灾区的百姓，总理耐心地询问，仔细地倾听。他问，一户人家，灾后重建的永久性住房，面积有多大？贷了多少款？付了多少利息？他关心，过年了，村民准备了哪些年货？家里杀了几头猪？熏没熏腊肉？他惦记，玉树冬天帐篷里的温度有几度？孩子们的教室暖不暖和？学习进度有没有受到影响？他告诉青川的支书："村子里准备过年了，自己有菜了，我听了很高兴。"他请舟曲的村长转告大家："我在甘肃工作14年，对那里的山山水水都非常熟悉，都很有感情。"他告诉玉树的老师："冬季住板房，取暖用炉子要特别注意防火。"他说"孩子学习是这个地区的希望"。

总理似乎清楚地记得他曾经去过的每一个地方，见过的每一个人，我时时都能感受到他对灾区群众那种亲人般的牵挂。他说："至今，这些死者和活着的人们留在我的脑海里难以忘怀。"当听到总理问舟曲月圆村的那位父亲："孩子好吗？"我的心一下子被击中。他话语中的真切与深情，让泪水顿时湿润了我的眼睛。

连线完三地的百姓，我还很想请总理回答几个大家关心的问题，但心里没底，不知总理会不会同意，因为这的确在我们的直播计划之外，而且总理太忙了，我不能确定他是否还有时间。

但机会实在太难得。几番纠结之后，我指着眼前的电脑屏幕，试探着问总理："这些都是听众和网友刚刚发来的短信和微博留言，您能不能回答一两个大家关心的问题呢？"

总理爽快地回答："可以！"

此时，听众和网友对总理的问候、提问和留言已在网上铺天盖地，他们没有想到总理会走进中国之声的直播间，会和他们直接对话。大家的兴奋、关切、期待，给了我很大的鼓励。

我直接把网友的提问念了出来。一位网友问："政府今年采取了很大的力度调控房价，您怎么评价目前的调控成果？"当时不少群众对政府的房价调控效果并不满意，所以，当我问出这个问题时突然意识到，这问题其实"话里有话"，不是那么好回答。我下意识地把自己的担心说了出来："这个问题是不是有些敏感？"没想到，总理说："对敏感的问题不要回避。"他的坚定和真诚，再次给了我巨大的信心。

接下来，我大胆地问了那年社会上流传很广的一句话："房价是总理说了算还是总经理说了算？"总理的回答精辟又充满睿智，他说："这个讲法不准确，也不全面。房价有政府应该管理的部分，有市场应该管理的部分。总理应该管的主要是保障性住房，解决的主要是中低收入者的问题。"他的这个回答，很快成为各大网站的头条，用套红的标题醒目地标注出来，赢得了众多网友的喝彩！

他告诉我，他没有做过广播，对这种沟通方式，他感到新奇，他愿意试一试。

事实上，这不仅是他的第一次，也是新中国历史上的第一次——国务院总理第一次走进电台直播间，直接与听众和网友在线交流。后来很多人都说我幸运，但我自己觉得更幸运的是，我是中国之声的一员，是中国之声赢得了总理的信任，赢得了那么多听众、网友的支持，才有我作为中国之声的代表，如此近距离地感受、体会这份沉甸甸的信任。

他告诉我，他50年坚持收听《新闻和报纸摘要》节目已成习惯，他每天早上都会听"中国之声"和"经济之声"，几乎一天不落。他甚至能脱口说出这两个频率在北京的波段，他还提到他听了哪个稿子觉得非常好，好几位播音员、记者的名字他都能叫得上来。

我至今还记得他对年轻主持人的寄语："语速慢一点，要带着感情对听众说每一句话。"他说："做广播事业要带着感情。这种感情来自对人民、对国家深切的爱，来自对社会强烈的责任感。如果没有这两点的话，感情出不来。做编辑也好，做播音员也好，都得带着感情去做，任何事情只有带着感情去做才能做得真实、可靠、有质量。"

这是一位近70岁的老人、一位热心听众送给70岁的广播最真挚的嘱托。

身后的力量

肖志涛

"总理您好，我是中央人民广播电台和中国广播网的记者。最近，社会上非常关注一个案件，就是浙江吴英案。您个人觉得吴英到底该不该被判死刑？同时，您怎么看当前民间资本投融资难的问题？谢谢。"

2012年初，两会新闻组向中央台发来"问题征集"函（注：此函发往全部参与两会报道的新闻媒体，旨在了解社会关注的热点问题），中国之声领命后，从总监蔡小林，到各位副总监、策划部、时政采访部等有关部门的领导均高度重视，经过广泛征求意见，慎重考虑，几上几下，最终确定了近十个中国之声关心的问题上报给两会新闻组。其中有关"民间资本"的问题被列为重中之重，而怎么才能让提问更加精彩、更能够体现"中国之声"的眼界和水平，成为所有人冥思苦想的问题。

虽然不能确定我们是否会被点到提问，但当提问的重任交给我时，我的紧张溢于言表。从2005年进入中国广播的"中央军"，我跑过基层，进社区、下厂矿，南方酷热的天气里，为了采访，烈日下连晒八九个小时我没叫过苦；进过"庙堂"，跟随中央领导出国访问，连续工作近48个小时不合眼，我没喊过累。但这次，意义不同。因为我知道，如果给了我机会，提问得好不好，将直接关系到中国之声、中央人民广播电台、广播电视战线的形象。

于是，我们开始设计提问的一些细节，比如，问题不能长，一定要明确干脆，否则不容易听懂；问题也不能太"正"，否则无法体现中国之声的"锐气"。最后大家一致决定：以吴英案开头！一定得"难为"一下总理！

当然，大家也知道，这样做是有风险的，毕竟此案仍处于等待最高法核准期间，稍有不慎很容易违背新闻伦理，造成舆论影响司法的局面。然而，最重要的，还是总理如何回答。

最终我们做到了，不知道多年后，有人回忆起那年温家宝总理的最后

2012年两会总理记者会上，中国之声记者肖志涛向时任国务院总理温家宝提问。

一场两会记者会，会不会记得，有一个记者居然问了吴英案那么敏感的问题。也许他们不记得记者的名字，但一定会记得他来自中央人民广播电台——中国之声。

但很多人不知道，直到我被主持人点到提问之前，从台长，到频率，再到整个部门的同事的心都是悬着的。因为我们险些就丢掉了这个机会，吴英和民间资本的问题差一点儿就没能问出来。

当时有媒体这样记录：

"时钟接近下午1点，中央人民广播电台记者肖志涛开始有些紧张。按照他此前6年的采访经验，此时的记者会应该已经接近尾声。主持人的目光在记者间扫动，而他和同事还没有得到提问机会。在温家宝10次记者招待会中，他所在的这家国家级电台曾先后获得过7次提问机会。作为时政采访部的记者，肖志涛曾连续6次参与两会报道，经常'跑人大'这是他的优势，'脸熟'。早在一周前，为了准备这次记者会，台里曾发动全台记者征集向总理提问的问题。经过几次会议，最初收集的二三十个问题被缩减到七八个，最终又缩减到3个。"

3月14日的温家宝记者发布会上，他的采访本上记着3个问题：一是，问总理对于"吴英案"与民间融资的看法；二是，关于地方政府债务；三是，如何让老百姓实现"有尊严的生活"。当然，重点还是吴英。

一个月后，最高法没有核准吴英的死刑，浙江高院经重新审理判处吴英死缓，此判决为终审判决。

后记

一年后的2013年，刚入秋，下了夜班的我沿着礼士路北向而行。那天早晨风大，我紧了紧衣怀，心里默默给刚播出的节目复盘，这时手机响了起来。来电者一番自我介绍后，我略显惊讶。

他是万茵，中央电视台财经频道的记者、策划，也是个不错的畅销书作家，最新的一部书是《吴英：亿万富姐的罪与罚》。寒暄过后，他直奔主题："肖记者，吴英的父亲来北京，特别想见你。"

面对万茵的"搭桥"，吴英父亲的"求见"，我婉言谢绝了。

指挥中心里的记忆碎片

王巧玲

距本书截稿最后的deadline只剩下10小时16分58秒，我重新坐回电脑前，将曾经零星写过的有关指挥中心的史传体、赞美诗体、报告体一个个推翻掉。

说正能量一点儿，这叫从容不迫；说通俗一点儿，这叫典型拖延症。不管怎么说，都是在指挥中心这五年落下的毛病：安排好——打破！再安排好——再打破！只要不到必须交出的一刻，总觉得还有折腾的时间和空间，或许能等到更新的消息、撞出更好的创意。而这在不停向我催稿的伟总和大飞哥眼里，在节目部的导播们看来，不知有多可恨。

打开word文件新建空白页，我敲下"统观全局，运筹帷幄"几个字，指挥中心嘛，厚重权威之地。但翻遍脑海，不断跳出来的反而是那些简单而自然的记忆碎片。五年相伴，朝夕相依，或许是心离它太近了。那索性就让我们从这些碎片，絮絮叨叨地说起吧。

碎片一：长条屋

中央台大楼四层C区，武警岗旁边，女厕所正对面，30平方米左右的那间长条屋就是中国之声指挥中心所在。2008年8月之前，它还单纯是一间会议室而已。之后，因为中国之声的那次重要改版，这间屋子也从此肩负重要使命。

它被安装上大屏幕多媒体电视墙、数字高清投影幕、LED跑马屏、全工作平台音响系统，方便随时监听监看自己及其他媒体刊播动态；它集合各部门值班主任一天数次在这里碰面，反复找题、论题、定题；它连通着和新媒体同步发播的平台，重要独家稿件一边播送一边被速记人员送到网上、手机里进行二次传播，扩大影响效应。

这里成为中国之声运行的大脑中枢、决策平台，全天24小时播出内容和节奏都由这里把控。这里也成为所有到中央台参观人员不可错过的一个"景

策划部在指挥中心合影（后排左四为作者王巧玲）

点儿"，每位中国之声老总都有过被临时揪去当义务"导游"的经历。

铁打的指挥中心，流水的指挥。每天这里都会有一个全新组合团队轮值，但永远面对面厮守的是值班总监与策划部。无论策划部办公室在三楼、地下还是四楼大平台，指挥中心发出的第一道指令，总是由策划部第一声传开去。

碎片二：电话

指挥中心里安静的时候不多。那张大会议桌上摆着十几部电话，此起彼伏地不停响。其中有两部叫0410和0411的，尤其著名。势头已经大大超过在它们之前，中国之声最红的那个号码2415。

听，0410响了——

"指挥中心吗？我们这个时段缺一条连线啊，前边有个记者的电话死活没有拨通，赶紧给一条吧，亲……"

这是午间部打来的。《央广新闻》全天轮盘滚动直播，每一条连线片花广告，每分每秒播出内容顺序，都是严格按照指挥中心的安排来运行的，策划部就是指挥中心的操盘手。当年，老蔡瞪着眼睛、扯着脖子、撑着腰板，力挺指挥中心乃至策划部的权威，为的就是实现全频率节目的标

"指挥中心吗？我这里是央广新闻热线工作人员。刚刚这段时间，来自青岛黄岛方面的电话比较多，反映在国货路那边好像有地下输油管道还是燃气管道发生爆炸……"

这是4008000088座席打来的。这条热线是中国之声的重要新闻线索渠道，拨通热线的人大多都是热心听众，他们往往是新闻事件的当事人或目击者，提供了大量来自现场的鲜活素材。指挥中心经过记者核实，就可以第一时间向外发布消息了。

"中国之声吗？有个文儿你们到1013取一下吧。顺便催一下啊，那个关于中国之声促进健康服务业发展报道的总结该交了……"

这是台总编室打来的，中国之声宣传管理上级部门，直接对口策划部。总编室的每一通电话对我们来说，不是一次体力锻炼就是一次脑力激荡。

"中国之声吗？我想跟你们反映个问题，为什么我从太原出差到包头，就听不到你们节目了呢……哦，调频变了啊？那你帮我查一下在包头的调频好吧……"

"中国之声吗？我想问一下今天早晨《养生大讲堂》你们请的那个刘大夫的电话……"

"中央广播电台吗？让青音接电话，我喜欢她……"

这是可爱的听众们，他们的问题五花八门，声音里充满对电波的信任。他们在电话那头儿滔滔不绝地向你倾诉，有时候，你却真的无能为力。

还好，0411响得是时候——

"策划部吗？我是小季。发改委官方网站刚刚挂出来成品油调价通知了，你们赶紧让此刻插播一下吧……"

"指挥中心吗？我是吉林站于中涛。我想请示一下，松原地震这边后续报道还有什么安排，我是否可以撤回长春？"

"喂，喂，陈怡吗？帮我查一下新媒体部徐杰峰的电话，我刚在采访现场发了一条微博，让他赶紧在咱们官方微博上转一下。"

这是我们采访部和记者站的记者，他们取得一手消息，会第一时间通知我们插播。他们每一步采访行动，也需要和我们及时沟通。

"中国之声吗？有几个评奖通知发你们策划部邮箱了，你们组织一下，尽快把好稿送上来哈。"

这是中央台学会的老师。同事们辛辛苦苦打拼，该总结成绩的时候也不能客气啊，再说评职称还得靠这些证书说话呢，我们得服务。

"指挥中心吗？你是谁呀？我是杨钧天。我刚下夜班回家，帮我西门取个快递呗。"

晕。

碎片三：会

"看微信，看微信，叫罗厚看微信。"

"@上世纪 怎么还没回复？绩效堪忧啊！"

…………

老蔡已经不止一次嫌我们对微信的反应速度慢了。自从有了"中国之声策划会"微信群，中国之声各位副总、部门主任、副主任、带班审稿人都特别"紧张"。谁知道他什么时候就会按一下呼叫键？

每天在指挥中心上午一次、下午一次的面对面策划会不够，圆桌的各种专题研究会不算，晚上九点雷打不动的腾讯通会没完，夜半老蔡亲自为报摘、纵横定稿的微信群会结束，凌晨三点零八，他还跟群里分享链接"莫斯科红场惊现巨大LV旅行箱"。老蔡同志，您这是神马样的工作节奏！

指挥中心在先进科学技术的不断发展进步下，已经彻底实现跨时空存在了。目前的状态是：手机在，会在！老蔡在！

碎片四：雪

一夜大雪。2010年1月3日，正值元旦假期的那场全国大范围雨雪寒潮阴霾天气，雪量及降温幅度之大，对各地生产生活造成巨大不便。清晨六点刚过，记者李谦手拿气温计，第一时间在雪地开始连线。记者刘黎黎赶往北京市最大的蔬菜批发市场新发地采访进京菜车，了解菜价波动情况。随后，冯会玲从交通运输部拿到了高速公路、国道、水路等的最新情况；赵明明一方面从铁道部及时了解信息，另一方面和农业部密切联系，关注农业受灾情况和相关部门的举措；梁盛实时跟进民航和机场方面的情况；杨超从气象部门不断得到最新预报的同时，赶赴北京市急救中心；季苏平一早就下地铁上公交，体验乘坐北京公共交通的切身感受；李欣拨通北京市市容市政委的电话，询问北京市相关部门清雪铲冰的进度和计划；柴华采访了公安部新闻发言人，了解到公安部紧急通知的详细内容；冯雅从湖南出差返回北京的列车上，因大雪滞留途中，第一时间从列车长口中了解信息并及时插播。此外，编辑部联络了北京、天津、内蒙、河北、山东、青岛、成都、吉林、贵州、湖北、安徽等多个记者站，各地记者全力以赴，连续作战，让中国之声的报道由点及面，形成了生动精彩的立体报道格局。

这是中国之声指挥中心的一次成功策划、主动出击。从3日凌晨两点指挥中心接到中央气象台准确预报，到研判雪情，紧急部署详细方案，调集时政采访部、特报部、编辑部、驻地记者站、地方台、中国之声兄弟频率等近20名记者冒严寒出动，只用了短短3个小时。围绕"保民生、畅交通、促生产"这个大主题，指挥中心连续策划了五天的深度追踪报道：

3日深夜，关注首都如何启动应急机制，迎接次日雪后工作第一天；

4日全天，关注内蒙古1814次和K502次两列列车成功从雪中脱险的大救援；

5日全天，关注听众反映的唐津高速15小时大堵车；

6日全天，关注寒潮天气引发的各地能源紧张；

7日全天，关注大雪过后，"一车蔬菜的进京之路"。

大雪彰显大台责任，大雪考验中国之声应急机制。指挥中心的存在，让中国之声应对极端天气、地震灾害、恶性事故等突发新闻时，都多了几分底气。

碎片五：梦

干广播的人谁没做过关于空播的噩梦？该播出了，开盘带飞了；该上场主持了，死活说不出话来；该连线了，写着连线内容的那张纸被大风吹跑了；该直播了，发现直播安排表一个选题没有，全空着。

梦，大多不是真的，但所有这些担心并不是没有道理的。

策划部是指挥中心驻守消防员，除非前方特别紧急的火情，但凡我们能救的，没有理由不救，更不能给前方埋雷。所以，由策划部整合发出的中国之声全天节目执行脚本——"直播安排表"事无巨细，从五年前的两页纸已经发展到了今天的三十多页，这是每天"出版"两期的、名副其实的节目部操作指南。报题几经筛选，角度几经丰富，内容几经沟通，导听几经打磨，力求有速度、有深度、有温度。

时下，流行街采。中国之声指挥中心策划在四楼工作平台也搞了一次真心话大冒险调查。

问：你的中国之声梦是什么？

托儿A：专一做新闻、专业做新闻！

老蔡：：）

托儿B：上级领导肯定，专家同行褒奖，收听数据好看。

老蔡：：）

托儿C：广告卖得更贵！

老蔡：：）

打酱油D：假长，钱多，不干活儿！

老蔡：做——梦！

夜半"飞"信

赵九骁

午夜里的手机，轻轻传来的短信，那是你我都已熟悉的旋律。

这是时政采访部值班主任总结的"今日战报"。它就像供应商的发货台账，有重点节目的供稿情况，有最佳现场和自主报题，有独家报道和优秀稿件，它记录分享着40名新闻战士冲锋陷阵的委屈、兴奋、喜悦收获和不足。

当一天的新闻硝烟散尽，午夜飞信，成了采访团队每天必须翻看的睡前读物，如果哪天值班主任晚发或漏发，定有人辗转到天明。

全媒体和大数据时代，如何做一名中国之声的记者？

战报不止，战斗不止。

中国之声记者张棉棉在伊拉克60米高钻井平台上采访

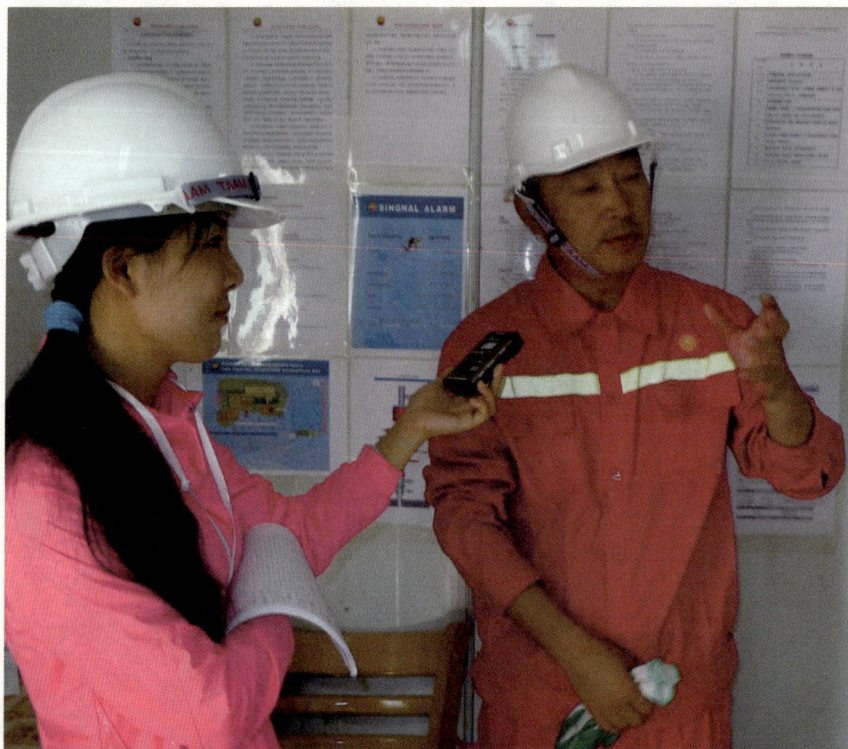

3月4日

　　两会新闻时间开启，采访部全员全面出击：时政组群英挑灯集体剪录音；首席记者小季问两会，小细节熔化硬新闻；静文对话人大新闻局负责人，巧角度转化热新闻；为《做客中央台》联络部长省长的郭亮、郭淼等，还有时刻飞奔着的晶晶、棉棉、小庄……累是主旋律，能知甘苦否？

4月20日

　　惊心动魄，更令人感动的一天。8点10分，我在开车来台路上收到李苑大姐第一时间的地震局短信，转《新闻纵横》插播。10点频率启动"雅安紧急救援"特别直播，采访部全员上岗、全情投入。李苑第一个到达地震局，冯悦、刘乐紧急随总理出发，一亮随公安部到雅安，清华采访的玉蕾赶到铁路总公司，车丽到交通运输部，王宇去公安部驻点值守，全天充溢着你们源源不断的最新连线和资讯。

7月21日

　　独家报道和优秀稿件的双料荣誉，由小庄和马闯斩获。长沙838"世界第一高楼"奠基，媒体多有猜疑，鲜有扎实求证。两位采访多个专业人士，又快又高的神秘建筑工艺，仅在100米建筑做过尝试，突然增加8倍，创新的概率降低了，安全的风险增加了。缺少硬新闻的年代，别人兑水熬粥，我们埋锅做饭。

8月5日

　　天再热，心不能烦的职业有两个：一个是厨师，一个是记者。午后2点气温最高时，杜希萌与新西兰恒天然CEO面对面，边听边写边想边剪，下午5点23分在出租车上把录音发送晚高峰信箱，5点35分播出，够刺激！

8月21日

让人心碎的最佳现场：打着石膏躺在病床支着小桌录音剪辑口播合成，小庄坚持完成系列报道《移动互联网入口之争》最后一篇。

8月24日

推荐静文报道《献身微软33年，鲍尔默黯然退休》勾人的开头：属于猫王的年代，鲍尔默出生。1980年，约翰·列侬遇刺。也是在1980年，鲍尔默正式成为微软一员。摇滚青年们用热泪铭记巨星的陨落，很多年后他们才意识到，微软正是从这一年起，更深远地改变了所有人的生活。日常新闻可能枯燥，别丢掉真性情，偶而露露峥嵘。

9月4日

赞忙而不乱的会玲。两条晚高峰连线（小学生减负、审计署社会抚养费）两条联播（铁路节日运输、卫计委回应第一口奶），四个部委四个领域，一边哄着小女儿，一边赶稿，摇篮边的好妈妈和好记者，鱼和熊掌咱都要！

9月15日

王菲李亚鹏离婚，严肃媒体在众声喧哗中，如何呈现观察视角？韩秀与李赢，从时速130公里被两度逼停的座驾切入，用细节把八卦拉回平静的反思：对于公众人物，如何关注而不打扰，关切而又给予尊重。

9月16日

今天的"大兴摔婴案"，明天的"机场爆炸案"，你听到的是孙莹电波中的频频亮"嗓"，想不到的是背后的付出和压力。一个人听审判、采法官、剪录音，全天关注、峰联报纵，压舱底的，是扎实的专业技能和毫无怨言的职业奉献。

10月14日

做新闻要么和时间赛跑，要么就是较劲。郭淼从18点起，花了4个小时遍寻大江南北的科学家，论证生化电子人与高端机器人有何不同，虽然有六七成真人的功能，但生化电子人仅限于医学成就，技术含量并非外媒吹嘘得那么高。

中国之声记者李赢在汶川采访香港特别飞行救援队

中国之声记者冯会玲采访台湾著名词作家庄奴先生　　中国之声记者季苏平在沈阳机床厂采访

12月1日

得了阑尾炎，打了一周点滴的张棉棉，坚持按计划赴嫦娥三号前方采访，昨天忙完直播大纲，7点爬起来连线纵横，9点开始的全天重点关注、联播头条，忙着联系嘉宾，直播各种协调……就在大家阅读此条短信的同时，她已经离开驻地前往发射现场，在零上4度的寒夜中站几个小时，全程连线直播。发射顺利，她从沟里回到驻地将是凌晨3点，然后再做纵横和报摘。

（PS: 女值班主任: 说实话，写到这里我掉眼泪了……）

小团队·大世界

采访部国际组

"国际"越来越大，世界越来越小

苏铃　邢斯嘉

中央台没有驻外记者，这似乎是做国际新闻的天然劣势。

最早有一个国际编辑部，当时主要承担频率的国际新闻等节目供稿，2008年中国之声改版后，外语人才填充采编队伍，以期达到双语采编目的。当时王健刚留美归国，在台外事处工作的赵希源也调回中国之声，两人组成改革后最初期的"国际组"。当时国际组还在编辑部编制下，队伍虽然"迷你"，但两员"虎将"出色扩展国际领域的采编领域。五年间小组人员逐步扩充流动，在奥组委工作的李欣、张加宁加入，从美国回国的苏铃、斯嘉加入，还有英国毕业的姚轶滨、朱敏，澳大利亚的刘珏，外交学院的丁飞，传媒大学的王宗英、沈静文，国际台的王楷，国际组从最初的两人固定为现在的六人团队，国际组也在2008年整建制从编辑部转移到采访部，承担起中国之声从轮盘到板块全天候的国际内容。

"Make your life a story worth telling"，这里是个很棒的地方，你可以用经历积累故事，然后用声音讲述它们。这些故事不是用来评判和改造，而是用来了解和呈现多种答案。

高端访谈的起点

张加宁

对于高端访谈，最难的其实不是采访，而是能够成功约到专访机会。国际政要来华访问日程紧、活动多，一般只接受电视台的专访。2010年世界杯期间，在一次被德国使馆邀请的活动上，我与使馆新闻官从足球聊起拉近距离，第一时间得到默克尔将访华的内部消息。在使馆最初以只有时间接受电视台专访为由婉拒时，我灵机一动建议可以联合专访。两周后，正在休假的我终于接到使馆电话同意专访，马上飞到西安与央视联合专访默克尔。

这是中国之声改革以来第一次对外国元首专访。这种模式从此得到了沿用，使得越来越多国际政要的声音通过中国之声传播。

"女汉子"成长记

王宗英

2011年1月13日，凌晨3点，做完美驻华大使洪博培的稿子，拉上行李从办公室直奔机场。13个小时的飞行之后，飞机降落在纽约肯尼迪机场。

拖着行李，从机场直奔黎晓静（时任美国中国总商会会长）办公室，开始工作。采访结束，天色一点点儿擦黑。抵达酒店并办理入住时，纽约已经夜色阑珊。从车上拖下自己的大箱子，瘫倒在床，手机又响起——国内已然白天，各节目正嗷嗷待哺。

这就是我第一次走出国门的第一天，从北京到纽约，整整36个小时。此行的主要工作是为胡锦涛访美做配合报道，我需要独自一人走访四座城市。

纽约、波士顿、华盛顿、芝加哥，冰天雪地中马不停蹄，整整奔走13天。

如今，距离第一次出国采访已经有三年时间。最近，一位十多年没见面的男同学发来短信："是什么让曾经柔弱的林妹妹变成了满天飞的女汉子呢？"我想，不是亮眼的履历，也不是旖旎的风光，只因为我的名字和中国之声连在一起，刻在历史的边上！

触碰"不可能的恋人"

王楷

我常常觉得拨通电话的那一刻是最过瘾的。想想看，在两三个小时之内，从地球上70亿陌生人里找到想采访的那个老外，他声音带给你的那种惊喜，就像是你找到了真爱。

第一次有这种惊喜，是在2013年4月28日。在朝鲜宣布关闭开城工业园之后，空荡荡的园区内只剩下50多名韩方员工等待撤离。临行前一夜，能采访到他们吗？

首先需要电话号码。我从开城工业园的网站上，记下几个办公电话，一个一个尝试着打。没有人接、不会说英语、不愿接受采访，三只拦路虎横在面前。终于，当35岁的小崔（Choi）接起电话，表示愿意接受采访时，那首歌曲我心里唱：我找你找了好久！小崔的声音很年轻，语调沉缓。我猜，也许从开城回国前一天，他也想找人聊聊。

"吃了么？"我并不想直切主题。"吃了。""东西收拾好了？""收拾好了。""明天什么时候走？""下午五六点吧。"对一个中国媒体记者，他开始渐渐打开了话匣子。他说，自己在开城工业园已经工作了五年，薪酬还算满意，妻和子在首尔，每年他回家两次。想到开城工业园前景黯淡，韩方企业经济损失惨重，我以为他今夜心情况重。问他难不难过，他却说："我一点儿也不难过，反正我们很快还会回来。朝鲜没什么经济来源，它需要开城工业园，韩国也一样需要。"

但那一次的采访经历使我意识到，短时间内找到国外的采访对象并不难。随着中国的国际地位和影响力不断提高，愿意接受中国国家媒体采访的外国官方机构和普通民众也越来越多。有了这份底气，再加上不懈地努力尝试、真诚沟通，相信我，没有触碰不到的"恋人"。

带着"新国际"范儿上路

朱敏

2013年2月1日入职，不是新闻专业科班出身，入职前从未从事新闻类工作，在中国之声这个人才济济的平台，这样的我是个不折不扣的新人。

这里的每一个新人，得到的第一次与节目播出直接相关的锻炼就是连线。记者在连线前会做准备，构思结构，甚至先写成文字稿，必要时还需查阅与新闻点相关的信息。于是，我想当然地认为，有了充足的准备时间，连线就很容易。直到有一次……

　　那天，正要开始连线，导播间打通了我的电话，直接切进了直播间。然而就在这个时候，悲剧发生了：因为电脑出故障，我提前准备的电子版文字稿打不开了！直到我的连线开始，文档依然处于瘫痪状态。当主持人喊我的名字，示意可以开始时，我只说出了所要说内容的第一句话，此后便不知所措地反复喊"主持人"。经验丰富的主持人果断挂断电话，此时的我已吓出一身冷汗。后来，经过老记者和编辑的点拨，我才知道这种情况应该如何处理。

　　这件事让我意识到，连线没有想象中容易。它是真正的直播，最考验随机应变能力。同时，也考验一名记者的基本功——即便不看稿，也能出口成章，完成一条出色连线。这是一名合格的记者应该做到的。我还在路上。

编辑部的故事

梁悦

中国之声与地方记者站、兄弟台是什么关系？这是我到了编辑部，开始了和地方台站的"密切接触"以后，听到的一个问题。我说，中国之声和记者站、兄弟台犹如"睡在上铺的兄弟"，情同手足、休戚与共。抑或如歌词所唱：分给我烟抽的兄弟，分给我快乐的往昔。

2008年，北京奥运会火炬传递在全国各地百余个城市陆续展开，北京奥运火炬的境内传递途经113个城市，历时104天。中国之声组织了六个直播小组赴各地。然而，完成这样一个浩大的工程没有兄弟台的通力合作、记者站的居中协调，根本不可想象。从直播地点的选定、直播台的搭建到直播线路的保障，从直播脚本的创作，以及中央台、省台、地市台主持人的协作，到证件的申领、嘉宾的邀请以及数百人次的直播人员的交通食宿安排，无不浸透了东道主们的心血和汗水。

中国之声2008年改版后，每日海量新闻的传播已非频率200余人力所能及，记者站、兄弟台也有了更大的施展空间。每逢突发事件，记者站的"战士们"必定会责无旁贷地冲向第一现场。山西王家岭矿难、云南昭通地震、宁波大雨导致城市内涝、西藏墨竹工卡县严重山体滑坡、特大洪水导致化工原料桶被冲入松花江……李楠、李凡、李健飞、曹美丽、索朗达杰、毛更伟，这些第一时间赶赴现场的记者为听众带来了第一现场最真实的报道。

最近的一次是青岛黄岛"11·22"输油管道爆燃事件，中国之声指挥中心接到线报，随即通知记者站组织人力前往采访。青岛站派出王朝朋、王伟和李京三名记者立即出发，记者一边在路上行进，一边联系相关人士了解情况，并在确认事故情形后马上连线发回报道。刘华栋站长还不放心，自己亲自驾车从海底隧道直抵救助伤员的黄岛医院，并及时连线报道。至此，青岛站已是全员出动，兵分几路全方位展开报道。青岛站的这次行动，极为典型地展现了记者站在突发事件来临时的工作状态以及与中国之声的默契配合。

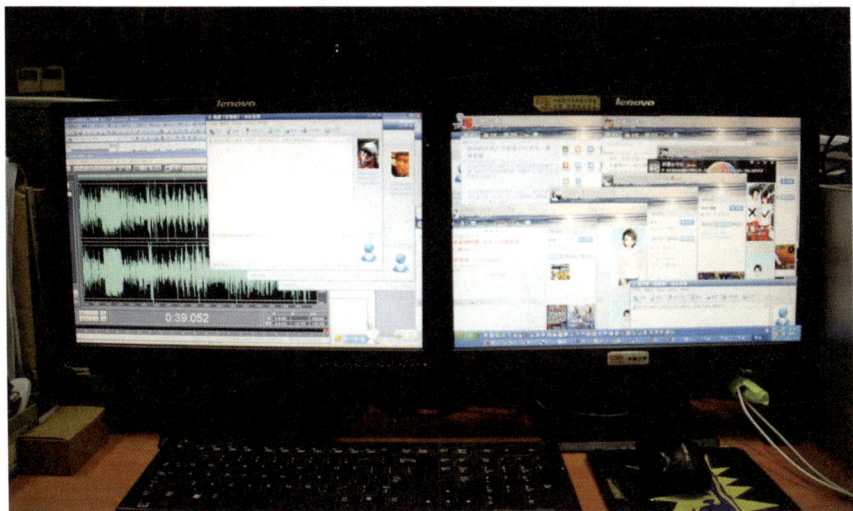

要与身在全国各地的战友沟通，一个电脑屏幕已经不够了（曹博供图）。

当然，突发事件只是特例，中国之声更大量的报道来自日常，来自兄弟台每日每夜、每时每刻的新闻坚守。十年来，特别是中国之声改版后这五年，中国之声与兄弟台的联系越发密切，参与中国之声报道的兄弟台越来越多，报道的方式也越来越丰富。近两年，北京、上海、广州这些新闻富矿也加强了与中国之声的合作，使我们的新闻品质得到了更大提升。为此，中国之声建立了与兄弟台联系专用的QQ群——"采编那些事"，在这个平台上，各兄弟台的编辑可以及时直接地与中国之声沟通，各个兄弟台之间也可以利用它相互交流。目前，"采编那些事"已经聚集了超过500名成员，而且要不是容量有限，这个数字还会大幅扩张。

从2012年开始，中国之声组织了"我们的新闻，我们的广播"全国新闻广播研讨会，在表彰优秀发稿编辑的同时，让那些平日每天在网上见面的"新闻网友"们在现实世界见了面。这些熟悉又陌生的"新闻网友"聚在一起有聊不完的话题，大家探讨新闻采编经验，摸索振兴广播新闻的途径。共同的事业和理想，使大家建立起深厚的友情。联欢会上，大家唱起了《相亲相爱一家人》，祝愿全国新闻广播人能够形成合力，互相支持。今年，大家建立起了"广播年会微信群"，交流起来更加便利。

2012年，中央台第一次组成了"中国广播联盟奥运会报道组"，前往伦敦采访报道奥运会。以往中央台的境外奥运报道都是以台的名义组队，最多时报道团队达到10人。但伦敦奥运会，尽管中国之声只派出了三名记者，但来自兄弟台的记者数量却达到14人之多，这样在报道组的合理调度下，本届奥运会的新闻报道强度和密度均超过以往。报道组建立了新闻共享平台，不仅参与前方报道的各台可以得到所有报道团队成员的作品，其他兄弟台同样能够通过这个平台分享前方记者的劳动成果，使报道团队的影响力得到更广泛的传播。采访间隙，大家聚到中央台在IBC（国际广播中心）的工作间，交流报道收获，在技术上相互帮助，信息上相互补充，真真一个大家庭的感觉。

坦诚相待，相濡以沫。栉风沐雨，砥砺前行。中国之声将与记者站、兄弟台一起在广播新闻的征程上继续携手共进。

老纵横：十年列传

陈秉科

2004年，新闻评论部重组，迄今十年整。

2008年，新闻评论部撤销，老纵横解散。

老纵横最后一拨人，含李宇飞、张军，有记者十二。

是为记。

列传第一：大蔫儿、老汉

大蔫儿者，齐齐哈尔人也，身高八尺，点儿1吨，人逢其君，如遇一塔，寡言。若言，言必如刀，刀刀见血，入骨三分。

老汉者，长春人也，油头，粉面。四十刚挂零，五十差老远，望之止三十郎当岁耳。所谓老汉，始于夜间，未经考证，疑其在夜间部自封道号，有"倚官卖老"之嫌。

老汉主政特报部时，不称老汉，却常被老蔡斥之为"昏君"。老蔡每去特报寻老汉，若其不在，必如此问："你们的昏君呢？"许是此号太那个，老汉离开特报后，昏君之谓，便再未扩散，此外号成了夏虫朝菌。

老汉，性嗜酒，尤喜"本地酒——（典故略）"，有友置酒而招之，造饮辄尽，期在必醉，既醉必不知家。既还，必被罗老师痛批。

大蔫儿与老汉惺惺相惜，唯常讥讽对方严重惧内。举事实，找旁证，添油加醋，舌吐莲花，二人惧内之事遂全声皆知。

2000年11月10日晚，江阴市月城镇河岸村。从事假冒注射器生产的姚老板从自家池塘抓了条大鱼，大铁锅烹了，与两位文质彬彬的年轻人推杯换盏。这二人，便是大蔫儿与老汉。此前，二人拎着一兜子的钱，并故意露富，让生性多疑的姚老板信了，以为真是遇上了大买家。

其后若干年，大蔫儿屡屡埋汰老汉："那话筒咋藏的啊，晃晃悠悠的，都要露出来了，还跟人家喝呢。"

抓捕姚老板的故事也很有戏剧性。时，地方执法部门相互推诿，甚至建议大蔫儿、老汉充当抓捕行动总指挥，被拒绝。但姚老板，还是跑了。这一期的题目就是《姚老板跑了》。时过境迁，很多人对这个题目记忆犹新。

这个系列，采访耗时40天，名为《江苏打假暗访实录》，节目播出期间，朱镕基总理批示，要求重播。领导批示，古已有之，令重播，极罕见。

还是2000年，时间倒推半年。河北廊坊下辖的霸州市康仙庄派出所一副所长杜书贵携妻、子驾车外出，与供电局牛姓司机汽车剐蹭。争执中，杜拔枪便射，牛亚军命殒当场。

其后，霸州市委书记李某某通报廊坊市公安局的侦查结果称："……杜用言语制止未果，情急之中拨出携带的'六四'手枪，将子弹上膛，欲鸣枪示警，慌乱举枪过程中，造成枪支击发。子弹击中牛亚军的头部致其死亡。"舆论哗然。

谎言，揭谎，圆谎，再揭谎……于是，有了吴朝晖、大蔫儿、胡军等人七下霸州，于是有了《霸州枪击案》，个中曲折无逊于电影大片。

大蔫儿还曾创纪录地和一案犯5小时抽完7包烟，让一个不接受任何人采访的人贩子开了口。

"那天中午12点到下午5点，我和人贩子郑明亮面对面坐了一下午，较量了整整5个小时。我让其他人都回避，只有我和他被锁在一间会议室。两人把我包里的七盒烟都抽光了，嘴里发麻。不愿多说的郑明亮最后终于还是开口了……"这是2000年，《中国打拐第一案》中的一采访镜头。

案犯在押，已成死老虎，无动态、无行进感时，可听性便是挑战。《中国打拐第一案》创造性地使用古代小说章回体结构，令人耳目一新，甚至让业内专家拍案叫绝。

还有大蔫儿的《站在耕地边缘》，还有老汉的《对黄淑荣的精神病调查》……后者播出后，某三大部门上门质疑节目失实，全台上下虽感压力巨大，但证据扎实，未曾授人半点儿口实。

大蔫儿采访，善讨巧，善以小博大。其播音，凛然有英气。纵然播正面稿，亦有调查感、探寻感，深为科班人称道；老汉采访，韧劲十足，死缠烂打，不达目的绝不罢休。老汉耐心，善指导，后主政首届特报部，佳作频现。

此二人诸多作品，堪称教科书式调查，迄今无人超越。

列传第二：郭大侠

[满江红　大侠]

烟霾茫茫，落纸处、有笔如刀。江湖上媒体林立，万马争豪。一骑屡闯重兵营，中国之声傲与骄。栏拍遍、霜染中年头，不言老。烟雨楼，桃花岛；华山险，人间道。为侠之大者，诤言长啸。

郭大侠者，或鄂或鲁，不知何许人也。2004年，自湖北台入，兼饰总主（持）与纵横记者两角儿。彼时，任一岗之当事者皆喊超载，苦不堪言，独郭大侠一人分饰两角儿，却游刃有余。我声一份薪水，雇两岗，真大赚也。

郭大侠善谋选题。见不起眼的小事，却能发现大问题，写出N段文章。供职湖北台期间，旅经郧西，目睹山上有29米×29米，计9层楼高的宣传标语，于是质问：《造林，还是造字》，获中国新闻奖。

郭大侠善提问。初问问题，多似不经意，对方接茬后，问题绵绵不绝，一问险过一问，愈往后，愈见杀招。湖北武穴摊派啤酒，郭与副市长对话即是。批评报道，讲究稳、准、狠。报道正面，郭大侠亦从探寻质疑角度追问，屡收奇效。

大侠善属文。字斟句酌，精益求精，苛求完美，认真程度绝对超过任一编辑，乃至部门主任、我声领导。弟子彪哥从其门下后，苦不堪言。聪明的彪哥一度"苦中生智"，不找师傅审稿，直接找猴子。怎奈人算不如天算，播音录制时，猴子又点名让大侠录制，于是东窗事发。

代表作：《陕西府谷治污怪现象调查》《揭开上海脐血库经营内幕》《直播间对话温总理》等N多直播。

列传第三：博子

博子者，邯郸人也，天生乐观，一天能大笑八十场。博子虎背熊腰，背宽如砧板，然最抠门儿。

古人云，燕赵多慷慨悲歌之士，声内倘有人敢说博子慷慨，他就死定了。

博子擅家务及厨艺，自称不仅常为老婆蒸包子，且一屉N种馅儿。

博子见人自来熟，能忽悠，纵然是去批评市长、局长，纵然仅仅落座三分钟，即有满脸堆笑、拍人肩膀、连叫"大哥"的本事。

博子守财，绝不贪财，尤其不义之财。2002年6月22日，山西省繁峙县发生一起特大爆炸事故，38人死亡。

事发当晚，四位矿主统一"2人死亡、4人受伤"的口径，一人负责做县长工作，一人负责做其他县领导的工作，一人负责应付领导、记者的调查和遣散民工，一人负责转移、藏匿尸体及与死难矿工家属私了。

但是，最抠门儿的博子和山西站岳旭辉面对县领导递来的金元宝，不为所动，两人克服种种困难，让真相大白于天下，得到中央领导的点名表扬。遗憾的是，此事件中，有多家媒体的11名记者中招，收受了人家的现金或金元宝，上演了一出"有偿不闻"的丑剧。

代表作：《无极制造假英雄》《繁峙金矿爆炸真相调查》《一口吞掉一亿的海狸鼠》《调查东方大学城黑洞》等。

列传第四：强子

强子者，浙江宁夏人也。年轻时精通电玩，早先是军棋、红警，后来则不知所玩。强子在虚拟世界中，于行军打仗颇有心得与建树。

每逢采访，强子均缜密设计，完全当作一场战争来谋划。只不过，在那样的战斗中，他既是唯一的元帅，又是孤独的士兵。其经典之作《五金之乡断指调查》一时传为美谈。

浙江永康，因是五金之乡，断指事故频发。

2003年年底，强子到了永康。从行踪，到衣着，到说话，他都异常谨慎，甚至有些小题大做。但因为这种小心与用心，他有惊无险。最终，他乔装混进工厂，甚至与工人住进臭哄哄的宿舍。

苦，没有白受的，因为他看到了他想要的真相。2003年12月16日到26日，十一天里，他就看到三位女工手指被轧断，六根。

强子还曾在私人医院里看到一位民工，手掌骨头全轧碎。强子说，纱布打开的一刹那，感觉自己的心脏都在抽搐。

强子是铁汉子，却爱哭。在报道南方冰灾时，他在贵州哭过；在汶川地震灾区，报道一位大妈没有救出来时，也哭过。

代表作：《五金之乡断指调查》《四川金唐干部多》。

列传第五：日本人

日本人者，山东威海人也。所谓日本人，盖因领导以貌取人，与日本人之点头哈腰、多礼无涉，亦非当年称呼。

若单以性格论，与其称之为日本人，莫不如称霹雳火秦明。

日本人性子急，反应快，语速快，做事也快。

2007年11月14日凌晨，承德"蓝天足疗馆"与"蓝都练歌房"着火，11人死亡，1男10女。街头传闻，这是两块牌子，一个老板，幕后老板是承德县公安局某某，台前老板是某村××。

日本人动作快。他先于警方动手前，到工商部门查了企业档案。先于所有媒体动手之前，采访了一位深喉，甚至将歌厅台前老板婚变，以及与幕后老板的关系都查得清清楚楚。

日本人脑子快、脾气火在本次采访中也起到救场作用。日本人在现场警戒线之外拍照，被一警察警告，窝火。后在公安局大门，又被此警察阻拦，日本人大怒，并连珠炮式发问："你不是愿意挡吗？好，告诉我，你叫什么名字？警号多少？"于是，警察狼狈而闪，日本人长驱直入……

与大侠、BK合作之《水环境忧思》，虽未参评大奖，却是近年来最像纪录片的一部广播作品。

代表作：《假药流进北京城》《承德大火背后疑云》《贷款还是贷羊？》《跨省命案，六年不立》《水环境忧思》等。

列传第六：盯一宿、天思

盯一宿者，徐州人也。眼小，又一天到晚乐呵呵，眯缝着眼，没人知其眼真实尺寸。山东大学工科背景，知识广，逻辑强，记性好，倘有错，也能辩出自己的理来。煮熟的鸭子——嘴硬，说的便是他这类物种。

盯一宿，诸事不急，讨老婆都拖到了不惑之年。稿子明明已经写完，不趁评论部的制作时间占领机房，便常常挨不上号，"夜静春山空"时开工，"鸡鸣桑树巅"时发播。

盯一宿还是在汶川地震灾区待得最长的中央台员工。

在纵横，几乎所有人第一次出访都要掉链子，盯一宿也不例外。盯一宿第一次出差，是与BK乘火车去辽宁北票。虽然首次出访便误了火车，盯一宿依然有得意的理由：他因为改乘特快，尽管在锦州倒了一次车，却后发先至。

天思者，东北姑娘也，老虎了。因为虎，"猴子"也怕她三分。

《霸州枪击案》报道之后4年，即2004年，也是6月份，天思也去了拔枪杀人的杜书贵所在的派出所：康仙庄。这一次，是因为廊坊审理了一起案子：派出所两个警察伙同一个协警刑讯逼供，致人死亡，竟然埋尸派出所后院！三年后东窗事发。

丑事谁都不愿再提，何况又是三年前。天思同学与杜大兄弟联手，不辱使命，较为详尽地还原了当年事件。

天思与盯一宿，经典采访发生在重庆开县。

2005年10月至11月，二人在开县本为搂草，结果打着了大兔子。当时，他们本是去做乡村医疗问题调查。其间，无意发现当地人多有两个户口。追问下去，却发现，开县官方涉嫌以假户口骗取移民款。

八虎、猴子、老汉、大蔫儿等人获知后，均感问题严重。鉴于开县距重庆遥远，且交通不便，老汉亲自披挂上阵。

老汉出马，一个顶俩。先是判断重庆不会知道开县造假之事，老汉便从盯一宿、天思那里要了一长串名单，既有真名，也有假名。遂问重庆："这些人反映没有领到移民款，能否给查查？"

重庆方面自信已经如数下发，便痛快地给出了逐一发放的账目。老汉由此掌握了开县借假名字领取移民款之证据。

经典报道由此诞生。

盯一宿代表作：《重庆开县假移民调查》《安徽泗县信用社员工内外勾结骗贷款》《武汉黑救护车猖獗》等。

天思代表作：《重庆开县假移民调查》《1.5%的公愤——陕西帮困基金调查》《贫困县里的豪华办公楼》《探访康仙庄派出所：民警制造恶性案件》等。

列传第七：张磊

张磊者，"不谄亦不欺，不奢复不溺。面无忮色容，心无诈忧惕。君子大道人，朝夕恒的的"。

张磊，为人敦厚，评论部唯一无外号之人。有困难，从不抱怨，得意之处，从不张扬。做纵横记者五年，从不在办公室津津乐道于自己的曲折采访经历。

众人甚至不知其何处找题，不知其何时出差，不知其何时加班，不知其何时成稿。只听，咦，又一篇河南！一段时期，因为有了张，因为纵横，河南一度成为舆论灾区。

代表作：《站在耕地边缘》《种粮农民的增收困境》《大学生村官调查》。

列传第八：白劳

白劳者，吉林市人也。军迷，熟悉红色革命史。

2005年7月5日，白劳最火的日子。是年，中央倡导红色旅游，望其助力老区经济发展。白劳却揭露了平山县一个所谓将军岭项目是骗局，选题很猛，报道很火。

白劳回访平山县时，有众媒云集，欲报道第二落点。但无论央媒，抑或市场化媒体，采访甚难。唯白劳要风得风，要雨得雨。想采访谁，谁就得说话……

白劳代表作：《种粮农民的增收困境》《是红色旅游，还是工程诈骗》《高校扩张，隐忧凸显》等。

列传第九：彪哥

彪哥，徐州人也，其传说与希腊神话一样多。彪哥读高三时，与某县委书记在WC相遇，并排嘘嘘。

书记："彪啊，高考难不难啊？"

彪哥："当然难啦，比你当县委书记难多了。"

虽称难，彪哥还是考取南京大学，并于此完成硕士学业。

彪哥少年成名。尚在学生时代，即与人组织记者团，调查淮河污染。2004年5月27日发表《再走淮河，再次惊心》。

是年秋，彪哥入台，值《马大帅》热播，彪哥称谓不胫而走。甚至，有台领导都以"彪哥"相称。

彪哥创造过采访效率最高纪录。半天采访，凑够了一期节目的料儿。2007年1月23日播出的《失地农民的别墅生活》却拿下评论部当月节目金奖，令采一周、写半周的其他人错愕不已。

彪哥硕士论文研究的是央视《新闻调查》，理论功底深厚，写新闻作品推荐意见是堪称一绝。即使不看作品，单看推荐意见，不给彪哥一个奖，评委都不好意思。

彪哥代表作：《青海湟中铬盐污染调查》《失地农民的别墅生活》《深圳物业管理黑幕》《湖南郴州：瘫痪的黄金通道》。

列传第十：BK

BK，潍坊人也，身高不足一米八，非典型山东大汉。写诗，填词，书法，篆刻，绘画，羽毛球，中长跑，耍大刀，虽样样不精，但都能整两下子。

饶是一个吟诗作画之人，BK一旦离京出访，也是火爆脾气。

2010年3月22日，河南民权县王庄寨乡。

BK乘坐的出租采访车后面跟着一神秘车辆，前车快，它快；前车慢，它慢。BK告诉出租车司机："停车。"实习生吓坏了，劝老师不要打架。

BK径直走到也停下来的神秘车前，敲打发动机盖子，厉声警告："不要跟踪我！"车内塞满5人，竟被震慑住，不敢承认跟踪，顾左右而言他。

这一天，BK遭5拨人跟踪、盘问、干扰。最像大片的一次是，BK见甩不掉尾巴，就掉头反追，然后钻胡同，从胡同出来后又改了路线，成功摆脱。

进王庄寨乡王子树村皇甫仰超家采访时，有成群结队的干部也想进入，抢先一步的BK灵机一动，关上农户大铁门、挂上锁。采访得以顺利进行。

此次采访是为调查民权县瞒报手足口病致儿童死亡真相。此前，民权否认有儿童死亡，卫生部也不认可我声的第一期报道。

于是，老汉让特报部全体出动，BK任组长。在民权，BK把人马分成三组，每组包一辆车，将民权划成东中西三个区域，在各乡镇展开拉网式排查。最终，查出10个孩子死于手足口病。

三个小组，都有故事。

兴旺那组，一出发就暴露了，被干扰得无法采访，上午便收了兵。下午，兴旺混进卫生部调查组，尾随采访，没想到，却大有斩获。

小冯和大白一组，他们找到关键证人，却被干部拦着，不让采访。大白大怒，一把抢过病历，掐着证人的脖子，生生摁进出租车，逃之夭夭。

若干年后，参与采访的记者形容此次采访，只一个字：爽。

BK心善，报道200名中国劳工被骗罗马尼亚时，很得劳工信任。他们一有消息便通报给BK，一民工刚被罗移民局关进看守所，BK就采访了这位身陷囹圄的民工。这种情境之采访，十分罕见。历时两个月的报道之后，他们回国了，BK又请民工吃饭，又替他们找律师维权，马拉松式的审理结束后，他们告赢了某大企业。

BK貌丑，因此错过一桩好事。2010年夏，BK携一美女（目前是"此刻"一主播）报道武汉市场售卖瘦肉精时，毛舟建议让他们扮作养猪夫妻。老汉考虑到，BK采访不善伪装，且此二人丑俊程度反差太大，终于作罢。好在，没扮夫妻，采访也成功了。

BK常说，此报道找到了卖家，没有找到在饲料中使用了瘦肉精的养猪户，是个遗憾。天知道，他是不是只为报道而遗憾呢？

代表作：《淮河之痛》《水环境忧思》（郭大侠、日本人、BK合作）、《高校扩张，隐忧凸显》《农民工被非法拘禁10天，家属五次报警，警方不救》《湖北武汉：多家公司大肆销售瘦肉精》《安徽阜阳农行支行行长借款亿元无力偿还》《河南民权县瞒报手足口病问题调查》《200名劳工被骗罗马尼亚打工》等。

老纵横——光阴的故事

乐在其中

刘黎黎

——"你遇到过危险吗？"

——被威胁，有过。真正的危险，还真没有。

特报四年，早已算不清出过多少次差，只能从报销系统看，自己已经花了台里超过30万元的差旅费，这还不是全部。

细细数来，四年，部门的同事已经换了两三拨儿，自己已经被称为特报的"老人"，被大家喊"黎黎姐"。其实不管换谁，贴着特报标签的我们有些共性特质，有拼劲，有韧劲，不怕吃苦，也不计较得失。

这几年大小灾难，我们都在场，说句不好听的，"见过各种死法"；这几年我们走过太多地方，大多数地儿打车压根找不到票，甚至根本没车可打；这几年我们演过各种角色，孙子、儿子、媳妇、老婆、姐姐、弟弟，只要能掌握真实情况，扮啥都行。

来特报，多数都是自愿，不管谁，都存着一份坚守。

坚守爱新闻的信念。随时出发，一个月总有半个月在路上，白天采访，晚上熬夜，天亮了，继续追进展。不在乎采访过程中有过多少曲折，只关注如何绕过层层障碍展示真相，更看重能不能帮当事人解决一些现实难题。只是工作而已，但我想，每个人都把她当事业做，小心翼翼呵护着。

客观真实，不用多说，我们该做的能做的，就是记录和呈现。其中，更要坚持对爆料人的保护。操作一个选题，对我们来说，是一锤子买卖，爆完走人，可当事人却要接着面对熟悉的环境，熟悉的人，甚至要在那里生活一辈子。如果保护不好信赖我们、对我们讲出真相的人，题宁可不做。在我自己，这点是有教训的。2011年4月，我去江西上饶采访中石化加柴油搭售非油品一事，一位中石化加油站的员工爆了内幕。几经思量，因为稿件的其他部分都由暗访完成，如果对此人做变声处理，反而会引起注意，最终原"声"态播出。晚高峰播完，当地加油站听出了对方是谁，连夜要开除反映问题的员工。只记得深更半夜，电话里，我跟高岩老师大哭，这也是自己唯一一次因为工作难以抑制情绪，怕做好事反而给无辜的人惹了麻烦。第二天，在和中石化上饶分公司总经理见面时，让其回应反在其次，反复交涉的就是不能让任何一名员工因为讲了真话，而丢了工作。结局当然是虚惊一场，爆料人工作没丢，对我却是深刻的教训，保护当事人定会放在首位。

每天每月每年，充斥生活的只有选题。刚来特报，总有个过渡期，没题焦虑找题，有题又担心搞不定。其实翻翻统计工作量的excel表格，还真没什么是我们努力过后搞不定的，因为我们都很"坚韧"。和采访对象死磕，想办法迂回解决问题，可都是我们的长项。白宇和望奎公安死磕，不

中央台多路记者在甘肃舟曲特大山洪泥石流灾害现场采访，中国之声特别报道部几乎全体出动(二排左一为作者刘黎黎)。

仅让其还了欠了多年的债务，豪华办公家具哪里来，都得一一说明，最后局长还背了处分；韦雪恨不得连着一周天天去什邡市政府守着，等其解释"重启钼铜项目到底是不是传言"，最终副市长出面接受采访；从玉树地震到舟曲泥石流，觉得自己一直纠缠于动态报道，深度内涵不够，苦恼不已，直到伊春空难，一篇和包头空难的比较，算是憋着一股劲，给自己一个交代。

除了韧劲儿，我们还有坚定的职业操守。偶尔有同事拍一叠RMB晒在朋友圈里，偶尔也听到谁谁谁遭遇某地政府使出浑身解数，甚至希望拿钱解决问题，其实，做舆论监督记者，大家都碰过这样的场面。从最初的惊恐，像捧着烧红的碳赶紧扔给对方，到慢慢学会严词拒绝，甚至再到开着玩笑告诉对方，可以做朋友，但千万别让自己丢了饭碗，哪位领导也不会对我们耳提面命要怎样怎样，可那根红线，一直牢牢在大家心里。

见多了阴暗面，会不会影响心态，影响自己正常的生活？可以告诉想来特报的兄弟姐妹们，完全不会，每年体检，我的疲劳指数全都正常，心态自我检测后也是一样。偶尔也琢磨过原因，健康源于坚信二字。也许是性格使然，面对采访对象，我一直不喜欢穷追猛打，觉得做事永远要给别人留有余地，我信他会改。我喜欢去江浙、去广东出差，那里的官员更开明，思路更开阔。相较南方，各种离谱的事儿更容易出在北方，监督是监督，有时候我也理解当地政府，转型时期，要加速发展，要出政绩，方式方法上的问题，我信只是阶段性问题。好多人都问过我："你遇到过危险吗？"被威胁，有过，真正的危险，还真没有。在某个南方偏远、语言沟通都有障碍的小山村，脑子里也飘过万一自己遇到不测，还真是叫天天不应叫地地不灵，不过，只是一闪念而已，我信绝大多数人都是善意的。好多朋友出于好意劝我换换岗位，其实，累不累，好不好，完全在于自己的心态。

我也想过，如果有一天，自己不做记者，会是什么心情？也想过如果有一天，碰到大事，自己再没机会亲临现场，又是什么感受？不习惯、些许遗憾，甚至很失落，可能都有。

四年划过，我刚给自己的D50换了个防风罩，就像给自己换了个新发型，享受当下，过往的一幕幕，珍藏就好。

背包里的故事

栾红

特别报道部部规：

第一条：手机24小时不关机，永远随身携带采访设备。

第二条：市内突发事件5分钟内出发，外地突发事件1小时内动身，在单位常备应急采访包。

灾区采访包标配：

电脑、采访机、上网卡、若干手机、若干手机电池、采访机电池、充电宝、手电筒、急救包、防潮垫、睡袋、压缩饼干、一双好鞋、换洗衣物。电是最重要的。记者在灾区往往以供电地点为中心活动。睡觉、吃饭都可以忽略不计。

急救包

防潮垫

双肩包

有标配就有高配：

如果有更多的时间和更多的人，那么你会需要更多的电脑（一台机子罢工，欲哭无泪），需要更多的采访机（不解释）、更多的上网卡，还有方便面、矿泉水、两双鞋、照相机、海事卫星电话、一辆车、汽油……

高配往往只能想着流口水，最常见的是低配：

电脑、采访机、手机。没有地图手绘，没有睡的地方找老乡、找部队、找同行……没有吃的找老乡、找部队、找基金会……一身衣服穿十天不换，一双鞋黑了脏了视而不见。采访机没有电用手机，手机没有电借手机。只要人还在，办法总会有的。

睡袋

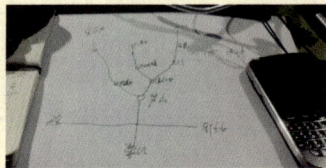
手绘地图

做舆论监督有时候需要暗访，吃饭家伙不能全亮，节选如下：

采访机优点：指向性强。缺点：不好隐藏。女生携带手袋、纸袋，男生携带腰包。包有讲究，低调为主，薄厚适中。薄了容易暴露，左下图的手袋就不行，采访对象靠近时，采访机指示灯亮起，记者就暴露了。手袋太厚，录音模模糊糊，写稿时请尽情哭吧。

采访机

放在包里的采访机

录音笔优点：易于携带。缺点：指向性不强，录音效果不佳。多用于备用，或紧急情况。可以藏在袖子里，卷在报纸里。不过，要牢记采访时尽可能不要乱动，否则听众就只能听见录音笔里布摩擦的声音，请尽情哭吧。

录音笔

放在袖口里的录音笔

最后，其实可以用手机录，手机可以自然地拿在手里。缺点是如果被抢了，那么，你连报警的手机都没有啦！

坚韧能扛，勇于担当

——中国之声早间"黄埔军校"校训

罗厚

2010年10月的某一天：

上班时间约为26小时，中间"假寐"时间小于等于30分钟。2008年中国之声改革以来，这张时间表已是早间部主任工作的常态。

	时间	工作内容	备注
第一天	15：00	到单位上班，选题会，准备《报摘》《纵横》选题	今天人品不错！选题还成
	15：30—次日	熬夜奋战	靠在椅子上假寐时间，约小于等于30分钟
第二天	04：30—06：00	录制《报摘》时政部分	播音：于芳，忠诚，监听：方亮
	06：30	《报摘》播出	直接带班，最高度紧张中
	07：00	《纵横》播出	不直接带班，次高度紧张中
	09：00	节目全部顺利播出，填各种表	至少四种表
	10：00	深圳台同人来取经，介绍经验	好困呀！
	12：00—14：00	与深圳台同人一起吃午饭	真的好困呀！
	14：00—17：00	参加记者中心的头条策划会	好像不困了
	18：00	回家	莫名兴奋中
	19：00	突然就睡着了，一直到第二天上午的某一刻……	
第三天	15：00	到单位上班，选题会，准备《报摘》《纵横》选题	新的循环开始了……

中国之声早间部，中国之声一个既"老"又"年轻"的部门，说"老"是源于早间部的辉煌历史，创办于1950年的名牌节目《新闻和报纸摘要》，在一代代前辈手中薪火相传；说"年轻"是现在的早间部，是2010年由中国之声的原负责《新闻和报纸摘要》的新闻部和负责《新闻纵横》的原早间部整合而成，成立只有两年时间。这两个节目，也是中国广播界收听率和市场覆盖率最高的两大名牌栏目。

早间黄埔军校军牌

《报摘》和《纵横》是中央台节目的龙头，不允许丝毫错误。中国之声改版后，早间部由原来的三天一个夜班、夜班白班轮流上，变成了长期夜班，而且也没有任何节假日。春节、国庆这些节假日，其他部门同志休息的时候，这个部门不仅不能休息，还是最紧张的时候。每天下午3点到岗，一直要工作到次日9点半，一夜不睡，单程工作时间超过19个小时。如果第二天有开会等其他事务，还不能休息，要继续战斗，这就远远不止19个小时了。

一直以来，中国之声新闻部（早间部）因其节目的重要性而产生的对内容的最高标准的要求，因其上班时间的特殊性而产生的对身体的最高强度的要求，被称为培养人才的"黄埔军校"。几十年来，我们这支拥有悠久历史的光荣的队伍，她的灵魂是什么？她的追求是什么？是什么力量，让这支队伍的精神生生不息，代代传承？

我们认为，这种精神，就是一种"坚韧能扛，勇于担当"的精神。于是，中国之声改革之后，"坚韧能扛，勇于担当"，正式成为了早间部，这个黄埔军校的校训。

我们每个人都有军牌的哈，我是15号。上面这张图片是军牌背面照。

"坚韧能扛，勇于担当"是军校的旗帜，凝聚在这个旗帜下的灵魂，是"坚持"和"担当"。因此，这个学校有了"早间部纪律要求八准八不准"这样看起来过于严格，甚至苛刻的"军规"，要求大家共同遵守，不能逾越。比如，只准说睡着了没听见，不准说下了班关手机；要求工作状态是白加黑，全天候。无论上班下班，必须召之即来，来之能战。再比如，女同胞在，男同胞不能喊苦；老兵在，新兵不能喊累。每次19个小时又采又编又播，这么艰苦的夜班，如何能扛得下来？我们的理念是：死扛！没有能干的，只有能扛的，这是我们的原则，我们也以此为骄傲。

严苛的"校训"，在考验着早间节目部这个既年老又年轻的集体。以2010年为例，当时，我们这支39人的队伍中，有党的十七大代表于芳老师、播音艺术家闻齐老师、国家广电总局优秀共产党员卫东老师，以及播音艺术家郑岚老师、方亮老师、忠诚老师，全国优秀新闻工作者姜保红老师这些前辈级人物，更多的是80后的年轻人，集体39人中，35周岁以下的27人，占到68%。不论是老一辈的老师们，还是新一代的80后，早间"坚韧能扛，勇于担当"的理念，可以说是高度一致的。比如，像于芳老师、闻齐老师、卫东老师，这些播音界的前辈、大腕，在部门中既要播好精神压力巨大、丝毫不能出错的《报摘》，又要做一年级的新同志，甚至实习生都要做的导播工作，给每一个前线记者和采访嘉宾电话沟通、联系。对台里、频率，甚至来自全国人大、全国政协的很多播音、辅导等任务，他们从来都是随叫随到，一丝不苟，毫无怨言。而且，大家可能不知道，这些任务，在部门给他们算绩效工资的时候，由于无法量化，都是没有绩效的，也就是说，全都是无偿劳动。在部门里，我们主任们是干活最多的群体，每次上班从定选题到采嘉宾，从初稿审定到最终合作，几万字的东西，主任每个字都要看到，每个环节都要想到，精雕细刻，严格把关。

当然，部门里更多的是年轻同志。部门的精神，更需要年轻人的代代传承。"军校"的体会和做法是：大胆放手，创造条件，让年轻人勇挑重担。事实证明，随着"坚韧能扛，勇于担当"的精神逐渐渗透到他们年轻的血脉，认同于他们活跃的思想。他们成长的脚步，已远远超过我们的想象。

例如，节目监制杨路虽然年龄不大，但却是部门中的"老大哥"。2010年四五月份杨路不慎右腿摔伤（肌肉撕裂），但因部门出差任务较多，杨路在做编辑的同时，还要暂代主任的审稿任务，连续两个月，杨路坚持上班，一人多岗，名列全部门绩效第一。

编辑孙稳，在两会期间一人兼两岗，白天"做客中央台"，晚上继续上夜班，整个两会期间15天一天未休；因部门人手紧张，编辑张则华孩子出生，毅然放弃产假，没有请过一天假。在部门有同志因病不能上班的情况下，曹波、刁莹、肖湘、朱星晓等年轻编辑都曾经连续20多天上夜班，从不叫苦。主持人富颐、编辑李杨更是带伤上阵（一个是鼻子做手术，一个是一只眼睛戴着眼罩的"独眼龙"），令人感动。

早间节目部纪律——八准八不准

能扛活，肯付出。2010年一年，由于人手少，任务重，早间部全部39名同志，休假时间不到20天，平均每两人休过一天假。我们不仅自己不休息，在频率安排支援其他部门时，我们也从不含糊，克服困难，坚决完成任务。

2010年至2011年，早间节目部十多位同志当选中国之声月度之星，葛文祥、杨路同志被评为中国之声2009年十佳员工，早间部党支部被作为中央台两个优秀党支部之一，当选国家广电总局及中直机关《服务中心工作，加强队伍建设》基层党组织建设示范点，这是对早间部同志们的高度肯定。

钢铁是怎样炼成的？钢铁就是在"坚韧能扛，勇于担当"的旗帜下炼成的。这个旗帜的灵魂，就是"坚持"和"担当"。

这是全国新闻单位上班时间最长、最为辛苦的夜班。这是一个充满荣誉感、责任感和创新梦想的战斗集体，几十年传承，一茬一茬，无论换了多少张面孔，它的灵魂，"坚韧能扛，勇于担当"这种"肯吃苦、肯付出、有作为、有担当"的精神，从来都没有改变过。在新的历史时期，全国媒体的激烈竞争和我们肩上的重担，也让这个军校的所有将士不能有丝毫懈怠。

创业靠创新，守业靠制度，发展靠文化。能打硬仗，守土有责。甘于付出，做好标杆。中国之声"黄埔军校"军旗永远高高飘扬！

白天不懂夜的黑

柴婧

"你知道凌晨四点的长安街是什么样子吗？我以后会常常看到的。"

2011年8月5日的凌晨，下了人生中第一个纵横夜班，走在依然灯火通明的长安街上，我掏出手机，给好朋友发了这么一条短信。

《新闻纵横》编辑的上班时间是从下午四点到第二天早上九点，有导播编辑班和非导播编辑班，导播编辑班也就是所谓"大夜班"，是指上完编辑班之后还要负责早晨节目导播，需要第二天九点节目播完之后才能下班。非导播编辑班也叫"小夜班"，不需要上导播，夜里自己的工作结束之后就可以下班。

纵横对稿件的质量要求极高，宁缺毋滥，这就意味着，缺题的时候我们要自己做题，来稿质量不高的时候要全部拆了重写，稿件有缺失的部分要自己补采或重新采当事人，如果遇上突发事件，那必须是第一时间要跟进的。

可是，最常出现的情况是，发现来稿不行或者晚上重新定题的时候已经是晚上七八点或者八九点了，或者再赶上半夜突发事件，这种时候再联系当事人，那真是长夜漫漫，何处捞人？！所以，对我们这群新人来说，把小夜上成大夜实在是再正常不过的事了。

记得我第一次自己完整做一个选题，从下午六点定题开始，找当事人、列采访提纲、电话采访、剪录音、写稿、录口播、合录音，一抬头，已经是第二天凌晨六点了。我当时以为那是我的极限了，后来发现纪录可以一再打破，赶上下了班还有别的事儿，四十个小时不睡觉都有过。

人品爆发的时候，凌晨一两点也是可以收工的，但对早间的姑娘们来说，半夜回家又是一段惊险的历程。有姑娘半夜打车回家，司机绕了路，她当时没在意，下车之前，司机欲言又止地跟她说，"姑娘，你是个好人，以后这么晚就不要一个人打车了"，听得她一身冷汗。

我因为租住在台附近，倒不用打车，半夜的长安街也灯火通明，一个人走并不害怕。不过因为我住的老小区，电梯还是人工开，夜里十二点到早晨六点是没有电梯的，昏黄的楼道灯也不是每层都有。我一个人吭哧吭哧往十五层爬，累点儿啥的都好说，就是有那么几家爱在楼道里晾衣服的，在没有灯的楼层刚转个弯迎面撞上一条在空中悠悠飘荡的黑色秋裤，且不说把我酝酿了一晚上的困意吓得四散奔逃，你想过秋裤孤零零的感受吗？

早间行军床

对大夜的人来说，则是常常面临一个艰难的选择，手头所有的活儿都忙完，已经凌晨五点多了，六点就要准备导播，你说我是睡还是不睡？真的是，不怕睡得晚，就怕睡得晚，还得早早起！

好像每一个早间年轻人一开始都遇到过这种情况，熬到四五点，倒头睡下，六点闹钟响的时候，爬不起来，是真的爬不起来。就算身体爬起来了，灵魂也不知道在哪里飘着，跟跟跄跄地往工位走，每一脚都像踩在棉花上，楼道里的灯在眼前一圈一圈晃，有一种外太空的奇幻感。我猜这种时候我们肯定是眼神迷离，面目狰狞，因为每经过一处站岗的武警小哥，他们都是一副又惊吓又好笑的表情。

现在，我们已经可以做到倒头就睡，说起就起，就算干完活儿已经五点五十，那我也要躺个十分钟，哪怕只有十分钟。这种时候，楼下的宿舍肯定是来不及去了，还好，频率给我们准备了行军床，干完活往空地儿一支，十分钟后，某些人的呼噜声就可以响彻整个大平台了。

而想让我们从昏死状态瞬间清醒，只消三句话——

——"今天你的班啊，怎么还不来？"

——"你倒的那条录音有问题！"

——"空～播～啦～！"

空播在每个导播的噩梦排行榜上一直是名列前茅，所以真正导播的时候，那就算灵魂已经飞走了，也得满世界给拽回来。身体最疲乏时却是精神最需要高度集中的时候，六点到九点的三个小时，两个导播要完成很多项工作，所以每个新人刚来纵横，首先会领到一份《纵横导播指南》：

时间	导播1	导播2	关键词
6：00~6：30	1.给主持人电话，叫醒服务 2.主持人来，录制两段预告片花	1.编写7点资讯 （PS.格式、时段按照标准来，不要让主任自行调整、删减） 2.在武警机房，认真核查每一段录音是否在库，是否反相	叫醒 预告 资讯 反相
6：30~7：00	1.制作两段预告片花 2.确定主持人准确将片花导入JINGLE单	1.核查第一小时有几个直连，是否需要提前联系确认在线 2.复查主持人JINGLE单，内容和顺序是否准确 （tip:片花也要看一下!）	预告 JINGLE 直连
7：00~7：30	1.直播间导播，提前主持人一步，一一顺稿。发现问题马上报告主任 2.直连必须提前打电话，确认对方在线，问题内容和时长 （tip:电话使用不重复，以便直连时直接按"重拨"）	1.开始填交班表 （ps.自己编辑不填，自己编辑采访对象填；外部门采访对象不填，驻外记者和专家填；普通当事人不填） 2.审看JINGLE单，将第一小时剩余录音导入 （tip:必须注意三个统一:日期、名称和时长!）	导播 连线 填表 JINGLE
7：30~8：00	1.7.30开始算时间，计算是否需要删减，一定和主持人沟通后再调整! （tip：将时间写在旁边，以便之后比对） 2.催第二小时稿子，备齐送给主持人，自己浏览，心中有数 （tip:直连地方可以画"√"标注，方便后面准备）	1.第二小时稿子到位后，按顺序导入JINGLE单，切记不要压到未播节目 2.继续填交班表	算时 后一小时 JINGLE 此刻主播
8：00~8：30	1.直连必须提前确认在线，提前告诉主播气象和公路是谁 （tip:两台电话挨着连，不要造成主持人混淆!） 2.第二小时尽量在8.20就开始算时间，确保时间	1.点早餐 2.保证8点半前填好交班表，请主任填剩下的部分。注意保存。 3.快到第二档"此时此刻"时，记得提前去请"此刻主播"到岗	早餐 直连 交班表 此刻主播
8：30~9：00	1.填写安全播出交班表 2.从后往前倒算时间，确定是否该删减、调整，一定和主持人沟通后再调整!	1.主任填好交班表，确认无误，发送工作平台和邮箱 2.取餐，确定有发票!	

这样的18个小时下来，额，什么也不说了，见下图：

夜班前　　　　　　　　　夜班后

　　两年里，我知道了凌晨三点多是长安街上车最少的时候；清洁工大叔大妈每天早上四点半就会集合，每人骑个小自行车扛着长夹子上路捡垃圾；五点半，楼下早市的三轮车就已经陆续就位了，八点以前又会全部离开，路面收拾得干干净净；在一个城市渐渐苏醒焕发活力的时候，却是我们精疲力尽倒头睡下的时候。

　　除了睡眠不足，饥饿也是夜班的一大劲敌，晚餐吃得再好，全神贯注噼里啪啦敲一晚上稿子，到凌晨两三点，胃里也空空的了。那种想挠墙的饿啊，自备的零食一定是迅速被瓜分完的，再不够，就去大平台上溜达。大概是因为中国之声总会有加班的时候，每个部门都会备一些存货，我们"偷"过编辑部的巧克力，策划部的饼干，午间部的鱼片，晚间部的瓜子……有的部门白天买了水果，下班时也会专门送一批到早间来，一定不会留到第二天。

　　后来频率给早间加了夜餐，可是半夜能送餐的只有麦当劳和台门口的马华。在凌晨三点啃过几次炸鸡腿之后我悲哀地发现，鸡腿上的肉都成功地转移到了我的腿上……因为长期睡眠、饮食不规律，早间的姑娘小伙儿们都多少有点儿内分泌失调，容易走俩极端，要么瘦得像是随时可以被风刮倒，要么就是隔俩月就得买大一号的衣服，而且，真的减！不！下！来！

　　所以我有时酸酸地想，早间人似乎永远不可能在同事面前展现自己最好的状态。姑娘们很少化妆，就算打点儿淡妆，夜里也一定会卸得干干净净。早上的我们，都是正儿八经的素颜，脸不发肿就已经谢天谢地了。因为熬夜，长痘长斑，面色无光都是很正常的事儿。有人曾经试过晚上一边编稿子一边敷面膜，但是在连续让几位主任受到惊吓之后，放弃了。为了夜里放松舒服一点儿，那种要挺胸收腹的连衣裙是绝对不穿的，更不要提高跟鞋了。

小伙子们也一样，都是清一色的运动衫、休闲裤，有时候忙活一夜，根本顾不上刷牙洗脸，顶着一颗蓬头垢面的大脑袋在直播间和大平台之间的走廊上飞奔，下了大夜，再骑着二八大车奔走三十里路回家睡觉。以至于，工作仅仅三年之后，一个曾经青涩文雅的小伙子变成了秃顶发福的大老爷们儿，站岗的武警哥哥看着工作证上的照片，再看看他本人，说什么也不让他进门了。哎，你的头发，是赴了一场说走就走的旅行吗？

这大概是早间小伙儿们找女朋友有点儿难的重要原因。不过另一个不能忽视的重要原因是上班时间永远和姑娘是反着来的，人家上班的时候你在睡觉，人家周末的时候你在上班，小长假要上班，情人节要上班，连除夕都在熬大夜。几乎每一个早间人都在夜班上过过生日，一个小小的蛋糕，几簇闪闪的烛火，南腔北调的生日歌，让我们后来坚定地认为，没有在纵横夜班过过生日的人生是不完整的。

晚出早归的日子好像错过了很多事情，不过初入职场的我们，在早间黄埔军校这个特殊的集体里，度过了最苦的日子，但同时也是，最好的时光。在无数个漫漫长夜里，我们把最旺盛的精力给了我们手上的稿件，让节目去呈现我们最好的状态，这就足够了，不是吗？

《报摘》的"铁帽子王"

曹波

　　说起姜保红，总是得从他那些无数的外号和趣闻开始。比如他那顶戴了二十多年从来不肯取下的帽子，比如他去老乡家一天吃了26个鸡蛋的"壮举"。当然更著名的还是他连续20多年的《新闻和报纸摘要》夜班生涯。我出生于1984年，保红常对我说的一句话就是："你刚出生，我就已经开始上班了。"这样的夜班长度，想必在全国也难找出几个人来。

　　我和保红主任的初识，是在2008年。第一个他的班，保红就问出了一个令我颇感意外的问题：你会打印吗？"难道打印不是每个人都会的吗？怎么会有人问这样的问题？"带着这样的嘀咕，我心怀忐忑地熬过了第一个夜班。心里一直担心新的领导对自己是否如此不信任。直到后来，我问起许多新入台的同事，才知道这奇怪的一问，实在堪称保红对新人的经典开场白。什么"你会用电脑吗？""你会打字吗？"诸如此类，甚至会有

铁帽子王——姜保红

"你会坐地铁吗？"这样让人哭笑不得的问题。也许在保红心里，我们永远都是长不大的小孩子吧。

年轻人总是喜欢研究星座。按照生日，保红是个不折不扣的"温柔而又残暴"的双鱼座。保红是温柔的，跟他上班，他总是拿出一大瓶的可乐和我们共享，又或者像变戏法一般，从口袋里掏出各种各样的零食给我们吃，还在一边满怀歉疚地担心是不是不合我们的口味。

但是，保红也是"残暴"的。尽管平常待我们如同亲人一样，发起火来可是照样不含糊。《报摘》的夜班原来在晚上九点，这在保红的心中，可是一分一秒都不能耽误。指挥中心的显示屏，数字刚刚跳到8点58，他就会像攻击前的猫一样，弓起身子，汗毛竖起，进入焦躁不安的状态，等到那位迟到的"倒霉蛋"走进指挥中心，哪怕只是迟到几秒钟，迎来的也会是劈头盖脸的一顿训斥。

保红的夜班，他自己不睡，编辑不能睡，就连远在天边的记者也难睡上一顿好觉。为了一条稿子的音响，无数的记者都曾在半夜接到过保红主任的"午夜凶铃"。风声不够大，雨声不够响，飞机起飞要呜呜呜，拖拉机经过要突突突，菜刀切菜板要梆梆梆。就那么几秒钟，别人一耳朵就过去的事儿，保红总是要听上好几遍才算数。采访录音要重新压混，记者口播要一句一句抠，段落结构干脆来个乾坤大挪移。一篇稿子，只要经过保红的手，那真跟去了一趟韩国没什么两样——"整得亲妈都不认识了"。如此，却是没有一个人敢反对他的意见，原因我总结有三：资格老，水平高，更重要的是，"辩论"功力无人能敌，交涉过程短则几分钟，长则一两个小时，定要说得你丢盔弃甲，俯首称臣。总之是改也得改，不改也得改。

《新闻和报纸摘要》的特色栏目《版面介绍》，经常晚上上班，保红都会紧张地说："今天稿子不充分啊，版面要多写点儿。"结果编辑们常常是辛苦一夜，交上去几千字的稿件，却发现只剩下区区几百字。在保红心里，才不管是不是你的心血，只要是不够完美，统统都是可以挤掉的水分。

如此一夜，常常是筋疲力尽。到了早上，保红却还有"折腾"我们的精力。稿件登记也要逐条改过，打印稿件，格式也要调整精细，纸张不能有一点儿浪费。一次，我和同事兴冲冲走进办公室，不料却远远看见一个戴着帽子的背影，顿时大惊失色。原来当天保红和其他主任换班，打了我

小龙虾杀手——姜保红

们个措手不及。还没等我们有何动作，就听见那句熟悉的话语袭来："今天稿子不充分啊，版面要多写点儿。"两人只好面如死灰地走到座位，等待着一整夜的"皮开肉绽"。

这样的夜晚，保红已经度过了7000多个，他却丝毫不以为意。去年，他被查出身体有了疾病。从此，大可乐消失了，零食还在，保红却从来不吃，只是塞给我们，从来都不摘下的帽子有一天也取了下来，在下面，是令人痛心的满头白发。当我们担心地劝说保红"以身体为重，离开夜班"时，得到的，却是他一句"我可得一直上到退休呢！"清朝有"铁帽子王"，世袭罔替。戴着帽子坚守《新闻和报纸摘要》夜班20多年的姜保红，真不愧是《新闻和报纸摘要》的"铁帽子王"。

编织一张全球华语广播"网"

姬平

每天正午12点，《全球华语广播网》开启"中国之声"全新资讯时段，奉献正午新闻大餐。"华人视角观天下，世界眼光看中国"，《全球华语广播网》定位为用"华人视角"关注世界变化，以"中国视点"构筑价值取向，打造最快捷的国际新闻通道，最开阔的环球瞭望窗口。

作为中央台和全球华语电台合作的重要平台，《全球华语广播网》秉承"内合外联"的战略思想，积极和中国驻外记者、世界华语电台建立联系，让国际新闻真正实现零时差、零距离。中央台没有驻外记者，所以加强和其他国家华语电台华语记者、主持人的联系，打造一支能够快速报道的海外观察员队伍是我们办好节目的重要保障。多年来，中国之声午间部由专人负责、大家共同努力，维护、壮大着海外观察员队伍。

纽约中国广播网程蕙台长是位可敬可亲的老大姐，60多岁了，可做起报道来一点儿都不显老，对我们的报道有求必应。有一次报道美国飓风，程蕙所在的街区停电，手机又快没电了，她冒雨跑到一个可以给手机充电的地方，给手机充满电，保证给我们的连线顺利做完。她的这种敬业精神给了我们很大的鼓舞。

联合国电台的李茂奇对我们也是有求必应。有一次我们想直播联合国大会召开时的实况，李茂奇想办法满足了我们的要求。

德国华语电台的薛成俊，因为时差有时要半夜给我们做录音，可他毫无怨言。

比利时华语电台刘扬、凤凰卫视驻纽约记者庞哲、日本观察员蒋丰等等，都是我们随时可以"骚扰"的海外观察员。

《全球华语广播网》力争第一时间报道新闻事件，力求有现场报道，这就必须依靠海外观察员。例如，对美国总统大选的现场报道；美国飓风的现场报道；泰国局势动荡的现场报道；乔布斯去世的突发报道；还有日本"3·11"大地震、金正日逝世、穆巴拉克受审等许多突发和重大新闻事件的快速报道，我们的海外观察员功不可没。

《全球华语广播网》的一个重要栏目就是"直通华语台"，每天连线一位华语台记者，讲述当地的新鲜事、新闻人，很受欢迎，网络转载率很高。例如，加拿大观察员胡声桥报道的一个全球职场调查，"八成中国人认为自己大材小用"的新闻，转载220多次，还引发了各大媒体的集中讨论，甚至进入了公务员考试题库。

在打造海外观察员队伍中，我们没有"放过"中央台到国外学习、讲学、定居的人。中央台员工马小艺到美国做访问学者一年，我们就请她每周为我们做一次《游学传真》，讲述她在美国校园观察到的美国教育文化生活的方方面面。现在《游学传真》栏目不断充实内容，力争给想出国留学的人提供一些实实在在的帮助。

原来在中国之声晚间部工作的刘珏现在澳大利亚，我们请她做《全球华语广播网》澳大利亚观察员，除了报道澳大利亚外，还为我们做"读

午间部"全家福"

报"。我们的"读报"栏目每天将海外媒体对中国的报道介绍给听众。"读报"栏目也很受欢迎，真实体现了"世界眼光看中国"。同时，"读报"栏目选取国外媒体最有价值的报道，听听老外都在关注什么，看看中国如何影响世界。

曾经在中央台工作过的胡声桥现在加拿大，我们请他做加拿大观察员，每周都给我们发来报道。

《全球华语广播网》后半个小时的主打栏目是"海外镜鉴"，现在越来越好听了。我们先从选题入手，一定选一些时效强、关注度高，并且和大家生活息息相关的选题，像我国不承认比特币、网上提供骂人服务、逃课软件等。从出生到养老，从教育到交通，衣食住行，大家关心什么我们就选择什么，然后看看其他国家都是怎么做的?这就需要我们的海外观察员去观察，去了解，然后为我们做报道。他们往往是讲细节、讲事例，很生动，听众爱听。

海外观察员的报道风格和《全球华语广播网》风格鲜明的语言表达习惯非常一致，力求形象、生动、通俗易懂，让有距离的国际新闻变得鲜活生动。例如，"泰国的政治运动就像世界闻名的泰式按摩一样，看起来阵势吓人，但实际却是松筋动骨，治不了大病"；"普京用一条输油管道就扼住了欧洲的命门"；"俄罗斯和乌克兰又开始'斗气'了"……独特的语言系统大大提高了节目的辨识度，深得听众喜爱。

《全球华语广播网》作为整合全球华语广播节目资源的平台，和联合国电台、纽约中国广播网、俄罗斯之声、韩国KBS、澳洲2ac电台、台湾中广公司、香港商业电台、香港普通话电台等都建立了良好的合作关系。《全球华语广播网》能够用华人眼光观察世界、审视中国，生动报道世界各地社会文化、风土人物、旅游科技、体育娱乐，多角度展现"世界华人、华人世界"的真实状态，所以节目还被其他国家的电台全部或部分转播，体现了"华语广播联合"的思路。

《全球华语广播网》的编播人员和海外观察员在工作中建立了深厚的感情。只要有海外观察员回中国，我们一定会请他们到台里来，大家座谈、联欢，关系非常融洽。日本观察员蒋丰、韩国观察员南黎明、比利时观察员刘扬等还给我们带来日本、韩国小吃和比利时巧克力，我们很感

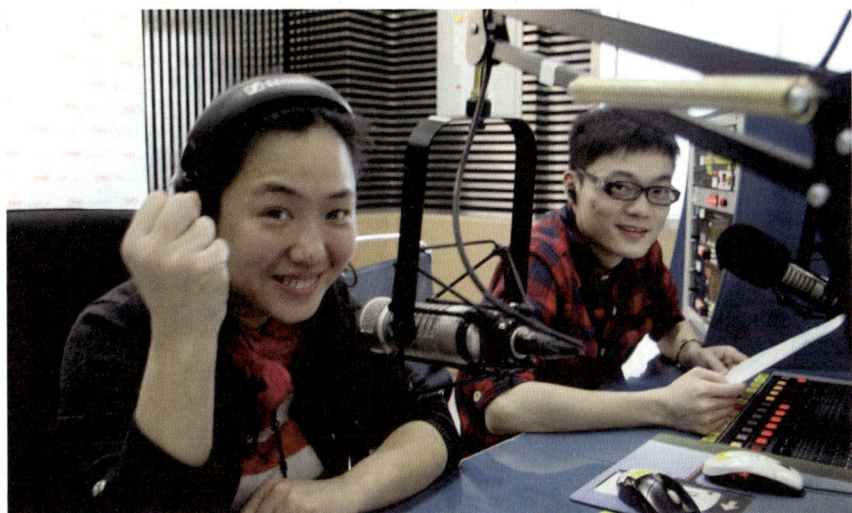

《全球华语广播网》节目主持人庞莹、胡凡

动，大家在一起就像兄弟姐妹一样！

正是有了这批海外观察员，使《全球华语广播网》以独特的内容，轻松的风格，成为很多人了解国际新闻的首选。澳大利亚悉尼听众李林栗女士多次表达对节目的喜爱之情，她连续几年给节目组寄送澳洲生肖邮票。在写给节目组的信中，她说"乡音总是倍感亲切，千山万水割不断海外华人对祖国的思念"。此外，每天都有热心听众通过微博、邮箱和短信表达对节目的喜爱和支持。来看部分听众反馈：

河北王雅慧：《全球华语广播网》节目容量大、覆盖广，随着主持人幽默风趣、流畅的报道，听众"游遍"了世界的各个角落。领略巴黎人的整楼团购热潮，看看柏林人网上虚拟看房……一小时节目中，世间百态，尽收耳底，影视、经济、政治、宗教，不一而足，节目编排详略得当，夹叙夹议。

听众（ljb256@163.com）：听中央台一套节目已经二十多年，现在午间的《全球华语广播网》大有成为经典的势头，太喜欢了。纯粹的新闻、新闻价值的选择取向、专业的分析、高水准的编辑和主持，太喜欢了，这个节目坚持下去会创造历史。

导播间突发事件排行榜

刘宇华

状况一：临时重要插播

指挥中心突然指示，临时插播一条突发新闻事件，导播间里需要做三件事：1.第一时间打电话给前方记者做好沟通，把记者的电话信号切进直播间；2.迅速按照指挥中心指示和记者的描述，打好连线提纲并通过腾讯通发给主持人；3.提醒主持人连线提纲已准备好，电话信号已接进直播间，随时可以进入插播状态。短短的3个步骤，说起来很容易，但是从接到指示迅速反应到连线结束，导播间里经常一团忙乱，哪一个步骤做不好都可能影响最后的直播效果。

状况二：重大直播突然变更

中国之声经常承担着各项重大活动的直播和转播工作，指挥中心也会根据各方文件指示做出详尽的直播开始前后的备案供导播参考使用。为了一个直播或者转播，导播经常需要做好几份流程备用以应对不同的状况。但是，直播、转播多了，就常常遇到直播提前结束、推迟开始，或者是大家都没想到的突然状况，导播需要迅速反应，本着不空播、不劣播的认真态度，第一时间选取播出内容交代给主持人，然后跟指挥中心对接，听取下一步的节目指示。

状况三：假空播

导播间里的音箱因为线路问题突然失声，导播听不见从直播间里传出的实时直播声音，第一反应就是空播，顿时心跳骤然加速、血压升高、脑门充血。偶尔发生一两次，足叫人魂惊魄散。

状况四：电脑突然死机

电脑是导播间里的重要设备之一，导播需要通过电脑登录腾讯通与指挥中心实时对接，需要通过电脑登录央广网相关邮箱查阅、收集相关资料，需要通过电脑编写直播流程……电脑一旦死机，无异于前方道路突然塌方。

状况五：接连几个电话都打不通

导播间里的电话是连接主持人与前方记者的重要工具，通过热线电话，主持人才能与前方记者对话，第一时间为听众带来最新消息。马上进入连线时间，3台直播电话齐上阵，接下来要连线的N个记者的电话却一个也打不通，或者信号不好，或者没人接听……让人干着急没办法。

状况六：记者突然告知连线取消，打乱已有直播流程

记者在忙碌的情况下没有及时告知导播因为特殊原因，原定的连线需取消。在导播打通电话时才匆匆告知，已有的直播流程被打乱，突然进入无米下锅状态。

状况七：热线电话信号突然出现问题

接通热线，跟记者沟通确定连线内容和电话信号无误，主持人将电话信号切进直播间后电话突然出现问题，或者出现杂音，或者突然中断，

状况八：听众来电长时间占用直播线路

导播间里时不时会接到听众打来的热线电话，或者投诉，或者爆料，或者点评节目，接到这样的电话会让导播又爱又恨，爱的是：说明咱节目受人关注；恨的是：占用了直播电话，影响节目播出，得非常讨巧地挂掉这样的电话。

状况九：打印机突然卡壳

打印机是直播间里除了电脑、电话之外，使用率最高的设备了。刚刚做好直播流程，准备打印出来送进直播间，打印机突然没墨或者卡纸，打印不出东西，很让人着急。

晚间STYLE

任杰

2013中国之声文化季闭幕式演出，晚间节目部小品《好想谈恋爱》，再次艺惊四座。周文超的"大胆"、苏扬的"奔放"、唐子文的"还能再贱一点儿吗"，令很多人大喊——长了"见识"。

晚间节目部主营中国之声两档节目：一、《全国新闻联播》，虽不至于让人产生绝望中看到希望的疗效，但是，严肃、认真、昂扬向上的调子，还是有的；二、《央广新闻晚高峰》，落点在"新闻事中新闻人"，因此，更生动、更坦率、更追求人和人之间的"抵达"。

同样一伙人，做两档气质差许多的节目，跳跃吗？很跳跃；癫狂吗？有点儿癫狂；崩溃吗？不崩溃。在晚间节目部，只有别人想不到的，没有我们做不到的。这是一个以"折腾"著称的部门，这种"折腾"的精神贯穿节目内外。

求变；被练

节目，求变。

翻看2010年1月26日的《央广新闻晚高峰》流程，有这些子栏目：《观点面对面》《晚报浏览》《新政新闻榜》（看似有现在民生新闻榜的影子，不过，是编辑写，主持人播）等等。栏目标识是《新闻晚高峰，相伴在路上》，每时段结束前，主持人一定会说的是：我们的声音，来自您的生活，央广新闻晚高峰，正在直播……

再来听听今天的《央广新闻晚高峰》，除了录音报道这一项始终没取消，流程里，除了编辑写给主持人播的内容，还是用▲打头，小四字体1.5倍间距没变，已然翻天覆地。

在晚间节目部，大体的节奏是，当编辑主持人开始了然节目样态，觉得特别舒服的时候，就是部门领导酝酿下一次"变革"的时候。因此，变，在晚间节目部，是一种常态。

新晚间节目部成立于2009年12月，《央广新闻晚高峰》开播于当年年底。节目运行之初千头万绪，再加上节目编辑多是刚迈入CNR大楼的青涩派，所以，过了好一阵摸爬滚打的日子。很多中国之声同事可能还有印象，当年这些姑娘穿着高跟鞋，哒哒哒往直播间飞跑着送稿的场景，声音那叫一个"脆生"。

2010年11月，《央广新闻晚高峰》开播近一年，节目渐渐平稳，走廊里哒哒哒飞奔的声音也明显少了很多。就在大家觉得可以喘口气儿的时候，部门领导班子宣告《全国新闻联播》将改版。经过一次次的头脑风暴，最后确定改版后联播加入《媒体头条扫描》《媒体聚焦》《新闻提示》等新的板块，同时，设置头条编辑岗，对"联播头条"进行重新整合，编辑队伍打回起点重新适应。每天录音的时长更短，这种节奏的变化，要求主持人的播报风格也跟着做出调整。

就在如此大动作之后，当年12月，部门再策划《后峰脱口秀》节目，7点到8点，不再重复白天轮盘的样态。"声优"苏扬迈出向新闻评论性主持人华丽转型的第一步，嘉宾要磨合、编辑要配合，后峰时段的流程模板在初创的两个月，真是边实践，边总结，边更新。

这是2010年的晚间节目部，改变，每天都在发生，渐渐地，它成了晚间节目部的一种隐形因子，挑"动静大"的再进行一下简单梳理：

2011年，各时段编辑开始走进直播间说榜单，联播和高峰编辑展开大流动，推出《晚高峰新闻调查》；

2012年，推出《今日最美新闻人》，内部设立"忙人岗"，编辑自己寻找选题，自采自写；

2013年，推出《主笔时间》，每天的四个榜单改为由一名"主笔"负责编写播报，《晚高峰新闻调查》引入微信互动，后峰日常版，由一位观察员调整为两位观察员，同时，后峰周日版推出《一周人物盘点》……

队伍，被练。

变，和练是相辅相成的。变的是节目，练的是队伍。抓紧一切时机练兵，这可能是晚间节目部领导班子的管理法则（揣测的）；时时刻刻被练，这就不是揣测了，这是我等小编实实在在的真切感受。

不练，也真不行。

　　2010年初的晚间节目部，除了郑葆华和董廷燕两位老师，高峰编辑组，周尧、葛方度、车丽、刘珏、周益帆、我，都是刚加入中国之声，清一水儿的懵懂姑娘，只是懵懂程度几颗星略有区别而已。然后，我们就齐刷刷地踏上了"被练"的征程。

　　先说说，2010年4月的波兰总统坠机事件。当时，像刘珏、周益帆和我入台刚三个月，状态就是比实现"流程规范化"以前，稍微迈出一小步。但是，就是带着这样的队伍，在新华社平台发布此事件快讯的下午4点10分，经指挥中心许可，郎峰蔚主任把当天《央广新闻晚高峰》所有稿件全部撤掉，改为突发事件滚动直播。熟悉节目的人都知道，此时距离节目开播仅有20分钟！

　　人懵懂，有懵懂的好处。领导坐镇指挥，我们就呼啦啦跟着往前冲，也没想这事儿难度有多大。"海归派"刘珏冲到录音间就给波兰驻华使馆打电话；车丽、周益帆分别联络波兰和俄罗斯的媒体；周尧和我，对着专家表一个个打电话请求直连，航空的、军事的、国际关系的。联系好了谁，采好了什么内容，就直接跟主任汇报，然后直播间里随时更新……

　　节目结束了，我们才知道，我们合伙打了很漂亮的一仗。因为当时，各大重量级通讯社对事件的描述还仅仅停留在只言片语的介绍阶段，晚高峰已经开始全方位地"还原+解读"了。

　　一个月后，俄罗斯纪念卫国战争胜利65周年大阅兵，赵军主任又带我们做了一次特别直播；再后来，地震这样的大灾大难，我们是肯定做特别报道的；重度雾霾、东北洪水，也成了我们"被练"的契机。除此之外，过年期间不是稿荒嘛，编辑们一人做一篇《新春人物志》再走！想想过去几年，基本上我们是在回家的当天还在做《人物志》，然后，再匆匆忙忙踏上回家的火车。

求乐；被爱

　　在中国之声大平台，经常可以听到从西北角传来的笑声，在午休时分，在紧张工作之余；这里还会经常飘荡出由自家大厨秘制的食物香气，在选题会之前，在下班之后。这里是晚间节目部，这里有嬉笑欢闹，这里有脉脉温情。

聚众，求乐。

2010年的6月1日，是晚间节目部度过的第一个普"部"同庆的节日（春节，为轮流值班；情人节，单身族组趴；三八节，纯爷们儿们不过）。记得那天，天飘着小雨，首都儿童可能有点儿嫌弃这个雨天都没出来，或者他们去了更高端大气的欢乐谷。总之，石景山游乐园游人稀少，然后，我们这些"适龄儿童"就玩出了包场的架势。当然，我们还拍出了各种萌照，虽然现在看来，说是"致青春"，可能更贴切些。

2012年春天，乍暖还寒时节，晚间节目部再次组织所有人员爬山。清晨，大家从东南西北，首都的各个"环"出发，奔赴八大处。有些人爬上了山顶，虽然最高的灵山也就不到1000米，但是他们的照片拍出了"会当凌绝顶、一览众山小"的气魄；也有像白中华老师这样，没爬一会儿就回到山底开吃，也好啦，如果今天不说，中国之声的同事们在著名农村记者白中华老师的特长栏里，可能会填上三项：一、和猪聊天；二、乐队指挥；三、登高望远。

屈指一算，我们在一起，聚众搞的各种"大趴小趴"真不少——北漂单身者一起中秋赏月，春节值班时一起守岁，一起为当妈的、当爹的、嫁人的小伙伴儿们庆祝，一起办了以"感恩为名"的家长会；也一次次，在泪水中惜别并肩战斗的战友，并迅速擦干泪水，迎来了新的更年轻漂亮、潇洒俊逸的同事。

守护，被爱。

大趴小趴，再频繁，也不会每天都有，我们还是一个以工作为重的集体。但是，彼此的守护和温暖，却时时刻刻都在发生着。

2011年节目改版，晚间节目部的编辑开始进直播间说新闻，苏扬、雨亭、庞莹、杨波、陈亮、宇菲、姜姗，几乎每一位主持人都曾给编辑们指导过直播间语态，"今天的语速快了"，"这一段说的时候可以再放开些"，他们咔咔说，我们就配合着咔咔点头；刘蕾、姚轶滨、周益帆初上主播台，几位"老主持人"就在外面的导播间盯着，那眼神儿，就像家长守候孩子，在高考的战场。

雨亭加入中央台16周年纪念日，部门"特别破费"地买了小一箱橙子，每个人都在橙子上画了一个雨亭（除了我们，还会有别的丫头对他这么上心吗？有吗？其实，主要是他不上心啦。）；付娜某天晚上被确诊长了"水痘"，夫婿恰巧出差在外，惊闻"噩耗"，正在做美容的同事以最快速度结束了美容，正在和家人吃饭的同事赶紧撂下了饭碗，坐公交车回家的同事从最近一站公交车站下了车，大家从不同地点出发直奔医院，让病号身边能够有个人照应（只是，第一时间谁都没想到，其实水痘，还是一种传染病）；不管是早前宇菲参加频率卡拉OK大赛，还是苏扬、姚轶滨联袂参加十佳主持人评选，就算是当天休息的同事，哪怕住得再远，也一定会赶到现场为他们加油、助阵。

相爱，是一种奢侈。

如果问我，什么是晚间STYLE？我会说，是对新闻的痴情，是对工作的热忱，是对战友这份由衷的关爱。

迎风而立，一个人就代表一个媒体；颔首相挽，所有人的心脉相通就是我们的团队。

中国之声新晚间节目部，2009年12月成立至今，以出场先后为序，有如下主角：郎峰蔚、毛舟、赵军、杨波、庞莹、雨亭、宇菲、陈亮、姜姗、孙巧稚、白中华、白健、郑葆华、董廷燕、饶蕾、周尧、车丽、葛方度、刘珏、任杰、周益帆、杨扬、苏扬、韩秀、姚轶滨、刘蕾、黎春、付娜、吴菁、韩雪、韩健、卢燕、唐子文、王艺、李婧、依辰、杨博宇、周文超。

2009～2013，我们一起记录着新闻，也见证了共同的成长，走进了彼此的记忆……

　　遥远的路程昨日的梦以及远去的笑声
　　再次的见面我们又历经了多少的路程

　　　　　　　　　　　　　　　　——《光阴的故事》

一场特殊的"家长会"

吴菁　周益帆

在中国之声大平台的西北角，晚间节日部每天上午的工作，是从"争吵"开始的。因为在选题会上，编辑、主持人会一起热议，今天的"最美"是谁？从2012年6月4日起，每天都有一位感动人心、传递正能量的人物登上新闻晚高峰的《最美新闻人》栏目——他们，或舍己为人，或尽己之力默默奉献；他们，或不以善小而不为，或坚持成就梦想。他们当中有最美司机吴斌、最美老师张丽莉、托举哥周冲和更多只留下一个最美身影的普通人……

开播不到三个月，这样一个正能量满满的栏目获得了2012全国广电系统创新创优栏目。荣誉让晚间人在高兴之余却蓦然发现，宣传了那么多包括孝敬父母在内的最美新闻人，自己却做得如此之少。通过电波，父母早已经是我们最忠实的粉丝，但空间距离，让他们渴望离我们这么近，却只能那么远。

于是，在频率领导的支持下，一场邀请父母参加的晚间"家长会"活动，由一封充满爱的"致家长信"拉开帷幕。

一次又一次的讨论，一版又一版的修改，我们的邀请信，带着温热的爱，飞向了最亲爱的长辈！信上写着："来吧，亲爱的长辈们，来看看你们心爱的孩子们的工作状态吧！让我们平生第一次在你们的注视下走进直播间吧！"

所有的准备工作，细致到每一个角落。每个人各司其职，有人负责细化流程、有人负责制作视频、有人负责采购……不知疲倦的力量，伴随喜悦充满心头。那些新鲜的水果，那些盛开的鲜花，那些感激的卡片，大家都用心挑选。因为，这一次，我们要尽所有力量，对长辈表达爱……

一切准备就绪。2012年9月15日15:00，广电西门，我们迎来了长辈们。所有的欢笑都写在脸上，感谢你们一直以来的宽容谅解，欢迎来到我们追逐理想的地方……

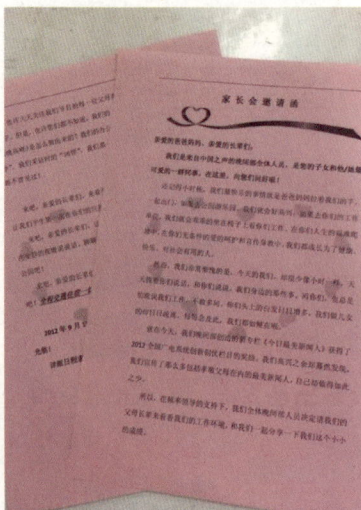

致家长们的信

细致的准备工作

蔡小林总监给每个家庭送上照片

2012年9月15日16：30，在家长们的注视和陪伴下，当天的《新闻晚高峰》开始播出：我们记录人生的时境、洞察社会的变迁、传达正义的声音。办公区、导播室、直播间，是我们的阵地，党和政府的声音从这里传出，人民的诉求从这里得到呼应……而隔着直播间的玻璃，父母在悄悄地观察，他们的眼神既激动，又小心翼翼，想记录下我们工作的每一个场景，又害怕会令我们分神……

2012年9月15日18：00，家长们参观中央台台史馆，它见证了新中国的诞生、成长与腾飞，我们的选择没有错。长辈们，请放心，我们的同事们能干、善良；长辈们请放心，我们的领导们和蔼、正直；长辈们请放心，中央台同样是温暖的家……

2012年9月15日19：00，简单而可口的晚餐宴，从背板到气球我们都亲手布置。小小的舞台上，我们像年幼时那样为台下的你表演，这首《感恩的心》我们精心准备了很久很久……台上、台下，有眼泪在偷偷地飞……

2012年9月15日20：00，我们一起做游戏。让"默契度"讲述我们小小的心里装满了你们。请为我们系上红领巾，请牵起我们的手，我们是深爱你们的孩子，希望看到你幸福……

2012年9月15日21：00，看，这是中国之声"立体快新闻"的速度，下午的照片已经迅速经过挑选、冲洗、装帧完毕，由频率领导亲手送上。而晚宴最后，手拉手共同唱响的《相亲相爱的一家人》，让每一个人热泪盈眶……

如今，距离去年9月的那场晚间"家长会"，已过去整整一年时间了，活动中使用过的手册、桌签被父母如宝贝般小心翼翼地收藏着，活动当天的照片也被做成相框，大大小小地摆放在了家里最显眼的位置。对每一个晚间人来说，那天的每一抹欢笑、每一行热泪、每一个感动瞬间，会永远留存心间。

和家长在一起（一）

和家长在一起（二）

和家长在一起（三）

那辆每天等在台门口的出租车

刘会民

"宋师傅，十二点接我哈！""到了，出来吧！"……每天晚上，夜间部的兄弟姐妹们都会和一名被称为"老宋"的出租车司机发送这样的信息。几年来，老宋都会在台门口接送夜间部的人，一年三百六十五天从未间断过。

我是从去年才开始乘坐老宋的出租车。此前，我在行政部门工作，每天朝九晚五，过着大多数上班族一样的规律生活，乘出租车的机会很少。调入夜间节目部后，每天的工作时间也变成了下午到午夜，甚至到凌晨，下班后如何回家就成为一个必须要面临的问题。

按理说，作为新闻战线上的工作者，各种突发的采访报道、通宵达旦赶稿都是家常便饭，这样的下班问题实在是不值一提。倘若有一丝抱怨，估计会惨遭频率兄弟姐妹"鄙视"——这也算个事儿啊？真矫情！不过，在万籁俱寂的午夜，公交、地铁都停了，出租车成为我们下班回家唯一的交通工具。但即便有出租车，还是有些现实问题摆在面前。比如，不少同事住在郊区，很多出租车晚上都不愿意去，我就曾有过连续被拒载7次的辛酸经历。另外，虽然有些同事住得近，但遇到雨雪天气，经常半小时甚至一两个小时都打不到车，用"凄惨和绝望"来形容一点儿都不为过。还有一个更为"严峻"的问题，夜间部的女同事虽不能说是倾国倾城吧，但也个个貌美如花，每天深夜打出租车，万一碰到"花心大萝卜"的哥怎么办？在这种情况下，老宋所开的"夜间部专用出租车"就应运而生了。

刚知道夜间部有这样一部"专车"，我心里还是感到挺新鲜的，毕竟普通员工能享受这种"高级待遇"还是很少见的。其实，老宋的出租车已为夜间部服务好多年了。相比较而言，夜间部的很多同事都没有老宋"资格"老，不少已经调出夜间部的同事都被老宋的"专车"接送过。关于夜间部的很多故事还是老宋在车上讲给大家伙儿听的。

据老宋讲，他的出租车成为夜间部"专车"还颇费了一番周折。话说，本台的财务报销制度那是相当严格的，同一辆出租车的打车票在台内是根本无法报销的。这也倒不难理解。北京的出租车总共6万多辆，一个人一个月内打到同一辆车的概率和买彩票中奖差不多，因此拿同一车号的的票去报销难免有"薅社会主义羊毛"的嫌疑，像夜间部这样多个人打同一辆车的情况那就更不用说了。为此，夜间部特地向台里申请，要求对老宋的出租车"网开一面"。后来，台里考虑到夜间部工作的实际情况，特批了此事。老宋的"夜间部专用出租车"也就合法化了，成为唯一在台里备案的"特权"出租车。

都说的哥是非常有经济头脑的，看似简单的出租车生意，其实里面有很多门道。比如，什么时候趴活、什么时候扫活，的哥总能通过理性选择达到利益最大化。作为一名资深的哥，老宋自然也不例外。经过多年历练，老宋早已练就一门独特本领。他不仅能提前知道部门人员的上班情况，还对每个人的家庭住址了如指掌，并能根据这几个人的家庭住址设计出一条最优路线，保证在最快的时间内把大家送到家。怎么能知道当天都有谁上班呢？其实想想这也不难。在排班规律、每时段节目人员基本确定的情况下，老宋只要知道谁在主持，就能知道每个时段都有谁要下班。所以，每天晚上开着车收听中国之声就成为老宋雷打不动的习惯。久而久之，老宋就成为中国之声一名名副其实的"骨灰级"听众。

既然是"骨灰级"听众，老宋自然对各个主持人的主持风格以及节目设计等颇为熟悉。在回家的路上，同事们经常在车里聊节目，老宋也会积极参与讨论，还经常提出一些较有见地的意见，部分还真被我们采纳过。所以，有时候大家开玩笑说，老宋也算是半个"夜间人"，部门的年度优秀员工理应有老宋一份。

俗话说，金无足赤，人无完人。虽然老宋几年如一日地接送大家，但有时候一些"劣根性"也会暴露出来。比如，通常夜里12点下班的同事最多，有时候一辆车确实接送不过来。这时候，老宋会选择优先接送女同事，虽然理由是为了女同事的安全，但难免有重色轻友的嫌疑。还有，老宋总是伺机向我们推销自家水果。作为一名地道的北京"土著"，老宋不仅有多套房产，还在郊区有自己的果园。当然，这些都不足以让我们羡慕嫉妒恨，可恨的在后面。每年5、6月份，老宋家的樱桃、杏儿成熟后，老宋都会向我们推销——不仅没有优惠，还高于市场价，颇有点儿"杀熟"的味道。不过，老宋的水果都是他亲自采摘，而且能保证12小时内将我们和水果一起送到家。也许是因为水果的新鲜和送货的便捷吧，大家纷纷"中招"，采购的热情还是蛮高的。

总体上看，夜间部兄弟姐妹们和宋师傅之间还是"平等互利、和平共处"的，日子也就这样一天天地过去。不过，这种融洽和谐气氛逐渐被打破了。

此前，部门人员每周上班时间都是很规律的，而且下班时间也很固定，节目结束就可以溜之大吉。后来，部门领导对夜间节目进行了优化和提升，增强了各岗位之间的流动，对部门人员的工作要求也进一步提高。此外，每次节目结束后，各时段节目的主持人、编辑还要及时做好总结、复盘工作，这进一步增加了下班时间的不确定性。这种情况下，老宋如果还按照原来整点来接送，将会经常出现空等的情况。在不堵车的情况下，时间对的哥来说就是白花花的银子。因此，对将追逐利益最大化发挥到极致的老宋来说，在夜里空等着不拉活儿是无法容忍的。不过，精明的老宋很快就想出了办法，那就是要求部门上班的人每天给他发短信，告知他接送的时间。就这样，给老宋约车成为夜间部人每天都要经历的一件事。

今天我还要上班，而且到凌晨两点。还好有宋师傅的车，让我丝毫不用担心回家的问题。不过，下班时间得尽快向老宋报备啊！于是我赶紧拿起手机，将短信发出去——"宋师傅，我今晚两点哈！"

"新"爱情故事

传统媒体和新媒体之间是什么关系？有人说是竞争对手，有人说是合作伙伴，有人说是竞争合作。对我个人来说，和新媒体的相知相识，是我人生重要的一段经历，从事新媒体合作的这几年，给我带来的改变可能要大于从事广播工作的十年。

和新媒体的第一次接触：初恋时不懂爱情

从上世纪九十年代入台，我的志向就是做一个广播人。因为对广播的喜爱，因为对正义的追求，我把做广播新闻记者当作自己一生的事业。

但是，时代在发展变化，广播从最初的磁带式录音机变成后来的数字录音机，从最初的开盘带变成后来的音频工作站。新媒体的崛起也让传统媒体不得不正视乃至主动拥抱新媒体。中央台更是提出了自己的全媒体战略，认识到传统媒体和新媒体全面融合已经是大势所趋。

作为一个编辑记者，对新媒体最初的认识就是上网找新闻，对于新媒体，对于网络，当时很多人还是持一种负面的看法。记得我第一次使用智能手机的时候十分头疼，这个跟我以前使用的诺基亚太不一样了，手机除了打电话发短信还需要别的功能吗？手机还要上网，不是不务正业吗？

当微博刚开始兴起的时候，我对微博也嗤之以鼻，觉得140个字表达的内容只能是浅薄的内容。但是有一天，一个人读着唐诗选集，突然发现，其实诗歌就是最早的微博，而且篇幅可能比一篇微博还短，表达的内容和传达的意境却可以言简意赅，言近意远，甚至不着一字，尽得风流。其实信息和篇幅无关，真正的核心信息传达往往不需要长篇大论。

对我来说，对新媒体认识的改变起源于两件事，一件事是当年中国之声播出了河南某官员质问记者为党说话还是为人民说话。这样的新闻在当年虽然也会有反响，但只是短暂而迅速的，而对地方官员来说，只要传统媒体不再报道，事情基本上就过去了，如同什么都没有发生。

鼠标上的中国之声

只闻其声·不见其人

243

中国之声新浪实名微博 (2013年12月10日)

　　但是新媒体时代一切都不同了，报道发出后虽然传统媒体没有过分报道，但是在网络上成为当年全年最热的话题，几乎所有的网站都报道了这件事，所有的网民都知道了这句话。对被报道者来说，无法再用当年的封堵删稿手段消除影响；对广播来说，原来转瞬即逝只能通过声音传播的弱点得到了克服，这就是新媒体的强大威力。

　　另外一件事是当年李双江的儿子李某某事件，还不是现在的李某某轮奸案，而是李某某涉嫌砸车打人甚至非法持有武器。当时在微博上从早上爆出，到几乎所有的微博都在转发评论，只用了几个小时。我当天一直在看微博，看着一个新闻从一条微博发展成为一个热点事件，这样的传播速度是传统媒体不可想象的。

　　但是对我来说，新媒体还是一个只可远观的美女，和我没什么关系，我也从来没有啥想法。

两个人的新媒体部：相看两不厌，唯有敬亭山

　　2010年，中国之声成立多媒体部，后改名为新媒体部。从此之后，中国之声的新媒体工作开始走上新轨道，我和新媒体的艰难恋情也开始了。

　　刚开始的新媒体部，只有两个人，一个是我，一个是著名主持人青音。两个人什么概念，就是我的院子里有两棵树，一棵是枣树，另外一棵也是枣树。而且我们根本不知道中国之声的新媒体能做什么，该做什么。

　　但是经过最初的彷徨，我们确定了基本的方针，就是着力于中国之声

的二次传播，把中国之声的优质内容输出去，建立自己的新媒体平台，充分利用中国广播网和商业网站的力量，立足传播，做好服务。

对于新媒体部最初的发展，青音功不可没。她作为新媒体的编辑兼公关兼财务，每周还有自己的节目，还要出去跟人谈判。她属于那种笑起来甜美如花，争起来寸土不让的谈判高手。她把自己多年的人脉资源充分利用，而且她还有名人的优势。很多时候我们出去谈判，对方接过我的名片，看一眼，礼貌性地客气一下。接过青音的名片马上喜大普奔地说：您就是青音老师呀，我是听着你的节目长大的。"然后就一切顺利了。

2010年两会，中国之声开通了新浪实名微博，是最早开通微博的中央媒体之一，中国之声首次开始在广播中用微博来进行互动。中国之声微博的许多探索实践，成为很多媒体微博借鉴的标杆。

2011年1月，新媒体部起草撰写的《中国之声微博（博客）管理细则》出台，这也是国内第一部针对媒体和媒体从业者的微博管理办法。此《管理细则》一经出台，立即获得了台里的肯定和同行的极大关注，也被有关部门推荐作为全国媒体微博管理的典范。

一开始，媒体微博没有规律可以借鉴，甚至领导对微博也没有要求。我和编辑一起每天写微博发微博，吃饭走路都在看微博，每天早上睁眼第一件事就是刷微博。古人读书讲究三上，枕上马上厕上，对我来说枕上车上厕上都在刷微博，成了重度微博控。逐渐地我们摸索出了一些规律，这些规律很多被其他媒体微博所借鉴，比如我们的历史上的今天，我们的互动话题，还有我们的评论。

最早的时候微博的粉丝增长得并不快，因为我们的节目里几乎不提微博。后来中国之声的节目开始把微博作为主要甚至唯一的互动手段，中国之声的微博粉丝从100万到400万，现在即将突破500万。还记得当年即将突破200万的时候，频率总监蔡小林头一天就兴奋地说："我估计今天夜里肯定会突破200万，你盯着点儿，明天早上可以让报摘纵横节目也说一下，毕竟这是广播乃至媒体微博中第一家突破200万的。"我当时将信将疑，按照正常的粉丝增长速度，第二天应该可以突破，但到底是几点，或者早上6点之前能否突破还不好说，但是蔡总坚定地说，没问题，一定能。晚上我一直盯着粉丝的变化，时快时慢，有点儿兴奋也有点儿担心，到早上4点钟左右终于迷迷糊糊睡去。早上6点多突然惊醒，拿起手机一刷，微博粉丝200万零200，不过幸好有热心的粉丝把刚突破200万粉丝的时刻截图发了出来。那一天，对我们的微博来说是一个重要的时刻。

后来虽然我们还会为不断增长的粉丝而兴奋，但是已经不再关注数字的变化，而是更加看重微博的影响力。在新浪发布的排行榜上，中国之声的微博粉丝和影响力一直高居国内电台的首位。2011年8月10日，中国之声新浪微电台正式上线。中国之声也一直居于新浪微电台收听榜前列。中国之声记者第一时间除了发连线，还会发发微博。新一届中央领导集体的大多数活动都会第一时间通过中国之声官方微博发布消息，中国之声微博真正成为一个重要的甚至是独立的新闻发布渠道。

到今天微博已经成了传统媒体的标配，网友接触了解新闻的主战场之一。由中国社会科学院新闻与传播研究所、社会科学文献出版社发布的2013年新媒体蓝皮书《中国新媒体发展报告》指出：微博"国家队"异军突起，新华通讯社、人民日报、中央电视台等中央媒体齐齐发力，在微博舆论场尝试主导"微话语权"。中央电视台的@央视新闻，中央人民广播电台的@中国之声等也都在微博舆论场中发挥了积极作用。

从初恋到热恋

经过最初的创业，我们从微博开始逐渐树立起中国之声新媒体的影响力。人手也逐渐增加，从两个人到八九个人。除了中国广播网以外，中国之声和新浪网（新浪微博）、腾讯网（腾讯微博、腾讯微信）、搜狐网、网易网、百度等都建立了密切的合作关系，各大网站频繁出现中国之声的新闻源。

除了微博，中国之声的公众微信账号也是在全国媒体里最早建立的，利用微信可以发送声音的特点和广播进行结合，取得了较好的效果。目前中国之声微信账号有几十万好友，每天收到上千条语音留言。升级之后的微信平台实现了直播、点播、互动的功能，中国之声的微信好友可以直接通过中国之声微信收听中国之声的直播，参与互动，点播精彩节目，查询相关信息。此外，中国之声还推出搜狐新闻客户端中国之声专刊，每天四档内容，可以直接推送到所有订户的手机上。短短几个月，订阅户突破百万。而中国之声在苹果播客上开通了《直播中国》《难忘的中国之声》《千里共良宵》三档栏目，下载量突破百万。其中《难忘的中国之声》栏目开通一个月下载量突破24万，平均每期下载量在5000次以上。目前三档节目总下载量已经突破百万，成为苹果播客首页推荐的播客栏目。

中国之声利用新媒体和广播节目相结合，开展了各种活动。芦山地震期间，除了传播新闻之外，新媒体部联合新浪微博、腾讯微博、腾讯微信、手机QQ、搜狐新闻客户端，利用中国之声地震救援特别节目，打通几方的寻人平台，形成了传统媒体和新媒体的有机互动。

这其中当然离不开各级领导的支持，离不开我的同事，家里有两个孩子依然坚持工作的毛舟，在外边是名人在部门是小编的青音，从一个优秀的广播编辑到新媒体编辑的徐杰峰，不声不响但踏实敬业的梁彬，被称为技术宅男的夏文，为了不耽误工作每天让家里人开车把孩子送到台门口她下去喂完奶接着回来上班的陶姿璇，每天为粉丝要地址寄送奖品的韩健，还有新浪派来的聪明伶俐的美女王茜，腾讯派来帮忙的帅哥周腾飞。当然还有中国之声全频率的编辑记者，因为他们其实也是新媒体记者，没有他们发稿，我们巧妇难为无米之炊。我们不只有八个人，我们有全频率200多员工，几百万粉丝的支持，对于未来，我们充满信心。

我和新媒体从素不相识到初恋到热恋，刚开始领导让我到新媒体部的时候，我是很不情愿的，后来我跟领导要求，如果将来要调整，我不希望离开新媒体部。中国之声新媒体的发展也是我个人的发展，没有新媒体我可能还是局限在广播的小圈子，没有看到媒体发展的大趋势。有人说，好的恋情会成就一个人，让一个人积极向上而不是消沉堕落。对我而言，新媒体给我的不仅是一次改变，更可能是一生的财富。

"文化人"的文化季

张昊

"没有文化的群体注定要消亡，没有文化的事业只能是农民起义，没有文化的人肯定要被淘汰，文化是我们中国之声生生不息、勇攀高峰的根本。"

——蔡小林

作为新闻媒体，一个"文化人"扎堆的地方，真的缺文化吗？搞文化季有必要吗？文化季里谈文化，似乎应是一个更为宽泛的概念，涉及文化氛围、文化品位，更包含团队文化、企业文化之意，是一种核心价值和共同理念，它无须语言表白，化为一种特殊的精神和气质，融入每个成员的内心身处。

在中国之声这艘全国广播界的"新闻旗舰"上，"船员们"个个严谨、专业、认真、负责。二百来号人的团队，犹如一个24小时全天候高速运转的"新闻制造工厂"，记者、编辑、策划、主持人……每个人各司其职、各尽其责，精心采编的新闻报道源源不断，节目和品牌影响力层层提升。2008年节目改革后，同事们常用"7+0""白+黑"形容自身状态："7+0"是指周一到周日打通一贯到底，远离了周末休息的概念，"白+黑"是说白天、晚上两班交替轮换，习惯了24小时工作的节奏。新闻制造的流水线虽务实高效，但却无法凸显个人的成就与价值，部门分工的细致明确，让同事间的交集减少，彼此交流不再紧密，伴随而来的还有"惯性"和"惰性"两只拦路虎。面对如此快节奏、高强度，中国之声能否保持发展势头？怎样满足员工的归属感和成就感？如何让生长的力量更加蓬勃旺盛？一系列疑问有待破解，就在这样的背景下，中国之声文化季应运而生。

2011年，我从早间节目部调入总监办公室担任副主任，从"枪林弹雨"的业务一线到"衣食住行"的保障二线。角色变化带来的是视角的转变，跟身边的年轻同事聊天，听到最多的不是工作劳累的抱怨，而是闲暇时间生活不够丰富多彩，没时间参加喜欢的体育活动，没机会与其部门同

中国之声第2届文化季海报

事有更多交流…… 我们能否给大家创造一个展现自我、互动交流的平台？带着这样的初衷，2012年3月我把自己的想法告诉了办公室主任张小艳，立即获得认可和支持。随后的一个月里，总监办密集召开全体人员会议，完善相关活动项目和内容，一份《关于举办中国之声第一届文化季的请示报告》火热出炉并报送领导。接下来事情进展得异常顺利，分管台领导赵子忠副台长直接指示要办好文化季，总监蔡小林亲自召集会议动员，分管频率领导王凯坐镇指导，其他各位频率领导全力支持。2012年5月21日，"中国之声第一届文化季"正式启动。

至今清晰地记得，开幕式是在西四环外的"忆石羽毛球馆"举行，当天赵子忠副台长亲自出席并宣布开幕，在外学习的蔡小林总监发来了热情洋溢的祝贺短信。那一夜，频率各位羽球高手"石景山"论剑，激烈程度丝毫不逊于华山论剑，一记扣杀、一声大喝、一片欢呼，选手的比拼让人眼花缭乱，亲友团的鼓劲儿让人热血沸腾，更有不甘示弱者，干脆自己也拿起球拍打上几局才过瘾。那一夜，大家忘却了工作的疲累，尽情地释放……

就这样从一个简单的构想，到一项声势浩大的活动，中国之声文化季大幕徐徐拉开，时至今年已举办两届。第一届文化季包含篮球、羽毛球、乒乓球、扑克、书画、摄影、K歌等多项内容。第二届举办时，在征集大家意见的基础上，又加入了趣味运动会、骑行、辩论、员工子女书画展、系列讲座等活动，内容越来越丰富，参与度也越来越高。文化季真正成为中国之声员工一年一度"自己的节日"，而参与其中的领导和同事们，也带给我们别样的意外与惊喜，在专业和勤奋的工作形象背后，每个人都更加生动、有趣和精彩。

两年间，作为文化季的组织者和参与者，经常会想一个问题，中国之声的文化到底是什么？什么力量能把这两百多人凝聚在一起往前冲？这个团队身上有着何种共同的精神气质？而文化季留在我记忆中的几个难忘瞬间，也许恰恰是这些问题的答案与注解。

"失控"的主持人

第一届文化季闭幕晚会暨麦霸争霸赛令很多人记忆犹新，除了当晚十佳歌手的动情演绎，女主持人"失控"的表现成为全场一大亮点。王艺，传媒大学播音主持专业科班出身，入台两年即进入早间部担负《新闻纵横》主持重任。当时找到王艺担任闭幕晚会主持，大家一致看好她端庄、稳重的主持风格，认为她外形甜美还能镇得住场面，是典型的"婉约派"主持路子。没料想当晚开场音乐一起，王艺同学立即"严重失控"，跃入大家眼帘的不再是那个略带腼腆的小姑娘，而是一个机智、活泼、经验丰富的成熟综艺主持人。现场反应快速敏锐、流程掌控收放自如，既有仪式环节的自信大气，又有串场环节的灵活幽默，谁都无法想象这是一个才入台两年多的年轻主持，不禁感叹中国之声真是锻炼人啊！面对挑战，敢于尝试和突破，年轻人在这里总能迅速成长。

当然，在文化季里突破的不只是王艺，如果我告诉你，中国之声的主持人队伍里"王菲"的声音能以假乱真，"费玉清"的形象动作酷似本尊，"lady gaga"瞬间能把现场带热，新闻编辑能把李娜、李谷一的歌曲演绎得优美动人，就连频率领导也能瞬间化身流行音乐天团"F7"，您信吗？那谁，就不一一曝光了，保留点儿神秘，下次出书再揭晓答案。总之，敢于面对挑战，抓住每一次机会实现突破，是每个中国之声人骨子里的劲头。

"惊喜"的走廊

四楼办公区走廊，中国之声员工每天的必经之路。左有指挥中心、发稿室，右有圆桌会议室、洗手间，追赶新闻的路途上，大家每天都"奔忙"在这里。

2012年6月的一天，当大家匆匆走进熟悉的走廊时，猛然发现两边挂满了不一样的风景。工笔花鸟、泼墨重彩、行楷隶草、布面油画、人物影像、生活剪影，借助眼力、快门、笔触、心法，把对生活的热爱、对人生的感悟呈现出来。原来身边的同事，如此多才多艺，秉科老师的书法虬劲有力，国苇老师的仕女图灵动飘逸，崔姐的工笔画惊喜巧密……随后的日子里，无论是踱步品鉴的书画爱好者，还是单纯取乐凑热闹的，越来越多的同事在这里停住脚步。平日里见证了无数突发状况、疯也似奔跑的10米空间似乎突然"慢"了下来、悠闲沉静了下来。而就在一年之后，这段十多米长的走廊又被中国之声员工子女的书画作品装点成了一个"童话世界"。热爱工作、投入事业，不等于没有感知生活的品位和情怀。

"煽情"的拉拉队

这是第一届文化季麦霸争霸赛上发生的一幕。当晚晚间部的刘宇菲（现已调入总编室）作为选手参赛，当她准备登台演唱的一刻，晚间部主持人雨亭突然冲上舞台，抢过话筒，讲了一段动人的拉票感言。随后晚间部的美女们手托两个玫瑰花篮出场，每个里面各装有50支玫瑰。她们走入观众席，把玫瑰送给现场观众，大家才惊喜地发现，每一朵玫瑰都精心包装，上面固定了精美的蝴蝶结，彩带上写上了"为刘宇菲加油！"的字样。这个意外插曲立即引爆了现场气氛，在场的每位观众都惊喜激动，拿着手中的玫瑰随节拍晃动。宇菲演唱的环节，晚间同事都全程起立，为她加油，看到现场如此火爆，所有同事都流下了眼泪。演唱完毕，晚间的同事紧紧地抱在一起，那一刻，就像一家人喜悦的欢聚。

背后不为人知的细节是，比赛前一晚，在刘宇菲不知情的情况下，部门秘密策划，第二天一大早兵分三路，主任郎峰蔚带领同事去花鸟鱼虫市场采购了鲜花两大捧和100支玫瑰；另一路，制作了有刘宇菲照片的宣传板；第三路，前往文具店买彩带和相关工具。中午，当天上班的所有同事亲手为每一支玫瑰"包装扮靓"，每支玫瑰都留下了浓浓的人情味。

中国之声是个大家庭，不是一句空洞口号，从早间部的"黄埔军校"到晚间部的"爸妈探班"，生病的时候嘘寒问暖，困难的时候伸手相助，彼此扶持、相互关心的实际行动，让每位员工感同身受。

"跑调"的冠军

第二届文化季歌咏比赛，赛制从"单打独斗"升级为"集团作战"。对于早午晚夜这样主持人"扎堆"的部门，集体合唱自然难度不大，但对于特别报道部这样的部门，要出个合唱节目比登天还难。眼看比赛一天天临近，特报的节目依然"难产"。当时他们的总积分靠前，原本还有夺冠的希望，一旦弃权则前功尽弃。就在比赛开始前三天，他们密谋召开了一次会议，之后主任刘钦便放出话来，他们的节目充满惊喜。

比赛当晚，特报部的节目是歌曲联唱《特报好声音》，四位成员模仿好声音评委背对大家坐定。首先上场的是斯小潘和吴喆华这一对小伙伴，小潘独唱、喆华伴奏看似有模有样，难不成真的是留有"撒手锏"？但琴弦拨动之际，大家的美梦随即破碎，小潘唱得虽声情并茂，但只有一半在原调上，剩下一半如"调查记者"般跑得无影无踪，大家不禁为他们捏一把冷汗，如此弹唱，如何收场。

终于一位评委忍不住了，点评问道："调都跑成这样了，你们怎么还敢来唱？"

小潘沉稳答曰："刘经理说了，唱一首歌抵两条《纵横》工作量。"

简单一句话，现场的尴尬化作一片笑声，此前的音准偏差恰似有意准备好的"笑点"，场面立即化被动为主动。后来出场的牛晓菲一曲美声引来阵阵叫好，压轴的肖源一首陕北民歌更把整个演出推向高潮。最后特报部凭借着一首"跑调"的作品一举夺得文化季积分冠军。

这就是创意的作用和创新的力量，剑走偏锋，不走寻常路，中国之声一路走来，时常凭借高超的策划、高明的创意，在新闻竞争的大战中占得先机。

"不可能"的任务

中国之声文化季至今举办两届，一直由总监办负责组织承办。很多朋友会问，总监办是个啥机构，简单说，就是中国之声日常管理的执行机构，频率的安播、绩效、人事、后勤、保卫、报销、设备等，林林总总都归总监办负责。当获知批准举办文化季的那一刻，大家开始是阵阵兴奋和激动，逐渐又转入了平静和担忧，因为总监办工作人员总共不到十个人，日常工作烦琐复杂，占用大量时间精力，没有任何经验的团队面对一项毫无先例可循的大型活动，脑海中时常浮现一部好莱坞大片《碟中谍》——《mission impossible》（不可能完成的任务）。然而两年过去，两届文化季不仅成功举办而且还不断创新超越，原因只有一个：一个富有协作精神的团队，足以应对一切挑战。

一件小事让我记忆犹新。今年文化季闭幕式临近最后颁奖环节，突然发现给前三名颁发的奖状找不到了，形势万分紧急。突发状况面前，总监办的同事们没有慌张，一组人立即赶回办公室寻找，一组人示意主持人增加串词拖延时间，还有一组人准备好书写奖状的笔随时待命。我则在心里默默盘算，如果最终无法找到奖状，就提示主持人，用以下话语圆场："今年，响应中央八项规定要求，一切颁奖从简，领导与获奖代表握手并合影留念。"好在最后有惊无险，奖状被及时找到，整个颁奖仪式顺利进行，但整个"应急"的过程，让我充分感受到了一个善于协同作战的团队，一个可以信赖的团队是多么珍贵和重要。小到一个部门，大到整个频率，善于配合、乐于协作的态度和风气，让中国之声的集体团结、和谐、有序、步步为营、不断前行。

一个个体需要文化丰富自身、提升修养，一个集体需要文化形成凝聚力、释放归属感。独乐乐不如众乐乐，在文化季里你看到的不只是编辑、记者、主持人，也是书画家、运动员、歌唱家；你看到的不只是排名、座次，也是无所谓输赢的开心、快乐；你看到的不只是一个"以责任赢信任"的国家新闻广播，更是一个"以实力赢赞许，以真心赢雄心"的幸福大家庭；你看到的是一个不一样的中国之声。

寻找 "1061"

李天娇

2008年7月，伴随着中国之声"对外合作部"的成立，中国之声的"品牌推广"工作被提上了日程。相比中国之声此前近60年的做新闻的经验，做品牌这件事情实在是太"婴儿"。但是，我们这五个被安排做品牌的新部门的新成员，却有拓荒者的感觉，有做事业的兴奋。那一年我30岁，是这个新部门的副主任，已经在新闻采编一线做了8年编辑记者的我，突然由宣传报道别人，变成宣传报道自己。这种角色转换让我充满好奇心和使命感，这需要观念的更新和理念的完善，需要我们摒弃过去"酒好不怕巷子深"的自恋，开始适应时代大张旗鼓地宣扬自己。

如何做中国之声的品牌推广？这是品牌部门创立之初我们苦苦思索的问题。那个时候，感觉自己像上了发条，每天都要头脑风暴，我们要做个模板，把中国之声那么优质的新闻产品让更多的人知道，不辱这个时代交给我们的使命。定位就是方向，方向不对，南辕北辙。经过调研，我们最终确定：中国之声的目标人群是白领精英阶层、时尚有车一族，品牌推广先从北京开始，逐渐向全国推进，当前最主要的任务是让中国之声的品牌被更多人知道熟悉，然后再培养受众对品牌的美誉度和忠诚度。有了目标，就要行动。经过了几个昼夜的不眠不休，在当时分管中国之声的副台长王晓晖和中国之声总监史敏的亲自指导下，我们完成了中国之声的第一个品牌推广大策划"寻找1061"活动方案。这个案例是中国广播品牌推广史中比较经典的案例，当然，我们也是全国广播媒体中最先关注"品牌"的频率之一。几年之后，广播媒体设立品牌部门的创意被很多同业追随和效仿，这是后话。

"寻找1061"活动全称叫"寻找1061，时尚雅力士开回去"，我清楚地记得在我们发布的新闻稿中第一句话就写：中央人民广播电台中国之声举办寻找1061，赢得时尚汽车活动。"1061"就是中国之声在北京的收听频率，我们为了方便大家记忆，还谐音提示大家"1061，要您留意"。这是一个贯穿全年的大型推广活动，也是把节目、推广和营销结合在一起的活动。当时的广汽丰田雅力士汽车是活动的赞助商，为活动提供三辆雅力士汽车使用权大奖以及其他奖品和活动经费。这次活动通过网络立足北京，面向全国。只要你能找到身边1061这组数字，拍下来上传至活动官方网站，就离奖品不远喽！也可以通过收听中国之声FM106.1（北京外地区参考中国之声当地调频）的任意新闻节目，画一幅漫画来参赛。以上两种如果都不是你的强项，还可以选择最后一种方式，为1061唱首歌，要根据中国之声新闻综合频率的特点，创作一首15秒以上60秒以内的歌曲，有无伴奏均可。以上三种方式，可以三管齐下同时进行，也可选择任意一种参赛。这项活动设有周冠军、月冠军，年度冠、亚、季军及特别奖项。奖品丰富，有手机、笔记本电脑、时尚汽车。奖品的诱惑力可想而知，活动参与热度节节高升，特别是在四个周冠军角逐月冠军时，是中国之声一个小时的直播节目，大家在节目中PK，出的题目都和中国之声以及中国之声报道的新闻相关。那时候，我们都特别兴奋，感觉有那么多人对中国之声是如此熟悉，从编辑、记者的名字到哪天报了什么新闻，天呀，受众对我们太关注太了解了，估计动力之一是要赢大奖！活动产生的效果以及颁奖典礼的热闹就不赘述了，在活动过程中有一些特别深刻的记忆想和大家分享。

谈判

因为我是这项活动的牵头人，获得企业赞助和支持也责无旁贷地落在我的身上。记忆中特别深刻的就是和广汽丰田雅力士公司的数次谈判。如何让企业认可你的品牌，愿意真枪实弹地支持你的活动，可不是简单求合作那么简单，那是要让企业知道他的利益增长点在哪里。记得我准备的谈判词包括：活动中嵌入广丰雅力士品牌的宣传，包括院线广告、网络、纸媒、广播等形式宣传，广汽丰田雅力士汽车定位的目标消费者是"张扬个性的都市年轻男女"，是中国之声频率"寻找1061"活动宣传受众的一部分。

雅力士公司本着双赢的理念和中国之声合作，合作最值得回忆的亮点就是我们和当年的大片《哈利波特6》同步推出的院线广告，广告一分钟，但创意很特别，一共做了四个版本。记得其中一版是：开始镜头是一个挂着拐杖的人去医院排队看病，然后，他拿到的排队号码是"1061"，屏幕闪出"寻找1061，时尚雅力士开回去"的宣传语，病人似乎看到雅力士车到手，于是，挣脱拐杖，寻找"1061"去了，最后屏幕打出登录中国广播网的参赛方式。因为活动的特质，使植入性广告的效益远远大于一般广告的效益。还有数次去广州谈判至今萦绕在我脑海中的感动画面，就是石勤姐陪我去广州。那时候正是自己发现怀孕且是孕吐最严重的时刻，是石勤姐准备的一个个塑料袋，时刻准备应付我没有固定频率的呕吐。想想当年的谈判，用现在的话说，还是比较高端、大气、上档次的，让我学会了说话要温柔，态度要坚定的谈判策略。

焦虑

活动经过一年不间断的宣传推广，的确提升了北京地区听众对中国之声北京频率FM106.1的熟知度。但同时，这一年也是我们不断面临各种问题，产生各种焦虑，在焦虑中解决问题的过程。那真是：开弓没有回头箭，按下葫芦起了瓢。活动开始不久，"1061"组委会就收到各种网友的投诉，包括某某抄袭自己的作品；上传作品不是寻找到的"1061"，而是摆拍或PS啥的；或者投诉，组委会提供的月冠军笔记本电脑价值不足5000元（电子产品更新快，年初和年末价格肯定会有变化）等等。总之，大家在忙乎推广、评审，做节目还要处置各种争议，那真是不平凡的一年。但越是忙碌付出，大家对这个活动越有感情。我记得，当时我曾经说过，"1061"好像就是我的一个孩子，告诉我要耐心陪着她面对一切困难。

现在，我的宝宝经常说的一句话是：有了妈妈什么都不怕。当时的我们又何尝不是像呵护孩子一样陪伴着中国之声的第一个大型品牌活动。也是从那时候，中国之声开始了自己的品牌之路，曾经陪伴中国之声推广品牌的人很多已经离开中国之声了，像大卫、跃明、石勤、兴旺、闻风等。我们共同的付出和经历的岁月会永远凝聚在记忆中，因为，从我们开始，开始了中国之声的品牌故事……

"93点1"

——记中国之声山东调频落地暨青岛节目开播

王恒

在中国之声的品牌宣传语中，有这样一句话："中国之声在全国实现无缝隙覆盖。"这里所说的无缝隙覆盖，是指调频（FM）、中波和短波（AM）多种传播形式的覆盖。其中，对广播传播来说，调频（FM）是收听效果最好的。而中国之声目前在一些地区，还没有实现调频的覆盖，听众只能通过中波短波收听。为了在全国实现无缝隙的调频覆盖，达到传播效果最优，中央台投入了大量的精力，用台里人的话来说，这叫做作"覆盖工作"。

2011年下旬，中国之声的"覆盖工作"实现了突破，就是整个山东地区实现了调频覆盖，其中包括重要的计划单列市——青岛（在此之前，谁能想

中央人民广播电台山东落地暨青岛开播仪式

到堂堂的大青岛竟然无法通过调频的方式收听中国之声）。这对我们的益处不必赘言，但最直接的还是提升了中国之声品牌知名度和影响力。而如何能让山东尤其是青岛地区的目标受众第一时间了解到这个消息、了解中国之声，便成了负责品牌推广和地面活动工作的对外合作部的一项任务。

广告公司给客户进行推广活动提案的时候，常常会拎出"两大利器"：硬广投放和推广活动。从奥美广告公司转投中国之声的我，自然还免不了沿用这屡试不爽的办法："投放一部分公交站灯箱广告，重点是举办一场节俭、大方、热烈、主题鲜明的落地开播仪式。"有了方向和路线，便剩下怎么把活动做好的问题了。

活动的创意和策划，往往需要经历一个"脑震荡"（说洋气点儿是brainstorming）的过程，部门的各位策划大师围坐圆桌，不断碰撞，火花四溅。经过几天的讨论和思考，我们最初定的启动仪式方案是在一艘游轮上。想象一下那个画面："阳光照耀海面，波光粼粼，雪白的海鸥飞过，伴随着阵阵的呼啸声。一艘低调大气上档次的游轮（中央人民广播电台号）停在海上，伴随着海浪轻轻摇动。甲板上，一场热烈的落地开播仪式正在进行，到高潮处，拉响游轮的汽笛，汽笛声响彻海面，也预告着中国之声落地山东、开播青岛……"这个画面直到现在想象起来也还是很美的。不过理想很丰满，现实很骨感，在游轮上举办开播仪式，虽然听上去很美，但有太多不可控的因素：大风（11月冬天正是青岛风大的时候，能想象一甲板的人被风吹得头发乱飞、歪七扭八么？）、晕船（又假如一甲板的人因为晕船吐得稀里哗啦？）总之，在考虑过种种靠谱和不靠谱的因素后，最终落地仪式的会场从海上回到了室内，在青岛市委、市政府会议中心举办。

中国之声乃至中央台广播信号在各地的覆盖，都仰仗于当地宣传部门、兄弟电台等同人的帮助，更得益于当地听众的支持。因此，落地开播仪式的重要环节就是向大家展示几个重要元素：中国之声有什么家底？我们能带来什么？而且，为了增加创新的亮点，我们决定将广播进行视觉化的展示，并且对中国之声的新媒体传播能力进行突显（2011年，新浪微博刚刚起步，中国之声在新浪的官方微博长期占据主流媒体官微排名前列），再融入颇具仪式感的"启动环节"。由此，随着"中国之声主要节目内容介绍""现场与北京直播间视频连线""中国之声微博互动""共同开启大型收音机"等环节的确定,一场庄重、紧凑又富有亮点的落地开播仪式似乎水到渠成。

于是,2011年10月,落地开播仪式的筹备便紧锣密鼓地开始了。筹备过程无非是常规几步:流程确定、会场设计与舞台搭建、相关视频的拍摄、嘉宾邀请、该时段直播节目的设计、仪式主持人和演员选择以及串词、嘉宾发言等。一言以蔽之,就是在不断的修改和琢磨中,完成了大到整个会场搭建、小到主持人每个措辞的准备。有几个细节可以在这里分享一下:

起名

无论是给孩子还是给家里的宠物起名,都不是容易完成的任务,对于这么一个重要的活动更是如此。最初做策划的时候,我起了个名字叫作"青岛,我们来了!"自以为颇具生动感和形象化,而且带有期盼已久、第一次呼吸到青岛海洋空气的感慨。但是,大家琢磨来琢磨去,发现你这个海洋空气的味道不对啊,怎么也有点儿来者不善的意思,而且中国之声作为国家电台,其实早就"来了",只不过这次是换了"交通工具"而已。这个名字不符合中央台的大台风范,最终,仪式的名字定为"中央人民广播电台节目山东落地暨青岛开播仪式"。其实,现在回头想想,还真是如此,在活动的策划和设计过程中,难免会陷于当事人自己的"小聪明"当中,如果时常跳出自己的策划方案,俯视一下全局关系,当可以见到另一番景象,做出更恰当的判断。

拍片

只待在北京,我可能永远不知道中国之声在青岛有多少听众和拥趸。仪式过程中,设置了一个视频环节,想展示山东、青岛的听众朋友对中国之声落地山东的感受。本打算简短的一分钟,几组人即可,没想到真到拍的时候,山东记者站提供了很多地方电台的祝贺视频。我们在青岛记者站站长刘华栋的带领下,更是一路拍摄了青岛大学师生、边检站官兵以及当地企业。印象最深的莫过于拍摄双星老总汪海,老爷子全程笑容满面,当他略略思索,缓缓说出"双星已经支持中央台几十年了"的时候,我的心瞬间重重地捶了几下，一种发自心底的自豪感如同一股暖流涌了上来。在首都，在这个匆匆忙忙的城市，我总是望向高楼和更高的楼之间，而忘了自己本身就在摩天大厦之中。

连线

视觉化地展现广播直播连线，进而让现场观众更直观地感受广播记者的工作，是我们在这个活动中设置的亮点之一。最终讨论决定在当时的中国之声"此时此刻"栏目中连线现场记者，对仪式情况进行介绍，同时将记者连线的画面展示在舞台大屏幕上。而这个段落全程，现场音响将是直播中国之声广播信号（FM93.1），也就是说，现场观众听见的声音，就来自收音机。为了这短短3分钟的连线，策划部、编辑部、中国广播网、技术中心等好几个部门精心设计，最终，由著名主持人长悦完成连线。而我们在青岛落地的信号，也经受住了考验，用清晰、响亮的声音最直观地告诉现场观众：中国之声在青岛的调频（FM93.1）没问题！

仪式感

参加过那次落地仪式的人，想必都对最后启动时刻的大型收音机印象很深。我们专门定制了一个高1.6米、宽2米的收音机道具，在宣布中央人民广播电台中国之声、经济之声落地山东、青岛开播时，由中央台台长王求、副台长赵子忠、青岛市委书记李群等领导和嘉宾共同开启收音机，中国之声大开始曲响彻全场。其实，不仅是在这种重要的活动上，仪式感可以在生活的每时每刻出现。当我们熬夜看球时，天亮的一瞬间，你会感到一种仪式感；当我们加班做录音时，第二天从收音机里听到自己的声音，会感到一种仪式感；甚至当你为家人做饭，将最后一道菜端上餐桌，大家拍手开始吃饭（更别说时下流行的吃饭前先拍照的仪式）时，也同样具有仪式感。仪式带给我们的是一种成就，留下的是一刻记忆，仪式不在乎何时，不在乎何地，或许也不在乎以何种方式，在乎的是那一瞬间我们的心灵是虔诚的，是无妄念的，是纯粹的。

听得见的广告 看不见的营销

周伟　赵东

在中国之声的广告推介过程中，每一位出差的业务经理都会随身携带一份中国之声频率表，近十年来这已经成为中国之声经营团队不成文的规定。但凡客户问起都能准确报告当地的中国之声调频频率，"无论身在何处，总有中国之声"已经成为中国之声区别于其他任何一家广播媒体的鲜明特征。这一全国有影响力的覆盖优势与企业渠道建设的需求相吻合，为广告客户品牌与促销宣传之外的渠道建设提供了绝佳的营销载体。

从2008年到2012年，随着中国之声品牌价值呈几何级倍数提升，中国之声的广告经营也以年均35%的增长速度体现着频率品牌市场价值的激增，实现了令业界瞠目的骄人业绩。

构建渠道，在一个全新的区域打开市场，是处于成长期企业的必经阶段，也是整个广告战略中的重要一环。随着"长尾理论"的盛行，广告主逐渐意识到众多小市场聚集起来所产生的惊人销量，看到了中国4～6级市场的潜力。但是广告主新开拓一个渠道市场所消耗的销售成本、人力成本以及时间成本极大，在产品铺货和深入地县市场上存在困难，他们又该如何突破这个瓶颈呢？

中国之声的广告营销抓住了这个市场机遇，凭借其调频、中短波和互联网等多种方式覆盖全国和节目改革带来的高收听率、影响力和公信力，将客户的广告信息迅即传播到地县级市场。在地县市场领域，由于商家市场推广少，消费者广告接受度比较强，中国之声的广告效果往往更加突出，从而帮助广告主成功开发建立了低成本扩张的渠道。

作为新闻频率，中国之声有着非常良好的事件营销平台，对热点事件快速反应，集群投入，直击现场，全程追踪，解读跟进，形成了一次次大规模的集群作战式的报道模板，打造出了最佳的事件营销接口。

2008～2010年是中国之声改革最大刀阔斧的三年。2008年，南方低温雨雪冰冻灾害、汶川地震、北京奥运会、神舟七号上天等重大直播表现，

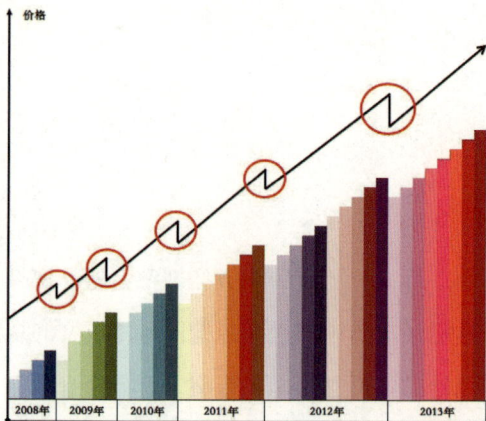

中国之声"小幅多次提价"广告价格营销模型

突出带动了中国广播里程碑式的发展，真正彰显了"快新闻"的内涵。

2009年，中国之声实行新闻节目的轮盘滚动式播报。从节目角度来说，轮盘滚动式播报提升了新闻的刷新速率，凸显了中国之声"快新闻"的特色。而从经营的角度来说，轮盘式节目播出结构有利于广告时间位的即时性安排，使得广播广告制作成本低、快速制作发播、可随着诉求对象不同和地域性不同的营销需要随时改变广告形式和内容等特性得以完全实现。

和电视广告制作基于成本考虑短时间内广告主不能轻易改变版本相比，广播不仅完全可实现在一天里播放广告主产品多个版本广告的需求，而且制作成本低，进而有效地帮助广告主将投资回报率保持在相当高的水平。比如，一个15秒的文本可以容纳60个字，表达一个诉求，但在一天内可播多个版本的情况下，广播广告就可容纳下无限多的字。相较电视一天一版广告的播出容量，广播却可以播出N个版本，即一天传输N×60个字的信息量，从而实现产品的多角度宣传，实现通过广播广告传递信息的最大容量。

历经多轮改革，中国之声完成了新闻频率的专业化。作为一套覆盖全国的专业化新闻频率，中国之声不同时段、不同节目甚至不同的轮盘板块都拥有不同类型的收听人群。

例如决策人群收听《新闻和报纸摘要》了解国内时事和国家大政方针；驾车群体上下班收听《新闻纵横》和《央广新闻晚高峰》；学生群体和长途驾驶人群在夜间时段连续收听《央广夜新闻》并参与互动等等。

针对这些不同收听人群在中国之声平台的不同收听特征和收听习惯，中国之声广告经营团队大胆提出了在传统广播媒体上可以实现广告精准到达的理念：既实现营销信息的大规模传播，又针对不同收听人群宣传不同利益点，从而在中国之声这一传统媒体上实现媲美新媒体的精准营销。

方案提交后，不仅获得中国石化高层的连连赞叹，而且还在原有投放额度基础上追加了大笔宣传费用，市场效果有口皆碑。

2008～2011年，中国之声节目一年一改版，在节目内容和设置上持续优化、创新。这种节目的持续整合变化不仅给营销提供了更多的带来销售力升级的新亮点，更支持了中国之声广告根据饱和度的变化采取更加灵活的价格策略。

节目改革带来了中国之声媒体价值的快速增长，其广告时间资源，尤其是早晚高峰时段的广告资源变得日益稀缺。这种情况下，中国之声广告经营根据广告饱和度采取"小幅多次提价"的价格营销策略，通过供需情况，运用价格杠杆进行科学调剂，既避免了广告资源的空置浪费，也将广告资源的价值进行充分挖掘，科学有效地实现媒体价值的量化优化。据不完全统计，2008年至今中国之声的广告价格调整多达40个版本，其在广告市场的价格接受度和小幅多次提价带来的媒体价值实现从中可见一斑。

创新营销永无止境。在中国之声广告经营团队，任何一个业务经理都能如数家珍地描述中国之声全天节目设置和每个节目板块或轮盘下的栏目设置情况，这被叫作中国之声广告经营的基本功。中国之声广告经营工作就是这样不断从节目改革中汲取灵感和动力，通过持续营销创新不断开拓发展。

在激烈的市场竞争环境下，中国之声广告经营者结合节目平台不断寻找着自身的营销增长点。通过前文营销点的分析可以看出，营销增长的实质不外乎两点：一是市场，二是创新。所谓市场，也就是在竞争激烈的红海中拼杀出属于自己的生存发展空间，而创新是走一种全新的模式，在蓝海中挖掘增长潜力。中国之声的改革将更多的精力放在了后者，中国之声的广告经营也是如此。在"走向市场、倚重创新"的指导方针下，创造并综合运用了广播广告的"碎片化营销理论"、"甲方数据营销理论"、"剩余时间销售"、传统媒体与新媒体的嫁接融合等等一系列创新理论，并根据多变的市场环境和中国之声的节目改革调整与时俱进地不断优化升级营销策略，以理念创新、制度创新、管理创新和经营模式创新，不断增强媒体营销效率和市场竞争力，提高媒体附加值和盈利率。2008～2012年，中央电台中国之声五年广告纯收入复合增长率超过35%。即使在2013年市场大环境不甚理想，全国广播广告市场年增长不到3%的境况下，中国之声的广告纯收入依然增长了15%，录得5.76亿元，连续五年位居全国规模电台收入和年均增长率榜首！

如果说过去的几年，汽车的快速普及是广播广告高速增长的原动力，那么今天，广播媒体自身的移动性、伴随性特征，中国之声广播广告自有的低成本制作和发播迅速特征给广播广告带来的精准互动投放模式，必将给广播广告注入新的持续性增长点。今天的中央电台中国之声广告经营正在实践着、完善着这一现代市场营销的最新模式，而这又和中国之声持续不断的节目改革和创新截然不可分割，相辅相成，相得益彰！

和姚景源面对面

刁莹

2011年，CPI一路上扬，破5，破6，破7，从农产品到日用品，"涨价"成为老百姓最关心的民生热词。《经济观点》应运而生，在刚经历了改版的《新闻晚高峰》挂栏播出，把脉现象，解读走势。

中国之声有2000人的专家资源库，频率把其中的经济"大咖"一对一分给了几个年轻记者。我负责专访国务院参事室研究员、国家统计局原总经济师姚景源，王娴专访国务院发展研究中心金融研究所副所长巴曙松，车丽采访中央党校经济部副主任韩保江，冯雅专访北京大学副校长、经济学家刘伟，季苏平采访财经评论员叶檀。"大咖"们从周一到周五排班，解读当天的财经热点事件。

《经济观点·姚景源》在每周五下午的《新闻晚高峰》首播，《全国新闻联播》和第二天早上的《新闻和报纸摘要》视内容播出短版。

4分钟的节目，一个人的音响，分析形势不是长久之计，怎么把晦涩的经济现象阐述得通俗易懂且入耳入心是摆在我们面前的难题。有一天姚老师突然说，我们能不能每期普及一个财经名词，不管做多少期，整理起来汇成一部广播版的《经济学原理》。新的尝试让我茅塞顿开。

第一期节目我们面对的是和物价、外贸密切相关的名词——"热钱"。姚景源

姚景源先生漫像

中国之声·版赠
2010.10.10.

的东北话娓娓道来，单口相声一样讲什么是"热钱"，如何流入，怎么以短期投机牟取暴利，什么指标代表"热钱来了"，背后有哪些风险。效果出人意外地好，许多人说第一次系统知道了什么是热钱，比专著生动，比百度专业。

由此，《经济观点》每期坚持结合热点解读一个概念，说CPI时讲翘尾因素、说房价时讲买方市场、说国际大宗商品价格时讲外汇占款、说存款准备金率上调时讲通胀和滞胀……在生猪价格一度涨到16元一公斤时，甚至还普及了从仔猪到商品猪的生长周期，差点儿就讲到了母猪的产后护理。

当时我从早间部《新闻纵横》调到了策划部，虽然不上夜班了，但任务更多也更忙。经济名人姚先生更是全球飞人，挤出一整段合适的时间采访做稿子堪称奢侈，但每周普及一个经济常识坚持了下来。后来《新闻晚高峰》数次改版，《经济观点》仅保留了每周五一期的姚景源专访，从网游下乡到现代农业，领域越来越宽，姚景源则保持了他一贯的风格，大碴子味儿的普通话里有对经济的热爱、对政策的坚守、对垄断的痛恨和对前景的期待。

半年多时间，《经济观点·姚景源》共播出了37期，解释了37个常识，分析了37种走势。2011年10月，随着经济向好和晚高峰内容调整，《经济观点》不再作为常规栏目播出。之后的两年里，物价涨幅趋稳，资产泡沫化风险降低，经济增长逐季回调，经济结构转型升级日趋合理，我也只能在每年两会的《做客中央台》见到作为嘉宾主持的姚景源。但我们彼此都还记得《经济观点》，感恩曾为经济常识普及和经济转型升级做出的微弱贡献，让包括我在内的芸芸众生能在沉重的世界里活下去，爱得起。

于我最难忘的，是2011年4月，做完《楼市调控效果显现》，按姚老师的提示买了套房，事后证明这是近5年来唯一下探的拐点。如今房价已经翻番，这大概是《经济观点》给予我个人的最大红利。

电波起处帆正扬

张春蔚

我愿意——新的一年，新的一天都能以这样的工作方式开始。

2010年5月，我成为中国之声的观察员。

其实早在2009年，中国之声就已经引入评论员机制。这是国内最早用评论员点评新闻的媒介，敢于将国家话筒交予非本单位的同行或者非同行——管理者的责任与风险可想而知。评论员如同一股清流，加强了新闻背景的解读和新闻评论力量，更增加了"追问新闻"的多维视角。此后，各大媒体纷纷效仿，甚至挖角。

白天的观察员要求每半小时点评一次新闻，每次点评三分钟，这三分钟其实是评论员的个人主场——既要和本时段的节目相对应，又要和新闻互为映衬，这对评论者的自身积累、判断力，以及文字组织都提出了多重考验。

我第一次意识到直播的挑战性，也意识到独立面对话筒没有人帮你绕场、托话、接茬时的技巧。不掩饰地说，三四个小时直播下来连上厕所的时间都没有，神经一直是紧绷着的。要是选题被毙掉，就得手忙脚乱地换选题、换思路……

最初的点评，我喜欢提炼全天新闻的一个关键词，比如"救场""提携"等等，这其实是一种杂志化的

做法。没有一个关键词能真正概括6到7条新闻，这个关键词甚至会消耗掉解释的时间，也会使得这些新闻和关键词之间逻辑牵强。更重要的是，这里还隐含着一个脆弱的假设，听众会一直在听，从头听到尾——偶然进入者对这个关键词的接受就会陌生，于是这个关键词的展示也会不完整。

当然碰到黄光裕事件或者达芬奇造假事件这样的伴随中的话题，连续的多层次的点评就会形成一个观点的高地。以速度的名义，在最短时间内迅速完成多链条的切割，这就是广播的魅力，也许没有报纸那么完整，但观点的传播其实没必要那么完整。

后来，我喜欢采用打比方的方法。比如讲到两桶油的提价，我会讲一个"猫吃辣椒"的故事，如何让猫吃辣椒？一个人的做法是把猫嘴撬开硬喂；一个人的做法是把猫饿两天，把辣椒裹在肉里骗它吃；毛主席的做法是把辣椒涂在猫屁股上，让猫自己去舔火辣辣的屁股——我们在油价的管理上曾经硬来过，信息不对等欺骗过，但是只有市场化才能让油价真实起来。

比如讲到某地强迫农民都种葡萄，这样的新闻已经不容易评出特色了，就换了螃蟹和鸭子划拳的故事。主管者是螃蟹永远出的是剪刀，农民们是鸭子只能出布，这样的划拳方式只能一输到底——但是监管者得做机器猫，伸出自己的"石头"……

再比如逻辑的更迭：校长是VIP，系主任是IP，老师是个P，学生连个P都不是……

当然，音视频节目的点评最重要的是押韵。对仗、韵脚带给人的评论感受是截然不同的：比如出租车行业一群先富起来的人变成难富起来的人；这是一座城市的窗口也是一座城市的伤口；你是做一个被台风卷起来的猪还是去做一个追风的人？……

很感谢中国之声，能够这么信任地把一个国家话筒交给每一个观察员。每一次直播都是对新闻的速度追求，每一次点评都是对新闻背后的挖掘与牵引。

我的普通话并不标准，在这样的国家级声音殿堂里，一个不那么标准的普通话会遭遇部分听众的"嘘声"，这个平台以其自有的业务水准包容着自己所需要的。

有一次点评举了水晶球和橡皮球的例子，强调既要爱护我们的亲情、健康这个水晶球，又要在追求事业、财富橡皮球的同时，不要摔坏自己的水晶球——当时的主播于芳老师说，她很喜欢这段评论。还有一次点评时，话筒架松了，我只能举着话筒点评，杂音很多，于芳老师在走道里听到后直皱眉，然后走进直播间帮我现场调校，并指导我——她爱这个话筒已经到了精益求精的地步。这也是老广播人们最纯粹的品质。

改版后"中国之声"采用"板块加轮盘"的节目结构方式，我和早间节目部的《新闻纵横》合作过"重访汶川"系列，也在午间的《全球华语广播网》每周酷评过，夜间的《央广夜新闻》点评更到深夜12点……这个中国广播界的龙头频率，以新闻速度和深度改变着自己的轨迹，也成为同行们效仿的对象。新闻立台所带来的不仅是业界影响力，更有非凡的传播效果。当兼职的观察员们在异地打车能被司机们用耳朵确认时，我想这份荣耀是"中国之声"赋予的。这是新闻的力量，更是品牌的力量。

这五年来，不仅让我近距离了解了中国之声的前台，也让我有机会看到一群新闻人的执着和坚守。我在记者节时的点评"伐恶效狮吼，逢善魂相就，图一个天地无垢心无垢"，杨昶和雨亭老师帮我整理了音频，每年都会被人转发。有幸，能和一个媒体同行，有荣，在这里感受到新闻的力量。

已经连续三年，每年大年初一中国之声的第一场点评都是我。我愿意——新的一年，新的一天都能以这样的工作方式开始。

必须得说晚高峰。

这个拥堵路上的广播黄金档，是类脱口秀方式的最佳评论阵地。近年来，屡创收听高点，这意味着听众挑剔程度也较别的节目更高。

郎峰蔚老师最初找到我时，我还比较犹豫。因为这个时间很尴尬，虽然只是一个小时的节目，但是高峰期，意味着下午5点到晚上9点之前的四个小时内只能做一件事。单位小时的工作效率太低，而且自己的主业工作时间也被切割得断裂。幸好，最后我接下了这份信任。

《新闻晚高峰》让我体味到播音技术的第三个进境：从摸索风格到自我风格，再到失去风格无技巧阶段……在这个节目中，苏扬和雨亭两位主播都带给我专业的影响。和苏扬搭档，曾在一小时中实时点评了8条新闻，后来交通台的同行怀疑是"提前准备了台词"，其实哪有，真的是现场发挥。苏扬在纪录片中的大配音使得他的业务层次丰满，视野宽阔，没有拘泥于新闻而点评。雨亭老师实战经验丰富，率真而耐心，他的耳机总悄悄藏在某个键盘后面，是直播时同时操纵三只鼠标的"技术控"。

"晚高峰"经历了双嘉宾、单嘉宾、双嘉宾的过程，我做评论员也经历了三个层次：揣着糊涂装明白，揣着明白装糊涂，明白就明白糊涂就糊涂。其实，个人真诚还是最重要的。我很珍惜每周在中国之声这十个小时的直播，这都是我的拔节时刻。

一个节目下来，自己的知识储备和分析方法都会被更多的内行和听众点评，自己的知识体系也得到实时更新。去年评论员最常用的方法，可能今年记者们就已经提高到同一水平，一招不鲜就得程序升级。山常在水长流，这种持续绵延的方式中最容易伴生的是懈怠之心，它让我随时警惕。有一次点评元宵节的新闻，说到年味变淡，直接批评某些部门不作为，言语中有过激之处和想当然。其实"批评比建设容易"，但是批评者往往只看重埋性而失去建设性。后来，听说蔡小林总监写了检查，好长一段时间我见到他都觉得不好意思。

"这里是央广新闻热线""报道正在发生的事实""以责任赢信任"……中国之声最古老的《新闻和报纸摘要》节目已经有62年历史了，在动车事故处理中，提前新闻联播半小时发布新闻。中国之声不仅是在中国任何地方都能收听到的节目，更是一个365天无休的节目。每到节假日，互联网上的新闻更迭很多来源于央广网，很多新闻事件起源于"中国之声"。在新媒体时代，收听工具和方式都发生改变，广播声音不仅不再流逝，而且成为声音史的记录和门户。

在这个时段评论中，我和白中华的配合最多。"白大爷"心宽体胖，爱业务高于做管理。某日对我说："我看好本轮行情，所以满仓了。"我大惊失色："这个时候满仓？"他信心满满。还好我多了一问："你放了多少资金？""2万。"我立刻释然："哦，那慢慢玩，慢慢玩。"只要说到农业，"白大爷"能从种子说到猪肉，从农药说到粮库，一直把小妖怪们说"自尽"为止。还有一次，他说高兴了刹不住车，幸好广告来了，他还埋怨我："你怎么不把我拉住呢？"后来我就开始"强行植入"话题，听众不干了："打断白老师说话是不礼貌的。"……

近乡情更怯。往往是这样，越是亲近，跳跃的东西越多。这些断章让我的央广记忆大面积兴奋同时不间断地紊乱起来，我到底没能找到合适的关键词来点评。

雁渡寒潭，雁过而潭不留影；风吹疏竹，风过而竹不留声。

这里是中国之声。五年同行，快然快哉。

这，一年

朱毅

去年年末，苏扬把我作为他的嘉宾来"考察"，读文字，听广播，看视频，以及即时应变反应能力等等。应该，有欣喜，也有不尽如人意之外。之后的几月匆匆中，这邀约渐淡了远了无了。

今年的春，三月里，苏扬和我讲定来后峰首秀。阳光明媚的周一，要我找几个选题，一个不少，十个不多。当时的忙碌还没有收梢，就急急地跑回去准备。之后的每一次，如斯重复，每个选题，难免下力过猛，好比准备一个小综述。这是我的勤，我的苦，也是我的笨，我的好和不好。

从小打乒乓球，教练就念叨越松越有，但一年下来，在中国之声的话筒后，还是略显紧张，这是根深蒂固的爱，源远流长的敬。尽管那是十年，又十年，再十年前，点点积累起来的感情，但于我，以及很多和我一样的们，只有中国之声才能代表过往全部的国家电台，才能是可认同的延续，盛得下永不消逝的电波之恋。

广播在三线矿山的生活里是有分量的，比灯光球场更鲜活，球场是定势的，广播是变化的。清早电线杆上的大喇叭响起来，这是闹钟，《新闻和报纸摘要》，就是大山外面国事天下事的集体倾听。中午放学赶回家，要去听《午间半小时》，还要听之后的《长篇连播》。大喇叭一路上也响着，但急着赶回家，是觉得家里听得清楚，听得踏实，从《杨家将》到《隋唐演义》，从《夜幕下的哈尔滨》到《平凡的世界》。夹皮沟里的大家，选择性地偏爱中央人民广播电台，这是希望的指向，也是心灵的需要。傍晚的新闻联播，大喇叭也要同步的，等不到星星火炬和小喇叭开始广播啦，大喇叭就全天播音结束，矿山安谧下来。

普通话不好的我，回头望时，是搜罗不出来国家广播电台直播梦的，但有一个又一个收音机和我一起长大。记得爸爸有一次去外地出差回来，得了两样奖品，一床缎子被面，一个半导体收音机。恰巧亲戚远道而来，爸爸说要给他一样，小小的我知道不可得兼，必须选择的。缎子被面的华美和收音机的精致都是我的爱，脸埋在缎面里，感受缎面柔滑的美，流了几滴眼泪在被面上，选了收音机。收音机的样子完全记不得了，缎面的光滑和鲜艳犹新，还有放手的眼泪如昨。

这几年，主流媒体的各种品牌栏目，以营养和食品安全专家的身份都上过了，在经济之声也直播了很多很多场。只是，和中国之声，屈指可数几次夜新闻，以及仅只一些释疑解惑的连线罢了。晚高峰的峰蔚和苏扬老师，不拘一格，给了我这样的机会，让我可能，展现我希望展现的专业之外，其他的可能。纵千帆过去，这平台还是我敬畏和珍视的唯一，也属自然了。

这几个月里，有几次央视焦点访谈的录制，恰好和晚高峰的时间冲突，下午我需要下猛力准备，不情愿，或者准确地说，也不敢把宝贵的准备时间耽误在路漫漫的来回和演播室录制的烦琐里，我都帮编导做决定，"连线吧，我来不了。"以至于，后来，不少记者都晓我的天平，会先试着问我：今天直播么？

纵是下足了铁棒磨针笨鸟先飞的气力，胸有成竹而来，但入乎其内的生气，出乎其外的高致，还是多乎哉，不多也。以拙力补短的我，生生地羡慕春蔚的信手拈来口吐莲花，这是禀赋所致的差距。我专心地听她直播时呆呆的可爱模样，那就是心悦诚服的向往之。新闻立台，评论强台，听众想听的就是观察员的高度、角度、深度、广度、态度，乃至温度。温度在我，煦到烫，其他都还在琢磨中转换提高。

这半年，不幸遇歹人，陷谣诼，多屈辱。微笑抑郁日胜一日，日胜一日微笑抑郁，其间，中国之声新闻晚高峰这栏目，这团队，给我不怕事的支持和安抚，不立文字，只有泪盈眶。假期均蛰伏，唯这两次出门，是乐意地出，一个家到另一个家而已，抑郁的我，在这里的微笑是不抑郁的。

峰蔚告别聚会上，我穿了很少穿的鲜艳衣裳。舍不得她走，这个爬过珠峰的奇女子，这个在这里十年又六的好当家。小姑娘般巴巴地舍不得，好在她还会有一段过渡时间，把车停到台里，再去赶地铁，就觉得也是一个念想，她总会来呢，和我们一起的。

一次做完节目打出租车回来，妈妈照例给我打电话，等她点评完后，司机说："我听得出你的声音。" 很不普通的特别贵普话的辨识度确实高。他是晚高峰的铁粉，说得出我的这长那短，记得我调侃京城成功人士乃十年前买房，五年前买车。记得我戏说孩子太贵了，只有穷人才养得起了。到了，不收钱，让我在车票上签个名给他留作纪念，我拿出一本书垫着签，留了电话。我一边下车，一边扔过去车费，挥着手跑开了。

　　又至岁末，6日晚高峰新闻调查摸底年度心态关键词，恰是年初第一次时的三人组合，保印为不惑之"苏"，那我就为逆风之"扬"。而，中国最好声音的苏扬老师呢，扎扎实实的好事成双。

中国之声特约观察员一览表

（截至2013年9月不完整版，按姓氏笔画排序）

丁龙江	朱 毅	李绍先	姜 平
马光远	何 刚	李荣融	洪 林
马晓霖	何亮亮	李智勇	洪道德
巴曙松	吴永强	杜 平	徐 焰
水 皮	吴伯凡	杨 禹	袁钢明
王丛虎	吴学兰	杨 澜	钱 彤
王宝明	宋晓军	杨宏山	陶跃庆
王青雷	宋晓阳	杨继红	高小平
王振耀	张 鹏	辛 鸣	曹和平
王海滨	张天蔚	邱震海	曹保印
史湘洲	张志君	陆小华	曹景行
叶 闪	张政法	陈 洪	梁 冬
叶 檀	张春蔚	陈建利	清 议
叶海林	张新宝	周 伟	彭伟祥
石述思	张 翼	周 勇	曾剑秋
龙翼飞	时建中	周瑞金	童大焕
刘 戈	李 伟	岳运生	韩小平
刘江永	李 勇	易 鹏	韩宝江
刘新宇	李 强	金一南	潘采夫
孙献涛	李一戈	金灿荣	魏礼群
朱 煦	李光昱	姚景源	魏稳虎

以责任赢信任

中国之声　责任至上

CNR 中央人民广播电台 | 中国之声

国声之中·有我一句

邂逅中国之声

侯东合

"野有蔓草，零露漙兮。有美一人，清扬婉兮。邂逅相遇，适我愿兮。"《诗经·郑风》里的动人邂逅，同样会发生在职场。

我要说的是自己与中国之声的职场邂逅。小时候听《小喇叭》，上大学时听《午间半小时》《今晚八点半》，当驻外记者时为《新闻纵横》报道过海湾局势。没想到有一天，自己竟然会接连与中国之声邂逅，并最终成为这个团队的一员。

与中国之声的第一次邂逅，是2008年5月。那时我还在国际台工作，任国际台新闻中心副主任兼环球资讯广播总监。汶川大地震发生后，我带领国际台前方报道组到达地震灾区。当时，灾区余震不断，前方情况复杂。我们刚到，两眼一抹黑，在四川记者站的帮助下入住了成都克拉玛依酒店。克拉玛依酒店是中央人民广播电台汶川抗震救灾报道的前方大本营。我们就跟中央台、中国之声的同人们住在一个楼里，每天跟中央台前方报道团队并肩作战。白天听着中国之声的报道出发，晚上伴着中央台、中国之声的兄弟们一身疲惫回到住地。

地震前期，信息渠道不畅，重点报道线索难找。承蒙中央台先后在前方带队的王晓晖、赵子忠两位副台长关照，我和国际台的兄弟们得以每天晚上能够参加中央台前方报道组的策划会，从中央台、中国之声同人当晚的头脑风暴中，寻找适合对国外报道的新闻线索，每天都有大量收获。我们不仅从策划会上找到重要新闻线索，还直接体验到了中央台、中国之声团队在重大突发事件报道中的精气神。

至今我还记得在克拉玛依酒店会议室参加中央台、中国之声前方策划会的情景。无论是晓晖副台长主持会议，还是子忠副台长主持会议，每次会议结束时，他们几乎都不约而同地"播出"同样内容的"片花"："东合，有什么需要帮助的，就说话。别客气，咱们是一家人！"说得我这个"一家人"心里热乎乎的。

作者侯东合在汶川地震灾区采访

"一家人"确实需要帮助。除了寻找新闻线索，还有交通问题。汶川地震波及面大，刚到灾区前两天，一时还找不到足够的车辆，到各个灾区采访交通不便，国际台记者外出采访有时就搭央广同人的车。最让人感动的是5月19日晚上。那天晚上，成都可能发生较大余震，成都人当晚都撤到户外过夜。那天，我正在北川采访，晚上11点多才返回成都，回住地以后立即安排兄弟们从楼内撤退。就在兄弟们为如何在户外过夜想办法时，也是中央台的同人们主动分出一辆四川省广电局提供的面包车，解了我们的燃眉之急。当晚，国际台在成都的记者都有了去处，在车上度过了一个难忘的夜晚。

地震报道回京后，一直将对中央台、中国之声团队的感激之情深深刻在心底。没想到半年之后，竟再次与中国之声相逢。

2008年11月的一天，正在郊区开会，忽然接到台领导电话通知，说台里决定让我参加总局的干部交流，到中国之声挂职，担任副总监。

2008年12月到2009年11月，整整一年的时间，我都在中国之声挂职。挂职期间，中国之声的兄弟姐妹们，从没有拿我当外人，彼此价值观和新闻理念相通，自己像一家人一样加入了中国之声队伍。这段时间正是中国之声节目全面改版、打造国家新闻广播的关键一年。如果说，汶川地震报道并肩作战，看到的是中国之声记者在抗震救灾报道中冲锋陷阵的专业精神、对兄弟台同人无私帮助的开放胸怀，这一年与中国之声的亲密接触，则使自己对中国之声团队有了更全面的了解。一年的时间里，我看着中国之声的新闻报道在提速，采编播流程在变得规范，节目质量在不断上升，收听率和影响力不断提高。旁观者清，作为一个外来人，这一年，我看到了这支队伍的最可贵之处：特别能创新，特别能战斗，特别有激情，特别有凝聚力。

"野有蔓草，零露漙漙。有美一人，婉如清扬。邂逅相遇，与子偕臧。"《诗经·郑风》里的那段邂逅，最终发展成了相知。我也一样，挂职结束后不久，2010年2月我调入中国之声，正式成了中国之声的"一家人"。

然后，就是与中国之声在一起的故事了。在一起，7＋0，白加黑，最新闻；在一起，上高原，下矿井，走基层；在一起，直播嫦娥探月、神九神十飞天；在一起，飞玉树，赴芦山，报道地震；在一起，建微博，开微信，做客户端，让中国之声成为在微博微信上最有影响力的电台；在一起，为足球队杀入中央台四强高声呼喊；在一起，践行广播人责任，实现新闻人梦想……这三年，中国之声的节目继续调整和创新，中国之声的影响力进一步提升。对照大学的广播教科书，中国之声这三年的节目创新已经走在理论前面。对照外国同类电台的新闻节目，中国之声这三年的节目样态也做出了许多突破。而实现这一切，最根本的还是靠中国之声团队不竭的战斗力和创新力。

一个团队是有自己气质的，它聚合的必然是有共同理想与追求的人。纵观这几年我国媒体的发展，不论报刊、电台、电视台还是新兴媒体，任何一个媒体形态中的佼佼者，背后都必然有一群有共同理想、共同追求的人为之奋斗与冲锋。中国之声就是这样一个能战斗的团队，我为能与这样一个优秀团队共同作战而自豪。

微软创始人比尔·盖茨说，微软离破产永远只有18个月。腾讯CEO马化腾说，在移动互联网时代，产品决胜期仅1个月。新技术环境下的媒体发展，如逆水行舟，不进则退。10岁的中国之声，已经在中国广播历史上写下了精彩一页。但是，创新的道路没有止境。广播在移动互联网时代面临着更大的机遇和挑战。中国之声如何在移动互联网时代百尺竿头、更进一步，创造更大辉煌？这显然是一个更宏大的课题，需要中国之声团队用智慧和行动做出更生动的解答。

让我们一起努力。

拥有话语权，真好！

王健

曾经梦想着自己有一天坐在话筒前，成为当红主播，但梦总有醒的一天。

2002年和接下来的一年，我曾经连续两次满怀信心参加普通话测试，每次仅差0.1分，一级乙等的证书意味着主持人的梦自此破碎。

2008年海外求学归国，回到了熟悉的岗位但却陌生的环境，周围的同事都是一副青春的面孔，快节奏的新闻已今非昔比。夜间部、编辑部、采访部、午间部……，编辑、记者、审稿人……，一个一个岗位走过来，最终在评论员的岗位上驻足留步。话筒还是那个话筒，角色从梦想中的主播变成了评论员，心中多了一份淡定和从容。

有时自己会由衷地对自己说：拥有话语权，真好！

做评论员的第一天是哪一天？我搜刮记忆，已经记不清了。只记得当时，外聘的评论员已经连续几个月在《央广时评》的环节中亮相。手捧收音机，仔细听着评论员的每一个观点、句子，乃至用词，仔细斟酌体会，心里不免揣摩："如果我评，会这么说吗？"

机会总在不经意间敲门。2009年的一天，领导决定让频率内部的年轻人试试评论员的岗位，我和小九（赵九骁）成为第一批吃螃蟹的人。

紧张吗？我可以很肯定地回答：当时心里并不紧张！

这要得益于在中国之声做记者期间日日夜夜的连线。在每一条连线里，自己一直"夹带私货"。与主持人两个问答的连线，我总用第二答捎带一些自己的观点，日积月累，锻炼做议论文的能力。

这当然还要得益于在美国留学期间反复的思维训练。美国的研究生课程，都是预先布置好几本书，自己回家看。上课时，老师和几个学生围坐在圆桌旁，你一言我一语，发表自己的观点，澄清自己的看法，随你"支持"或"反对"，思路大开大合。

在做助理教授期间，我也曾经给本科生讲授过"社会学""公共关系调研""领导力沟通""公众演讲""统计学"等课程。美国的学生最难打发，

曾经的他

备课时反复琢磨怎么把一个观点讲透，授课时不断根据学生的情绪调节内容，授课后不忘总结得失，对于评论员的能力也是一种培养。

记得留美期间我曾经讲授过的一门课程是"公众演讲"。一个中国人，不远万里来到美国，教美国人怎样用英语表达、说服、调动情绪，这是我这辈子干得最有挑战性的一件事。尤其是课堂上学生在做演讲时，各种社会、政经话题不断涌现，作为老师的我必须在听的过程中寻找他们的思维漏洞和表达缺陷，并在学生演讲结束时即刻指出他们的问题。如果指出的问题不能说服他们，你会面临学生的不断挑战。如果扣了人家的分数，又不能说服对方你扣分的原因，会面临学生一遍遍的申诉和告状。另外，众所周知，美国公民合法持枪，不能不说这点儿本事是"怕吃枪子儿"逼出来的。

在中国之声评论员的岗位上，一干就是五年，记忆中都是些零星的画面。

好几次一出直播间，迎面碰上领导，领导毫不留情面："你刚才评论的观点我不认同！"不认同我的观点，但誓死保卫我说话的权力，或许这就是中国之声的氛围和中国第一广播品牌不断进步的原因吧！

氛围宽松还不仅于此，2013年的全国两会，中国之声报道组首次设立"两会观察员"的岗位。领导征求我的意见时，我随口提出："观察员别总在后方，咱能不能到大会堂直播间潇洒走一回？"说这话时，我心中其实更

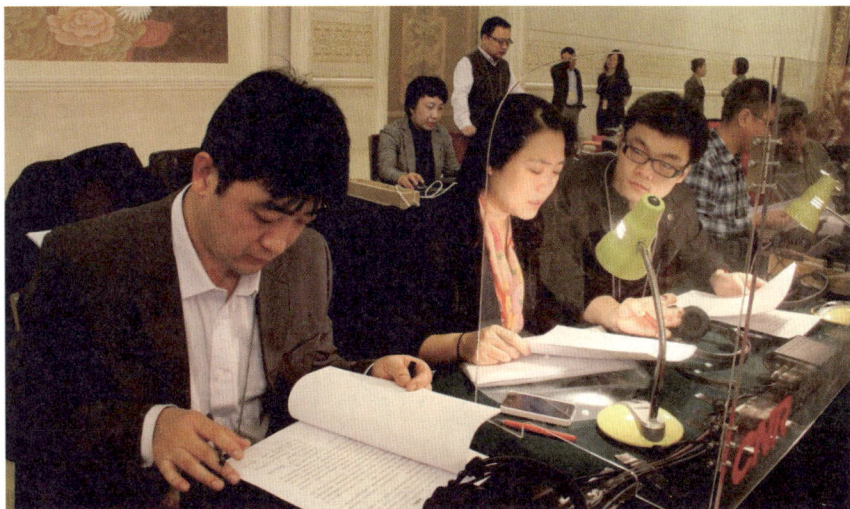

如今的他

渴求的是一张两会车证——尾号不限行，长安街随便怎么拐……

半个月后，领导郑重回应，建议不仅得到了频率的批准，更得到了总编室和刘晓龙副总编的肯定。这个时候我才回过神来——九场大型直播、政治类评论、时间要求刚性、多频率并机直播——汗从脑门上刷刷流下。尤其是最后一天的直播，可用"狼奔豕突"来形容：先是在大会堂直播闭幕式，随后赶场为总理记者招待会垫场评论，总理开始回答问题之后我从金色大厅侧翼溜出，车队张师傅在大会堂东门接上我直奔台里，总理回答完最后一个问题后我即刻开始在中一直播间分析点评，直至下午13点。可以肯定地说，评论虽经我一人的口说出，但我绝不是一个人在战斗！

狼奔豕突的经历其实还有过好几次。一次是温家宝总理在纽约联合国总部出席第65届联合国大会一般性辩论，并发表题为《认识一个真实的中国》的演讲。适逢中秋节，我却因为两场直播和一天值班的原因，38个小时没睡觉。凌晨四点，腾讯通上侯艳的头像一闪一闪，格外显眼。据可靠情报，总理第九个发言，紧随美国总统奥巴马之后。

刚结束第四位领导人的演讲，腾讯通窗口突然蹦出侯艳的一句话："啊？总理怎么开讲了？"

随后，又蹦出一句"还直播吗？"我几乎是一边跳起来一边回应："直。"

到发稿室揪上雨亭直奔中一直播间，直播间的灯还没开，黑乎乎的。

雨亭头脑清醒、手上麻利——中国之声大开、特别直播开始曲、"各位听众，温家宝总理此刻正在纽约联合国总部发表题为《认识一个真实的中国》的演讲，我们先来听一下现场的声音"——所有的垫场评论、连线环节都被甩到了后面。当演讲结束后，我和雨亭又在节目中继续评论了近20分钟，直播才告结束。走出直播间，和雨亭不断打趣，雨亭突然问了一句："凌晨四点半，有人听吗？"我回答："管他呢！"心中只有酣畅的快感。

另一次狼奔豕突的经历也是和雨亭，直播的内容依然是温总理的演讲，这一次地点换到了巴基斯坦议会。依照节目变更的安排，傍晚18点开始直播，我评论五分钟，随后于18:05分左右演讲开始并推起现场信号，直播至18点29分30秒结束，随后开始《全国新闻联播》。

直播按时开始，看着表18:03、18:05、18:08、18:10……手中的材料已经没有了，准备的问题已经问完了。前方打来电话，总理还没到现场。我和雨亭又一次扮演了难兄难弟，一场直播活脱脱变成了一个时政谈话节目。18点20分，这场直播的负责人李涛出现在了玻璃窗那面的导播间，一脸的笑容。自此，我笃定地认为：这世界最远的距离是领导在玻璃窗那头笑，你在玻璃窗这边哭！

18点25分，我永远忘不了的一个时间点，总理开始了他的演讲，我和雨亭也得以拥有片刻的停歇，这次狼奔豕突的经历自此永远地印在了脑海里。

这五年来，我本来一头的黑发已经渐渐掺杂了很多的白线，说话间把黑的就变成了白的，不能不说是人生巨大的变化。

五年来，我对话筒多了一份熟悉，也多了一份敬畏。在中国这样一个发展中的大国，能够拥有话语权，并用自己的观点影响舆论，推动社会进步，我深知责任巨大。

五年的经历，我一直将自己的评论定位为："真实理性，人文关怀。"

谁又敢说，这不是中国之声的价值观呢？

缘

陈俊杰

有人问我，为什么要来中国之声？四年前，这曾让我一度很难回答。离开原来的单位，和放弃还算不错的薪水，的确让人很难理解。但对于只有流水兵的媒体而言，离开是必然。我来中国之声似乎是偶然的选择。

2009年末，应聘、笔试、初试、面试、入职，一切进行的很顺利。当在聘用合同上签下名字的瞬间，心里犯起嘀咕："为什么投了中国之声？"

初来乍到，一切都是那么生疏，陌生感偶尔会让人窒息，尤其是独处在安静的地下室里，也会问自己："这里适合我吗？"

本来是靠买卖文字吃饭的，却要改用话筒做笔，用声音呈现作品。面对cooledit上快速跳动的、让人不知道从何下手的绿色波形，偶尔会感到无助："怎么就选择了广播呢？"

当时，我想，一切都是偶然吧。但当身处其中，我觉察到，这不是答案。

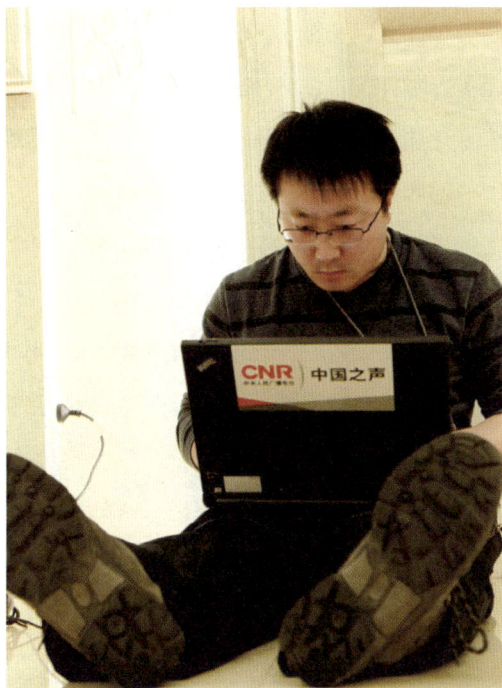

中国之声记者陈俊杰在两会现场写稿

中国之声是一个不一样的平台。

两会、十八大、三中全会，国计民生，她上传下达，传递权威声音，诠释大政方针，记录中国的脉动；

北京奥运会、上海世界博览会、广州亚运会，万众瞩目，她用声音直播打造了完美的听觉记忆；

舟曲泥石流、王家岭矿难、岷县漳县地震，万分危急，她全天候直播，搭建灾区与外界的桥梁，传递救灾信心，抚慰心灵伤痛。

领导人出访，政要来访，外交发布，传递中国的声音，这些不正是中国之声的职责吗？

中国之声有这样的一群人。

"3·14"大地震，福岛核电站受损，核辐射阴霾笼罩。李谦毫无畏惧，作为第一批中国记者赶到东京，用电波传回了最真实的核危机；

贵州冰冻，大雪封山，山路陡滑，梅花山数百被困农民无煤取暖，白宇冒着随时翻下山崖的危险，数次往返采访，送出了真实的信息，最终，运煤车开进了梅花山；

玉树地震，房倒屋塌，杨超不顾一切抛下行李，跟随待产孕妇颠簸转院，直到录下新生命呱呱坠地的第一声啼哭；

白杰戈最先抵达，最后离开，坚守半个多月，记录了燃烧不熄的酥油灯，记录了祈福求祥的心灵，也记录了玉树的重生。

这些人的坚韧与拼搏，和他们一起战斗难道不光荣吗？

四年来，每一个有影响的新闻事件，我几乎都经历了，参与了，或者最近距离的感受了，有机会站在新闻的最前端。对于新闻人而言，这些多么难得，多么宝贵。

四年来，不止一次地听过有人抱怨，工作强度高。我说，因为他没有对比；没有为了担心漏稿而整天心力憔悴的体会；也没有经历压力过大整夜失眠的煎熬。

现在，还会有人问我为什么选择中国之声，而我的答案是，这是我和中国之声的缘分。

四年，时间不长，但足够我的梦想在这里扎根并且开花。

花开了，结果还会久吗？

从"李白二人转"说起

李谦

不知道有谁还记得奥运会前夕，地下一层每周开协调会的情景，2008年3月到4月的花开季节。

每周一次的相聚，满满一屋子的人，我几乎全都不认识。唯一能做的，就是旁观满屋子的中国之声的牛人们吵架。想想，这传统好像现在还有，每天三次的选题会，只要有蔡小林、李伟的地方，必定弥漫硝烟，爷们儿们嚷嚷着报摘、联播、华联、晚高峰、纵横……

说来奇怪，我不认识他们，他们也不认识我，就这么开了两个月的会。直到，2008年奥运火炬传递全国直播大幕拉开。当时白宇和我都不是中国之声的人，但心甘情愿给中国之声当牲口。白宇是中国广播网的当家主播，我是都市之声的年轻记者。于是，"李白组合"就这么被叫开了。奥运火炬传递"李白二人转"一口气转了三个多月，全国100多个城市。白宇跑了15个省，我转了16个。

"我这是在哪儿？"每天早上醒来都要躺在床上问自己。有的时候能想起来，有的时候真的想不起来。每天换一个城市，每天换一张床。早上6点50开始，一直到晚上11点，除了连线，还是连线，除了给中国之声，还要给都市之声和其他地方广播电台、电视台连。白宇和我曾经粗略地计算过，平均每天连线10条左右。

那个伴我一口气辗转了全国50多个机场、火车站的行李箱，如今早已散了架。从短裙到羽绒服，箱子里一年四季的衣服和鞋子被我穿了个遍。5月初从广东出发时，春暖花开；6月下旬登上拉萨，有点儿感冒，晚上羽绒服派上了用场；等到8月6日回到北京，滚滚热浪，伴随着汗水混合着泪水。整整三个多月没回家，据说这是目前中央台女记者出差采访时间最长的纪录。

张艺谋、白岩松、姚明、郎朗、汪涵、古力、田亮、宋丹丹、陈鲁豫、王军霞，我记不清一共采访过多少名国内外火炬手，只知道他们每一个人都对着我的诺基亚完成了一次或精彩，或仓促，或边被驱赶边奔跑的直播连线。

"李白"的"李"在2008奥运火炬重庆站传递直播现场

　　究竟，该如何回忆那曾经的一百天？广东掉队后用摩托车载我的交警？酒泉卫星发射城里吹响的号角？青海湖畔的冷风？香格里拉、泰山脚下的歌声？还是拉萨的氧气瓶？

　　很多时候，我有些害怕自己打开那段记忆的闸门。我怕陷进思绪，心被掏空；怕积累沉淀得不够，失了深度，减了分量。可过去总有被重启的一天，不能躲，不用逃。于是我明白了：人的一生中有几次可以淋漓尽致？淋漓尽致地奔跑、淋漓尽致地流汗、淋漓尽致地呼喊、淋漓尽致地泪如雨下。不怕被拒绝、不怕被误解、不怕不睡觉、不怕掉队、不怕迷路、不怕……

　　工作时话多的人，平时也许并不爱讲话。不是装深沉，也不是累了懒得讲，其实是不会表达。50多个城市，我计算不清到底有多少人帮助过我——火炬手、奥组委工作人员、地方官员，还有那些记者站、地方台初见便如亲人般的同事们……

　　奥运过后，我和白宇都成了中国之声的一员。我们不约而同地选择了"特别报道部"。有时回想甚至觉得这并不是调动，因为中国之声早已住到了我们的心里。特报的每个记者都收到过全国各地老百姓寄来的锦旗。这里的每一名记者都是战士，随时可以冲锋陷阵，随时待命奔赴新闻现场。

"李白"的"白"在舟曲泥石流灾害现场

在特报，我收到过的最难忘的礼物是，2011年黑龙江双鸭山的一名矿工坐了十几个小时的慢车，扛到北京来的一麻袋木耳。30多名矿工职业病伤残鉴定下来了，他们今后打针吃药有矿上管了。

那一次的采访只是平时工作的一个缩影。因为相隔200多公里的黑龙江七台河市突发矿难，我又从双鸭山连夜包车赶夜路到了七台河，在矿井口守了六天七夜。

这样说下去我们是不是快成超人了？还好，不是！只能打仗，不能充电；只懂冲锋，不顾生命，这当然不是我们中国之声人的生活！

2012年，我来到了中国之声编辑部。就如我平生头一次留起了长发，不同的停留，总会让人感受到不一样的风景。编辑部是全国各地记者站、地方电台联络的"司令部"。"编辑部的故事"让我在"此时此刻"的"报题平台"中继续着广播的梦想。

真的很想说感谢中国之声，事到如今，你像我身体里的血液，我像是你的孩子。

爱，在成长中。你的十年，我的五年。照耀过荣誉的光环，流淌过滚烫的泪水，吃苦，任性……你陪我走过岁月沧桑，我为你跋涉千山万水。回眸一刻，想对你说：我爱你，中国之声！

那年我入台

饶蕾

2008年，是个特别的年份。年初，南方特大冰雪灾害；5月，汶川地震；8月，北京奥运会。这一桩桩大事引国人注目、引世人瞩目，更牵动着每一个新闻人的专业神经。而我，作为一个新闻专业的毕业生，还在为找工作而奔忙，国家大事似乎离我很远，努力求存却是尤为贴切。天助自助者，2008年7月31日，我正式与中央人民广播电台签约了，相信很多初入中央台的人都和我一样，经历过心态的起伏。激动、欣喜、镇静、憧憬……我无限设想着自己能成为重大事件的报道者，完美叙述着新闻5W，剥洋葱般分析着新闻事件的"内核"，也许我就是未来的历史见证者。不过理智告诉我：这是一份工作，你是一个新人。

当时的我，完全没有想到自己的未来将和中国之声联系在一起，没有想到中国之声也会和自己一样，是个"新人"，一切从"新"开始。

记得2008年入台培训的课程包括思想教育、军训、拓展训练，新人们在站军姿、跑操、背摔、过断桥，甚至是K歌中加强了解，50来个即将为新闻事业奉献青春的兄弟姐妹齐聚一堂，无论未来是在台内工作，还是驻守地方记者站，都像家人一样。尤其印象深刻的是，宋嘉锋的青春洋溢、李欣的温柔耐心、胡凡的认真勤学，还有王誉颖那一招鲜、吃遍天的《青藏高原》，他们，成了我未来在电台大楼四层工作区最常见面的同事和朋友。

入台培训后，来不及追看北京奥运会的精彩赛事，我就踏上了基层锻炼的旅程，说来算是抽得了上上签——厦门记者站。记得当时我带着一个超大的行李箱坐了30多个小时的火车，预备在这个美丽的海滨城市度过3个月。谁知还没吹过鼓浪屿的海风，晒过海滨浴场的日光，就接到了台里召唤的电话："中国之声缺人，回中国之声锻炼吧。"这时，我在厦门的停留时间仅仅只有两周。更要命的是，由于这个消息来得太突然，我还没有在北京租房，回北京就意味着"无家可归"。带着遗憾和不安，我又踏上了回程的旅途。

亲，你找得到当年的胡凡、嘉锋、李欣、誉颖和饶蕾吗？

　　此时的我并不知道，在北京西城区复兴门外大街2号的大楼内正酝酿着一次变革，而变革的契机就是因为2008年太不同寻常了。从2004年到2008年，当时的中国之声准确地说应该叫新闻综合频率，做新闻，但又兼顾综合。"一锅乱炖"的收听率并不稳定，找准定位成了频率发展的当务之急。

　　广播是否该回归新闻本质了？2008年发生的几件大事逐渐给出了答案。2008年春节前后，南方地区发生的大规模雨雪冰冻灾害使得公路封路、火车停运，全国运力受到严重影响，水电供应紧张。在恶劣的现场条件下，其他媒体由于器材运输、制作周期的限制很难做到即时播报。此时，广播以声音为媒介的优势凸显了出来。广播记者携带着采访机、海事卫星电话、笔记本，只要人能够到达的地方就能现场连线，即时报道，满足了所有的采访和发布需求。之后的汶川地震更是进一步凸显了广播新闻的优势，当时互联网上有关汶川地震的信息一半以上都是转载中国之声的报道。就这样，"一切从新闻出发"成了中国之声新的坐标。

　　2008年8月25日，北京奥运会闭幕后第二天，中国之声新闻改革正式启动，节目大刀阔斧地开始进行调整。《人物春秋》《现在开庭》等专题节目被撤换，只保留《小喇叭》。日常播音大胆地采取"轮盘+板块"的模式，以30分钟为单位，全天31次整点新闻、半点快报为发展主线，形成新闻资讯流；搭配早、午、晚高峰新闻时段的板块节目，全部实行直播。以往提前录好节目播音带、按点播放的情况已经消失，取而代之的是全员始终处于临战状态和直播状态。"7+0"的轮休模式让中国之声的员工没有固定休息日，人手日益紧张。很明显，这里需要"新生力量"。

于是，9月8日，我和几个"小伙伴"被当"壮丁"抓了回来。就这样，记者站的基层锻炼被临时取消，改革中的中国之声成了"基层试验田"。而我在中国之声的第一站就是"试验田"的调度中心——策划部。在这里，我品尝了连续三周没有休息日的滋味，体会到对全新工作模式的不知所措和高强度的工作节奏。但最令人难忘的是，我感受到了整个中国之声的"创业"热情。这份热情不是传销般的简单喊口号，而是不计得失地奋战在一线。

当时，我和很多刚入台的"新人"一样，完全像是个一穷二白的创业者。寄居在朋友家，早出晚归，无节假日，无娱乐活动，除了工作还是工作。其实，这样的状态就是当时不少一线业务员工的状态。为了打造中国之声这个珍贵的品牌，大家都付出了辛勤的汗水，牺牲了陪伴家人的时间。"认准了，就去做；不跟风，不动摇"，厦门的阳光、沙滩、海水固然令人陶醉，但是我相信大家真心追求的是对自身职业精神的肯定。所以，在这样一个团结奋进的大集体里，每个人都是可敬的。可以说，中国之声的魅力召唤着一批批有能力、肯吃苦、意志坚韧的优秀人才不断加入进来，同时，爱岗敬业、崇尚创新的年轻团队让中国之声充满了生机和活力。

作为一个广播人，我们都希望成为历史的见证者，但就是因为怀着这份对事业的执着信念，让我们在中国之声推陈出新、不断变革的大背景下，在辛勤耕耘、奋发进取的点点滴滴中，成为中央人民广播电台历史的见证者和创造者。

为山河作注

郎峰蔚

2005年4月，作者作为"2005珠峰复测"外业测量队随队记者进行跟踪采访，并随队在珠峰上生活了五十多天。作为队里唯一的女性，她见证了珠峰高度改写的历史。一本《缺氧日记》，记述了一名记者在珠峰大本营进行采访报道的敬业精神，记述了一个女人在西藏、在珠峰五十天生活的喜怒哀乐。

厚厚的风帽下，是深深的皱纹，宽大的冲锋衣遮不住微驼的背影。这位身材高大的老人挂着登山杖，踩着碎石和积雪向直线距离只有19公里的珠峰峰顶缓缓地爬着。我们目送着他的背影，心里都知道，在这样高寒缺氧的地区，以老人的体力，顶多走上一两公里，老人一定不会冒险，太阳下山前他就会返回大本营。因为明天，他要返回拉萨，再飞回奥地利，妻子在家里等着他。他必须要安全地回去，因为他们已经是彼此唯一的亲人。

老人攀登的起点是我们驻扎的珠峰大本营。在营地东侧的山脚下，是

珠穆朗玛峰上的连线

珠峰登山殉难者的墓地。老人的一对双胞胎儿子就长眠在珠峰上。兄弟俩肩并肩成长了二十几年，又相伴来到珠峰，希望能够手挽手攀上世界之巅。因为天气突变，他们掉进冰川的裂缝双双遇难。老人和妻子闻听噩耗后，不远万里来到珠峰，为的就是亲眼看一看让两个儿子魂系梦牵永远长眠的地方。他们在大本营为两个儿子建了一个墓碑，尽管碑下空空。此后每一年，每当登山季开始，这一对白发苍苍的父母就会来到这里，看一看巍巍的珠峰，看一看墓碑上兄弟两个永远青春的笑容，然后走一段儿子们最后走过的登山路。今年，听说母亲的身体虚弱，已经无法来到如此高寒之地，只有父亲一个人孤独的身影执着地出现在了这里。

在珠峰脚下，这只是众多传奇中的一个。

我见证这个传奇，是在2005年春天。国家测绘局组织"05珠峰重测"。这是三十年后我国再次组织测量世界第一峰——珠穆朗玛峰的高度，其意义不言而喻。作为随队记者，我一路与队员们同行，驻扎在海拔5200米的大本营。在这里，负责在海拔5000米至6000米测量的队员每天早出晚归开展工作，负责登顶测量的队员则专心训练，为最后的登顶测量做准备。

陈杰，是准备登顶的那批队员之一。第一次见到陈杰，是在登山测量队出发前往5800米进行第一轮高山适应训练。出乎我意料的是，陈杰看起来斯斯文文，戴着金丝边眼镜，虽然差不多一个月没刮胡子了，却完全没有想象中登山者的强悍和粗犷。尽管陈杰说话不急不缓，但他对自己的登山计划胸有成竹而且信心十足。其实我关注陈杰，还有另外一个原因。在这次活动之前和之后他是国家某部委的处级干部，现在他是国家测绘局名下的冲顶测量队员。他的业余身份是老练的登山者，上一个纪录是著名的8200米的卓奥友峰。

令我惊诧的是，他对于登顶珠峰的渴望，超过了所有的人。他的精心准备，远比别的队员复杂得多，浑身都充满了登山者最渴望的阳刚和镇定。在随后的日子里，我们常有交流，成了好友。在登顶队员正式出征前，我请他带上我的一台微型录音设备，如果能登上峰顶，就帮我采一些录音。他说："没问题。等我差不多到峰顶的时候，就打开它。"他说这句话时，没有丝毫的迟疑。他用这种方式继续表达着他的信心和决心。而我也非常乐观、乐于相信，经历了漫长精心准备的陈杰这次一定会成功的。

随后便是我们所有人在大本营焦灼的等待。A组登顶当天，前方传来

"消息"说只有陈杰获准从7790营地向上攀登。下午五点钟的时候，山上传来确切消息，"陈杰因身体原因放弃冲顶正在下撤！"我愕然，担心。

三天之后，我在大本营再次见到了安全返回的陈杰，他站在队员的第一排。隔着山坡上重重叠叠的人群，我把长焦镜头聚焦到了他的脸上。除了一块冻伤，我看不到放松，看不到落寞，看不到无奈……他把自己的眼神留在了一副硕大的墨镜之后。

测量圆满成功，我们终于结束了52天的帐篷生活，等来了可以下撤的好消息。告别的前夜，自然是喝酒。相熟的队员老王端酒过来："我从6300米那个点给你带了块石头下来。"我回头一看，石头已经放在我的背包旁。这块石头是珠峰高海拔地区才有的地貌标本，我掂了掂，竟然足足有20斤。我清楚知道，在高海拔地区野外作业，为了减轻重量，他们连粮食都尽量少带，以减轻身体负荷。我瞬间明白了老王朴素的谢意。

为了发稿需要，我们媒体携带了一部海事卫星电话，这是这里唯一能与外界联系的通讯工具。每每用电话给台里做好节目，我都会邀请临近帐篷的小张和老王、老周给家里打个电话报平安。小张总是欣然地过来给女朋友、爸妈打个简短的电话。而老王则不然："没啥话说。"禁不住我们的一再怂恿，老王还是磨磨蹭蹭地给老伴儿打了个电话。他"喂"了一声，好像老伴那边倒吓了一跳，以为他出了什么事。老王对着电话嘿嘿地笑了一阵，说没事，正好方便，就打电话了。打了几次电话之后，老王的话多了起来，开始在电话里絮叨自己的工作。老伴儿在那边仿佛更感兴趣，问得事无巨细。老王每次打完电话，都会在帐篷外转几圈，抽根烟，再笑眯眯地回来。

老王举起酒杯，"这十来年，我都没和老伴儿说过这么多话。我一直觉得，自己在那个家，是个多余的。"老王有点儿不好意思，抹了抹脸，一口喝干了杯中酒，"明年我就退休了，现在踏实了，还是挺想回去的。" 这个四十三岁的陕西汉子，说到这里分明有些尴尬，赶紧和我握了握手，就走了。后来，我再没有见过老王，只听说第二年他到时间就退休了，回到家里陪老伴儿开了个小店。

与每一座山、每一条河，甚至珠峰的每一块石头相比，每个人都只是过隙的"白驹"。但因为有了人，有了人的悲欣交集，山河便有了丰富的注解，有了生命的温度。

我见青山多妩媚，料青山见我应如是

张小艳

夕阳下，远方葱郁的树林旁，一座红色的砖房冒着袅袅的炊烟，15岁的少年沙特唱着歌和他的弟弟阿拉伯走在回家的小路上，沙漠深处，是他们的家……

流水淙淙，鸟儿啾啾，鸭在漫步，毛茸茸的小鸡在林间嬉戏，洁白的羊群、骏马在草原上奔跑，草原上盛开着红的、紫的、黄的缤纷艳丽的花朵……

这是当年我在广播特写《沙漠人家》中用音响描绘的一幅画面，这是我内心深处久久难忘的一片绿洲。

> 草原深处有一座毡房
> 房里有我童年美好的时光
> 毡房前有一条弯弯的小河
> 带着金色的梦幻流向远方……

八年了，沙特悠扬的歌声犹在我的耳边回响，那些当年我在沙窝里、树林中、草原上、羊圈旁、牛棚边、灶台下、土炕上，坐着、走着、站着、蹲着采录的鸟鸣、鸡叫、狗吠、马嘶、羊咩、风声、雨声、流水声、牛车行进声、拖拉机声、走路声、倒奶茶声、炒菜声、读英语声、接电话声、电视播放声、口哨声、歌声、牧笛声，时时让我想起在我的家乡有一片沙漠深处的绿洲，有一户让我魂牵梦绕的人家。

八年前，我走进内蒙古赤峰荷也勿苏沙漠道兰图沙地，结识采访了沙特、阿拉伯和他们的父母鲍永新、于艳文。如今，他们的家庭治沙林场已由早年的不毛之地达到了相当大的规模，他们拥有成片的树林、草场，成群的羊、牛、马，而我除了清晰地记得当年采访这一家人的情景之外，也同中国之声一起经历了十年的成长。

因为采访沙特一家，我的录音报道《沙漠里飞出绿色的歌》获"第

荣誉勋章

难忘中国之声·我的成长

296

十六届中国新闻奖"。我采访、撰稿、解说的广播特写《沙漠人家》2006年获"亚广联广播专题节目大奖"。这在中国之声的十年历史上，只是一个小小的瞬间，比起很多重大新闻事件、突发事件中中国之声记者编辑们的拼搏和付出，比起他们流过的血汗和泪水，都微不足道；比起我的许许多多孜孜不倦、勤奋工作的兄弟姐妹，我很幸运。我的幸运来自我的采访对象，来自我对广播音响的一往情深和追求。他们和它们都吸引着我、激励着我拿起话筒走进山里、林中、田野、戈壁、沙漠、高原，采录一个个动听的音响，倾听一个个生动感人的故事。在我用音响描绘、引人入境的画面中，听众感受到了广播音响的独特魅力，那一个个可亲可敬可爱的人物也走进了听众的内心。

也许，现在伴随着互联网和电视成长起来的年轻人会觉得广播的表现形式有些单一，但回顾我与广播一路走来的日子，我越发体会到，在这个嘈杂的传媒世界中，广播反而显得更加纯粹和深入，它让人有更多想象的空间和探索的欲望。20多年前，当我还是一个满怀激情和青春梦想的年轻记者时，也希望在重大新闻事件发生的时候自己能拿起话筒站在现场，见证那些重要的时刻。但现在如果让我来评价这一路走过的职业生涯，我印

结缘"亚广联"

象最深的还是那一个个默默奉献的普通人。他们在人迹罕至的山区、在茫茫无垠的戈壁、在风雪肆虐的边疆、在酷寒缺氧的高原、在危险黑暗的巷道、在寸草不生的盐湖默默坚守着寂寞，履行着责任，兑现着承诺。

还记得我盘腿坐在落满沙子的炕头，嚼着柿子面的干粮就着大葱泡盐水，听老乡聊他们生活的情景；也没忘在井冈山，为了采录一段流水音响，我差点儿掉进深不见底的潭水的那一刻；更没忘我的脖子上现在还留着在大山里被黄蜂蛰过的疤痕。但当那些带着生命余温的最生活化的音响，让我制作出一个个感人至深的广播节目时，我也更加体会到了一个时代记录者的责任，一个广播记者的自豪和快乐。

　[牧笛《草原牧歌》、沙漠的清晨鸭叫、羊叫、鸟鸣、混]

　记　　者：十六年过去了，荷也勿苏沙漠道兰图沙地已经一片生机。十六年来，鲍永新夫妇在1万1000亩沙地上种下了18万多棵杨树、3000亩黄柳、4000亩杏树和9000多亩草。现在这里再也听不到狼嚎般的风声，看不见漫天的黄沙了。

　于艳文：[鸡叫、鸭叫、脚步声]上菜园，[羊叫、马嘶、鸟叫]起来就开始喂马喂羊，[于艳文叫羊、羊吃草]我们这地方，这时候鸡鸭鹅都不太喂。

　[走路声、鸟叫声]

　记　　者：它们就在草丛、树林中捡虫子？[鸡叫]那下了蛋呢？

　于艳文：（笑）鸭子和小鸡下了蛋，有时候都找不着，在树根底下哪儿都有。[风声、鸟叫]这树林子也长起来了，草也好了，鸟、山鸡、野兔都来了。[风声]

　记　　者：这沙地能种些什么菜呢？

　于艳文：一般都可以，黄瓜、豆角、烧瓜、香瓜，瓜一类的，[脚步声]反正蔬菜不是特殊的，咱这里都长。[脚步声]　[开园子门声]这种上都不到半个月呢，这豆角都要爬蔸子了。嗯，去年来了一帮旅游的，那工夫正是我们西瓜都下来了，这么大的，这么大的，就这园子，他们吃了以后说这西瓜咋这甜。

　记　　者：我看咱施的是羊粪……

于艳文：羊粪。栽那些樟子松都捆羊粪。[薅草]再待些日子，这里长蘑菇，大得跟小碗那么大，好吃。10多年前我俩刚进来的时候，唉，这大沙漠白茫茫的，喘气的只有我们两个人。连个小虫子都没有栖身之地，那工夫。[脚步声]

记　者：虫子都不来。

于艳文：哈哈，白茫茫的大沙漠，一刮风把它都刮够呛，埋上，要不就刮跑了。

[羊叫、开羊圈门、鸟叫]

鲍永新：现在都是圈养的，不撒，到"七一"以后才撒呢。现在这个草条件这么好，棚圈又盖上了，以后就是常年地舍饲了。[风声、鸟叫]今年准备再买200多只羊，这样把它扩大到400多只，但是就是你养500、600只羊，[羊叫]也不需要你上山放了。[羊叫]圈外都是树啥的，怕它破坏了。[给羊倒水]去年也是养200多只羊[风声]。卖8万多块钱(人民币)，买羔羊一批一批出栏卖。

[风声、鸟叫]

这是《沙漠人家》的一些片段，跌宕起伏的故事、生动丰富的音响构成了《沙漠人家》的一个个画面。为了这画面，我在采录音响时脑海里多次闪过广播剧的镜头，之后我用了3天3夜复听和整理了12盘936分钟的音响素材，自己撰写、反复修改稿件。节目复制合成时，请录音师王敏一起逐字逐句审听需要的音响，剪辑、串接，进行音响的再创作。在音响的使用上，我要求"有声出自然、无声胜有声"。在音响的表达上，我借用了文学作品中的白描和国画的留白手法。在音响的衔接、全篇布局和主题的展现上，我追求宋代禅宗大师青原行思提出的"看山是山、看水是水""看山不是山、看水不是水""看山还是山、看水还是水"的参禅三重境界。《沙漠人家》的长度为24分钟，除了音响，我的解说词连标点符号在内共812个字，录完音近3分钟，但这3分钟我在话筒前想象着自己正在沙漠中与听众对话，反复录了两三遍。那些沉浸在音响中的陶醉和满足、劳顿和辛苦让我好几天从夜晚熬到黎明，但其中的满足感和成就感也只有一个广播工作者才能够体会。

蓝蓝的天上白云飘

白云下面马儿跑

挥动鞭儿响四方

赞歌儿更嘹亮

……

要是有人来问我

这是什么地方

我就骄傲地告诉他

这是我们的家乡

八年了，《沙漠人家》女主人公于艳文的青丝已夹杂了许多白发，我始终没忘记她用蒙古语唱的一首首歌，记得她略沙哑的嗓音和她那被日晒风吹得粗糙的脸和手。她和她的丈夫鲍永新把生命中最美好的16年奉献给了沙漠的荒凉和寂寞。现在，再听起当时的录音，我看到的仍然是一幅幅生动的画面，感到的仍然是音响的魅力，听到的仍然是勇敢，仍然是坚强。

一个时代造就一段传奇。当年，正是因为有《人物春秋》这样一个平台，有一些喜爱故事和音响的记者和听众，才成就了一批打动人心的广播节目。曾经，当中国之声《人物春秋》栏目的片头响起时，听众和我们似乎就开始了一次约会：在正午的阳光下听着一个陌生的老朋友，讲述一段关于他们自己的故事，这是我的享受，也是听众的享受。而在一个喧嚣的新闻综合频率，能有这样一个宁静的节目，能有一大批听众静下心来听一听那些真实的故事，那些鲜活的讲述，不能不说这也是一种奢侈！

2004年1月1日，中国之声开播，每周一至周五13：35～14：00播出的《人物春秋》栏目定位为一档讲述社会各界名人的独特生命轨迹和普通人的传奇经历的专题节目。每期人物专访主要采用记者讲述带入现场音响的形式播出。那时，栏目组虽然只有三四个人，但每个人既是选题的策划者，也是记者、编辑、主持人和录音师。那时，每采访一个名人，至少要做两天以上的案头功课，要通读大量的人物生平和著作。记得当年我采访作家和科学家最费工夫，每次采访前都尽量把他们的主要作品一一读完，把科学家的研究发明尽量弄懂。每采访一个人物至少要花费半天的时间录音，回来后把主要音响资料整理成文字后才开始写稿，稿件审定后再一句句剪辑音响、录解说词、配乐、合成、播出。策划、采编、制作、播出的一人负责到底制特别锻炼我们的综合素质和能力。由于《人物春秋》栏目讲述的人物故事生动丰富，体现的音响魅力和优势特别明显，也由于大家的精工细作，那时，《人物春秋》的稿件每年在台内外都有不少获奖。2004年至2008年，我采写的录音报道《沙漠里飞出绿色的歌》、《戴博和他的音乐世界》、广播特写《沙漠人家》、《千鹤山的呼唤》相继获得"中国新闻奖""五四新闻奖""全国广播节目创新擂主奖""中国广播影视节目大奖""亚广联广播专题节目大奖"。《人物春秋》在2004年开播至2008年9月由于频率改革停播的近5年时间里，3次被评为中央台优秀栏目，《人物春秋》的另两位记者、编辑冯会玲和孙巧稚也多次获奖。

八年过去，在中国之声越来越年轻的队伍里，我已不再年轻，但越来越感受到作为一名记者要踩在广袤的土地上，要和采访对象休戚与共，要用广播的优势和魅力做好广播节目；也越来越体会到了辛弃疾词中"我见青山多妩媚，料青山见我应如是"的意境和中国之声以责任赢信任、在激烈竞争的全媒体环境下不断创新的梦想。

"新闻是历史的初稿"，作为一个记录者，能和新闻中的人物成为历史的一部分我倍感欣慰，能和中国之声一起见证国家和这个国家每个人的变化，这对我来说又何尝不是一种幸运呢！

为了153个矿工兄弟

胡凡

2010年3月28日，山西华晋焦煤王家岭矿发生重大透水事故，井下153名被困矿工生命危在旦夕。4月5日，中国之声临时取消《全球华语广播网》节目，改为"王家岭矿透水事故救援"特别直播。主持人郭燕、胡凡以现场直播《"4·5"山西华晋焦煤王家岭矿透水事故救援》获得2011年广播主持作品"金话筒奖"。

4月5日，王家岭透水事故进入第九天。

当时已有9名幸存者升井，他们已开口说话、神志清晰，矿难救援者说井下还有许多人活着。直播就在眼前，但是直播从哪里开始？我的心跳开始明显加速。导播间的电视开着，央视也在直播，屏幕下方打出了最新的救援数字"28"。

不知道郭燕姐紧不紧张，但她已经开始了解一会儿前方记者的连线顺序了。我深吸一口气，迅速整理了一下思路，直播需要一个导听，需要告诉听众我们要干嘛。于是，这段不太像导听的导听成为整个直播的开篇："王家岭事故煤矿抢险救援进入第九天，从今天上午的11点18分开始，第二批幸存者陆续升井，加上之前的9人，现在已经总共有28人安全获救，《中国之声》将持续关注，期待更多的生命奇迹……"

那一刻，我们并不知道这场直播将会持续3个小时。

12点01分，郭燕姐接通了前方记者李凡的电话，他在距井口50米左右的警戒线外部。作为中央台距离井口最近的记者，他告诉我们，现场的救护车非常多，获救矿工的生命体征十分明显，除了求生的欲望，这些矿工们也非常懂得怎样科学地保护自己。

救援在接力，直播也在接力。接下来，我连线了正在医院的记者岳旭辉，他在离出事矿井最近的山西铝厂职工医院。尽管连线时获救矿工还在路上，但是医院已经做好各项准备，他们的担架早已放在门口，专家组也在一旁迎候。他们制定了一整套应急方案：吸氧、监护、静脉滴注、保暖、清洗……通过这些措施，迅速展开治疗。

中国之声主持人郭燕、胡凡(右)捧起"金话筒"

井口、医院，这些都是地面的情况，地下仍然被困的矿工呢？他们能平安吗？第三个连线，我们拨通了上午刚刚参加完第九次事故新闻发布会的记者汪群均的电话。他传来了指挥部的最新研判，随着获救矿工人数的不断增加，井下透水被淹和瓦斯中毒这两件救援中最担心的事情，已经基本可以排除。

而几乎与此同时，就在4月5日这一天，一项全国性的安全生产大检查也正式展开。它涉及全国所有地区的几乎所有行业，包括煤矿、非煤矿山、烟花爆竹等行业、企业。

12点15分，被救人员已经上升到37位。

电视画面中，通向矿井的门一次次开启。38位，第39位，已经突破了40位，41位……我们不断更新着最新的升井人数，焦急而又期待。

郭燕姐和我用这种最原始的方式分享着大家最想听到的消息。这是现场近3000名救援人员奋战了8天8夜的结果。

8天8夜，对矿工是考验，对救援人员是考验，对一直在前方坚守的记者同样是考验。直到今天，我也忘不了记者汪群均那段哽咽的表达：

"曾经乌云压顶的王家岭从来没有下雨，4月5日，今天这个日子这么美。我非常清楚地记得3月29日上午刚刚到达王家岭的时候，这里是阴雨霏霏。这里没有任何颜色，降雨一度给救援带来了麻烦。但是今天，老天似乎也为坚强的工人强大的生命力所打动，阳光明媚，这岭上的桃花像是送给他们三千多名救援人员的光荣花，一切的生命显得非常美丽。"

就像郭燕姐说的，我们是记者，是主持人，我们更是同胞。那一刻，可能所有人都坚信41这个数字绝不是最后的定格。

短信平台上，一位来自西宁手机尾号7873的朋友说："听着你们的声音，我的心仿佛飞到了王家岭的救援现场，感谢你们把好的消息带给全国人民，感谢你们把现场的情景真实地带给我们每一个人。"

是的，无论身在何方，总有中国之声。从2008年年初雨雪冰冻灾害到"5·12"汶川特大地震，中国之声在一系列突发新闻事件中的表现可圈可点，彰显了广播行动力，拓展了报道空间，扩大了话语权，也赢得了市场和口碑。

可以说，没有之前的一次次历练，就不会有今天的相对从容。没有策划、没有文案，在最初的时间里，郭燕姐和我充分调动一切可用资源，依靠中央台前方救援现场、救援指挥部、医院等处的记者，加上电视现场同期声（央视唯一获准靠近井口），并整合新华网的消息，及时、准确、细致地同步描述现场救援进展。整个直播如同置身王家岭矿事故现场，大家共同见证着生命大营救的全过程。

救援还在推进，直播紧张复杂但有条不紊。13点33分，山西王家岭矿透水事故救援已有88名受困人员被救出井。我们好像都能听到救援人员匆匆的脚步和急促的呼吸。

此时，为了看清楚直播间里的电视画面，不放过任何一个有效信息，身旁的郭燕姐已经开始站着直播！这在她过往的经历中还是第一次。

我们再次接通了在前方医院采访的记者岳旭辉的电话。他告诉我们，时任中共山西省委书记张宝顺同志、省委常委高建民同志来到了山西铝厂职工医院，他们把获救矿工从救护车上抬下来，推着获救矿工进入病房。

我们听到了张宝顺书记的声音："不着急了啊，慢慢走，轻抬慢放。"

从救护车到病房的路程很短，但每一步都让人揪心。岳旭辉对张书记做了即兴采访。

岳旭辉："宝顺书记，您对听众朋友说几句话，我是中央人民广播电台的，正在直播。"

张宝顺："好啊，感谢全国对这次'3·28矿难'的关注、关心，你们的关注给山西的抢险救援提供了巨大的动力。95名创造了生命奇迹的被困了190个小时的矿工升到了井上，他们会得到全力的救助和治疗，我们相信后面还可能有更多的生命奇迹出现，感谢全国人民。"

这段广播特写般的现场直播，今天听来依然真实感人，依然有分量。直播的时候，我在想，张书记的讲话之后，我们该接什么？似乎说什么都不太合适。

我突然想到了音乐！《相信爱》的音乐！此时此刻，或许这首歌才是最恰切的表达。没想到，这首"5·12"汶川特大地震时，我们发起的百名歌手广播赈灾慰问演出的主题歌，在这里再次派上了用场。

于是，在郭燕姐跟岳旭辉连线的当口，我凭着记忆迅速在播出库中找到了这首歌，而且专门挑选了"童声哼鸣版"。

当风雨 淋湿梦想的翅膀
当彩虹 还没映照你脸庞
伸出手 它代表想要的温暖
相信爱 会有无限的希望……

伴着中国广播少儿合唱团孩子们纯净稚嫩的声音，我选读了一条来自河南南阳的手机尾号是5086的朋友的短信："为生命的坚强而喝彩，今天听到井下大约有95人生存的希望，真是感动与欣慰并存，希望更多的人被救，为他们祈福。"

救援还在与时间赛跑。14点15分，又有10人成功升井，出井受困人员总数达到114人！

时任国家安监总局局长骆林在现场表示：这次救援创造了两大奇迹。一是被困矿工在井下坚守了8天8夜，坚持坚持再坚持，终于渡过了生命大关，成功生存。二是在党中央、国务院的领导下，做出的部署和救援方案有效有力，在矿难发生190小时后，救出了大部分被困矿工，创造了中国矿难救援史上的一个奇迹。

短信平台上来自山西太原尾号是5985的朋友，他说："听到《相信爱》的时候，总会想起'5·12汶川地震'的时候，那场惊心动魄的救援。"

河南许昌手机尾号是8197的这位朋友，他说："这场救援生动地体现了对生命的尊重，这是国家力量、集体智慧的结晶，它让我前所未有地感觉到生命的尊严。我依然信心百倍地看到了希望，感谢政府，感谢救援人员，感谢你们的辛苦！"

是的，就像后来坐镇直播间的中国之声观察员赵九骁所说："没有比挽救生命更动人心魄，没有比挽救生命更激动人心。"这是一首生命的凯歌！

北京时间15点，经过3个多小时惊心动魄的救援，山西王家岭矿透水事故被困的153人当中，获救114人。时间还在一分一秒流逝，我们愈加关注剩余39名矿工兄弟的下落……

相信爱　是永恒不变的期待

相信爱　是幸福的主宰

相信爱　把最美的心愿连起来

爱天长　爱地久　爱同在……

今天，再次回顾这场"视听网络"结合的广播大直播，依然有紧张，依然会感动，也依然有很强的现实意义。一次直播的成功是偶然，但如果把它放在中国之声十年成长的坐标系中去衡量，我们也分明能看到它的底色，它的传承，它的创新与发展。

大厅里什么时候能挂上主持人的肖像？

——主持人、十佳主持人、著名主持人断想

魏漫伦

2004年，随着"中国之声"呼号的诞生，有一个已经运行了几十年的部门却撤销了——播音部，曾经拥有过齐越、夏青、葛兰、铁成、方明、雅坤等响亮名号的播音部。对这一决定，人们至今评价不一。但有一点可以肯定的是：中国之声的播音员和主持人从此必须全面深入地介入节目之中，必须直接参与节目的采编过程。

而此前，中央台的大部分主持人虽然具有了主持人的形象和个性，但说实话，其形象和个性有一半是编辑的笔赋予的。我算是为第一代主持人写过稿子的编辑。那时，编辑要熟悉主持人的喜好和表达方式，要模拟主持人的声口写话，并且必要时还可能要在字里行间标注诸如"此处叹息""此处调侃""此处一笑"等情绪要求。而那时主持人的过硬处在于，他们能够用声音完好地诠释出编辑文字的内涵，把文本变成更加生动的声音作品。

但是，快速发展的时代已经等不及编辑一笔一笔地描写，现代传媒的发展也要求主持人必须有自己的视野、眼光、襟怀——这一切，需要主持人从"亲自"解析新闻开始。更早的时候，有的播音员已经开始自觉地深入参与节目了，仅说我经历过的，早在上世纪九十年代，肖玉、卫东就经常独立采访、编辑节目。但是当时，这样做的人似乎不多。从这个意义上说，让播音员主持人走进节目部，是让他们成长为全才的一个最管用的开始。

主持人在节目部门的成长是全方位的。仍然说我熟悉的例子：青音是传媒大学学播音主持的学生，当初选择她来做心理节目主持人的时候她还没有毕业。选她，只是因为她的声音甜美、轻柔、和婉，适合夜间。但她是一个非常用心的人，并不满足于仅有夜间的甜美嗓音，而是在和心理专家接触的过程中不断提高自己。其实在主持心理节目不久就能看出她的变化和提高——记得她主持节目大约一年左右的时候，我读听众来信，发

现很多大学生因为恋爱问题苦恼，读他们的信发现，他们的苦恼是"不懂爱"。我和青音说，咱们做个恋爱的系列节目吧，就叫"学习爱"。没两天，青音就拿出了完整的系列访谈节目策划案，从方案中能够看出来，她已经成了半个心理专家。后来，这组系列节目文稿成为大学生喜欢的恋爱读本。而现在，她已经是心理学界而不单单是主持界有名的专家了。

我熟悉的一个节目《神州夜航》，每一期节目都是由主持人自己出选题，指导编辑完成文案策划，不管是年轻如胡凡、朝旭、何方，还是轻熟如大卫、向菲、青音，都是如此。向菲的"人生即选择"，更是连栏目形态都是主持人根据自己特点策划的。先后有7个身负重罪的年轻人通过《神州夜航》向警方自首，这与向菲节目里的人生选择题有着莫大关系。我知道，2004年以后的中国之声，其他部门的主持人也一样"综合成长"着。听郭静、苏扬、雨亭、张昊、庞莹、玉蕾的节目，就完全能感觉出这种成长的速度。主持人在编辑、采访的过程中不但有了新的成长空间，也让中国之声有了"做新闻"的基础储备。2008年改版，主持人仅仅经过短暂的熟悉，便驾驭了与以往完全不同的播出形态，倒退十年，这种情形是难以想象的。

2008年之后的五年又过去了。中国之声的播音员、主持人和主播们既要长时间坐在直播间操台、主持，又要担负相当的编辑任务，这份超强压力下的成长更是日新月异的。有的主持人已经开始显露了自己独特的风格，有的主持人不但是优秀的主持人，还同时是骨干编辑，还有的主持人，主动要求当了记者和编辑。这些积累，在不久的将来肯定会发酵，酝酿出完全不同以往的变化。

大约是在第三届十佳主持人评选的一次碰头会上，我发言说：一个以声音为形象的媒体，应该把自己著名播音员、主持人的肖像堂堂正正地挂在大厅显眼的位置。当时，一个人反驳我说，除了齐越、夏青、葛兰、方明，我们还可以挂谁呢？我没有反驳。

的确，新一代播音员主持人，尤其是年轻的中国之声播音员、主持人还有不少的欠缺。他们还没有把老一辈播音员的功底学到手。比如我曾和年轻的主持人们一起听于芳讲怎么读公报，于芳对那些仪程性文字的解读独到而深刻，对字词微小的变化敏感而精准——这是年轻一代播音员和主持人们尚不具备的素质。他们的业务素养和人生累积还不够厚实，他们的眼光还没有练得老辣独到，他们的襟怀还不够开阔宽广，甚至他们有时还慌乱地打着磕巴，但是他们每天都在成长。各个节目部，主持人每天都积极参与节目选题的策划和编辑，频率播音主持督察小组的李辉老师每天也都忙得不亦乐乎，因为每天都有人和她约播音业务辅导——这种自觉的学习和努力的参与会让人不断进步。就在十月底刚刚结束的第四届十佳主持人评选中，中国之声报名的五位选手全部获奖。至此，中国之声拥有台十佳播音员、主持人名号的，已经有13人。我愿意把他们的名字一一写在我这篇文字里：于芳、向菲、郭静、苏扬、黎春、杨波、郑岚、庞莹、林溪、陈亮、青音（特别提名奖）、姚轶滨（最佳新人奖）。

一代人有一代人的际遇，一代人有一代人的成就。比赛式的"十佳"也许并不能代表成功或成就，但是不断调整变换的中国之声节目给了主持人们巨大的发展空间；老一代过往的辉煌也许无法复制，但是我们可以相信新一代人会有新的属于自己更加耀眼的辉煌。在未来的十年里，中国之声著名主持人的大照片应该会以让中央人民广播电台骄傲的形式挂在大厅最显眼的地方。我有点儿急迫地期待这一天早点儿来。

赵子忠副台长（右二）和部分"十佳主持人"获奖者

那些年的"总主持人"们

口述/雨亭　文字/丁飞

2004年改版，中国之声推出"总主持人"。这是当年开播的一个重要标志性事件。它改变了听众多年来对中央电台的印象，也推动了主持人和节目、节目和听众之间的挂钩，从而确立了中国之声新闻立台、紧跟时代的宗旨理念。

"总主持人"，不知现在还有多少人听到这四个字，会心头一暖。从中国之声诞生的那天起，有将近5年的时间，它陪伴在一代广播听众身边，从清晨到夜深。当然，它也改变了那一批广播人的命运。

一则广播

雨亭至今都能背出，2003年年底新年钟声就要敲响前的那一天，听到的那则台内广播，杨波播的：

下面播送通知，我台第一套节目即将改版，呼号更名为中央人民广播电台新闻综合频率中国之声。现面向全国及台内招聘大时段直播节目"总主持人"。有需要报名的同事请到一楼人事处。

听罢，当时还在二套做主持人的他，"唰"地站起身，就下楼报名了。然后就是在地下一层广播剧录制机房的招聘考试，三个部分，第一是基本素养，播一段稿子；第二是应对能力，也就是突发事件的处理；第三是访谈能力。

没想到，考完只隔了一天，他就被通知办手续转到中国之声了。然后更夸张，再被通知：2004年1月1日，中国之声开播第一天上岗，直播！

"当时就听到'总主持人'四个字，没犹豫，就去了。当时也并不是很清楚具体是做什么，但是一想到是在全新的中央台第一套节目直播，就知道再也遇不上这样的机会了。"

当年的青涩"总主"们

"飞面条"和"五道口"

机会只给有准备的人。年轻的中国之声，于是拥有了一批年轻的"总主持人"。二三十岁、专业功底过硬、敢想敢尝试的他们，承担起频率全天大时段的直播。

当时，中国之声把全天分为六个时段，6点到9点是早间报道，9点报摘重播，9点半到12点是午前报道，12点到14点是午间报道，14点到18点是午后报道，18点到21点是晚间报道，21点到零点是夜间报道。每位总主持人负责一个时段，既要播报新闻与资讯，也要串联起原有的各个或直播或录播的子栏目。

2004年1月1日，整点报时过后，全新的"中央人民广播电台中国之声"台呼号在《梅花三弄》的变奏主旋律开始曲垫乐映衬下一遍遍响起，随后，每个大时段直播的总主持人纷纷接力亮相！雨亭不会忘记，开播第一天和所有同事在直播间和导播间的紧张而又激动的心情，还有那有条不紊、接力延伸的工作状态！开播当天的中国之声，总主持人有时段内容的提示及点评，有和子栏目主持人的对播串联，也有和听众手机短信的实时互动，还有与记者的直播连线或是突发事件和内容的随时插播与调整！同时，伴随一大批崭新栏目的亮相，开播第一天的中国之声给全国听众耳目一新的深刻印象！大气庄重、活力清新，紧跟时代、亲切自如的中国之声全新总主持人群像，也让业内业外刮目相看！

不过，挑战也不小。当年的第一个坎儿，是转语态。从前是纯播报，如今要和搭档配合着"说话"，不习惯；从前节目是录播，不怕出错，现在改直播，你说啥，同步就给播出去了，还是不习惯。于是很快，听众就反映意见了，某些主持人错误率太高。也有人表示，不能同意主持人播新闻之余"插空"发表的观点，发短信来"理论"。

紧接着，事故率也在攀高。连线突然连不上了，对听众来说，这可真是新鲜事，以前哪会有这样的"意外"啊。再有就是"飞盘"和"吃面条"。节目马上播，一开盘，带子"呼"一下飞起来了，散架了。怎么办？只能迅速地拽出来赶紧往回缠。"最惊险的时刻，主持人在前面播着，还差几秒要放录音了，几个技术人员还在后面拼命地卷带子，生怕空播。"

说起开盘带，如果你是20世纪80年代出生，怕是根本见不到了。中国之声开播那几年，记者们手里的采访"神器"是现在已经"灭绝"了的——MD机，握着它出门去采访，回来以后自己一比一地把录音导入到电脑里，费时又麻烦。然后用cooledit软件剪好录音，录口播，合成。再然后，还得转到开盘机上，并在开盘带的标签上，清楚地写下录音时长、标题、头尾一句话，以及发播的节目。

不过，一个部门只有一台开盘机。所以，即便临到播出，记者们也只能排长队等着倒带子，干着急。当年记者赵九骁桌前就贴着一张白纸，上书"五道口"三个大字。那意思是，地上有5根线，都连着开盘机呢，您瞧准了，路过请抬腿。

而总主持人们，更是要在节目开播前，怀抱四样"神器"方感安全：耳机、MD机、开盘带和CD，缺一不可。开盘带多的时候，女生们甚至还要借助小推车方能前行。

从风格到风采

"试验"了小半年，总主持人们一个个形成了自己的风格。当然，也开始有了固定的粉丝群。

雨亭多访谈节目，走的是温文尔雅风，沉稳内敛，是张"安全牌"；搭档庞莹稳重大气，庄重自如；周强是激情派，活力十足，表达直接；玉蕾声音甜美，

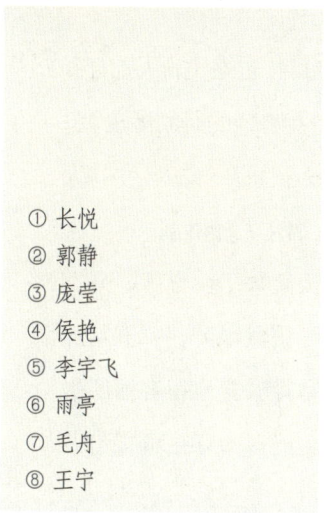

① 长悦
② 郭静
③ 庞莹
④ 侯艳
⑤ 李宇飞
⑥ 雨亭
⑦ 毛舟
⑧ 王宁

清新阳光，像个邻家女孩；王宁的特点，是播报速度极快，伶牙俐齿，反应当然也快；苏扬声音深厚，辨识度高，且主持常有"惊人之举"……

对了，当年频率还有个"不成文"的规定，要求录音节目必须记得给主持人"留个空"。这段时间，由主持人自己控制，有机串联，也可即兴发挥。

慢慢地，大伙儿都有了属于自己的定位。也奇怪，"总主"们本不在一个部门，工作我在你后面你在他后面，平时压根儿见不着，可就是好像有那么一个组织存在着，十几个人感情好得很。

2004年夏天，发生了一件当年看来"破天荒"的事儿。频率头一遭找来外面的公司给主持人拍一组宣传照。这事可不小，放今天倒是常见，十年前绝对"没见过"。于是，十几个年轻人都从家里翻了"压箱底儿"的衣服来，兴奋地摆起自认为最时尚的POSE（如图）。这大概是中国之声史上第一组员工宣传照，虽然十年后在四层的大平台上，已经贴满了从主持人到编辑记者的专业艺术照。但在当时，这个举动，足以让这群"总主"们好一阵兴奋了。

欢呼和歌声，来自直播间

2004年8月，中国之声又创造了一个"第一"。第一次，打通全频率节目直播雅典奥运会。那个时候，早上7点到9点、中午12点到13点、晚上19点到零点，全天三个时段停播所有节目，专门来做奥运报道。史无前例。

刚坐稳"总主持人"位置没多久，雨亭们又被推上这档大型直播的一线。"从前这类体育赛事，都是由体育部来做，记者和评论员都是专业的。现在让总主持人上，是希望培养个性化的表达。"

于是，他们诚惶诚恐地开始了"奥运直播"。那段时间，每个主持人都自备一张专属CD，里面刻满了自己喜欢的音乐，随时准备着在合适的时候播放。记者连线+推电视直播信号+嘉宾点评+短信互动，有时候中国队一夺冠，主持人一时太HIGH，直接就欢呼起来。一场直播下来，每个人都是大汗淋漓。

有一次，主持人周强坐镇直播，突然看到中国队又拿了块金牌，兴奋地大喊"夺金牌啦！夺金牌啦！"然后自己唱起《红旗飘飘》，"五星红旗，你是我的骄傲！五星红旗，我为你自豪！"唱着唱着他在直播间里就哭了……"当时短信刷的一下，就猛增到几万条，好多大学生都很有共鸣，特别喜欢这个节目。"

没有ending的故事

2007年，集体搬家。

有小一年的时间，"总主持人们"的直播间从四楼搬到了五楼。这个临时直播间"又狭小又不正规"，但没办法，四楼要装修，连办公室也移到了地下一楼。直到2008年3、4月份，新的直播间完工，几个人专程跑上来参观，兴奋地摸这摸那，合影留念。

2008年，大型直播。

1月南方冰雪灾害，3月奥运火炬传递，5月汶川地震，8月北京奥运。2008年是特殊的一年，中国之声的大型直播报道从年初就没有断过。"总主持人"们平时的工作节奏也被打乱，拆分到不同的报道组，筹备各类直播节目。

直到奥运结束，中国之声迎来新的改版，"总主持人"这个群体成为历史。

不过今天，你依然能从中国之声里，听到当年那些熟悉的名字：苏扬、雨亭、郭静、庞莹、玉蕾、长悦、侯艳……

后记

采访最后，忍不住，问了个"为什么到现在依然坚持在主持一线？"这样的蠢问题。

雨亭答：没什么，就是对话筒还有敬畏感。我一直想把这种敬畏感留存着，才对得起自己当年的选择。

2008年装修后的中国之声直播间美照

在小房间，说大世界

林溪

有人觉得，做电台主播是件挺神秘的事儿，只闻其声，不见其人，你可以尽情想象在那甜美声音背后，到底是一个怎样的人在播音呢？还有人觉得，做电台主播是件挺浪漫的事儿，尤其在很多影视剧里我们会看到电台主播在直播间的情景，都是昏黄的灯光，曼妙的音乐，闪着金属光泽的话筒，主持人用极其沙哑、性感的嗓音读一首小诗让你心神荡漾，再优雅地推起一首老歌……那么电台直播间真的是这样吗？且来看一张图吧。

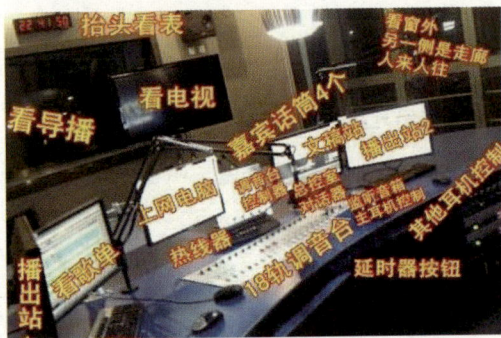

让我来负责撰写"我与直播间"的故事，估计和这张发布在我微博上的图片有关。这张图虽然照的不是中国之声的直播间，也不是我原创，但大同小异，发布上去果然就引发了广大电台主播同人们的热烈响应和哀嚎一片。别看在电波里主播的声音稳健有力、自信饱满，可没准儿正在为下一个录音放啥，下一个连线通没通而忙活不停呢。

那都忙活些啥呢？主播出站、备播出站、上网电脑、电视信号、两台CD机、两路主持人话筒、两路嘉宾话筒、3路连线线路、六响报时……在照顾这些的同时还要抬头看表、低头看稿、看导播手势、听导播提示、被群众围观等等，说"眼观六路、耳听八方"一点儿都不为过，叫电台主播不如叫章鱼保罗。

当然刚才说的跟绕口令一样的一系列动作都是基本操作，最重要的是在眼花缭乱的动作中，做到准确表达和逻辑清晰，还要应对突发状况。说实话，想象一下在这样一间小房间坐着，心理的紧张程度。保证安全播出才是硬杠杠，才是悬在每位主播头上的德谟克利斯之剑。这可不是危言耸听，播出站突然死机、鼠标失灵、话筒不出声，这可是每一位主播曾经做过的噩梦。因此，直播间里无小事，每一次点击鼠标，每一次刷新电脑，每一次推起推子，每一次打开话筒，主播们都要心中有数，才能口吐莲花。

直播间难坐，可坐到这个小房间里，却又让你那么欣喜。主播和直播间就像机长和驾驶舱之间的关系，你所有的职业修为都维系其中，你对它可能比自己家还要熟悉。主播们的人生阅历、职业修养、情感经历、文化积淀都凝结成他们的声音形象，这个形象的承载只有电波，却可以通过这个小房间传到千家万户——你笑，全世界便与你同笑。主持人在这里可以思如泉涌、妙语连珠，也可以和嘉宾宾主尽欢、谈笑风生，这里便是最热闹的所在；可当主持人想对某条新闻理性思考、细致分析，隔音门隔绝的却可能是整个世界，让主持人能够静下心来，全身心投入对新闻的解读，这里便又是最安静的所在。

直播间的意义，对于中国之声的主播，却又更加与众不同。直播间的那扇门，就像那扇神奇的任意门，可以把直播间变成任意地点。当有关国计民生的消息播出，这里变成了权威发布会现场；当地震洪水灾害来袭，这里变成了灾情通报平台和寻亲平台；当两会时代表委员云集，这里变成了新闻会客厅；当顶尖艺术家和作品荟萃，这里又变成了中国大舞台。它还可以变成教室、体育场、咖啡厅甚至你家邻居，无现场、不新闻，只要有现场，直播间就在那里。

直播间可以千变万化，可在中国之声人心中，就是那一亩三分地，小而神圣，就要在这小房间里，给你说出个大世界。

一日"国声人"，终生广播人

陈亮

经过几轮笔试面试，终于拿到入选中国之声的通知。那是2008年10月。

那一年，北京奥运、汶川地震、南方冰雪，中国人共同经历的这些大事件，给了媒体人一个个没有硝烟的战场，脱颖而出的当数中国之声。尤其是汶川地震之初，只有中国之声能从震区传回信号，绝对独家的几乎滚烫的资讯，瞬间抢占了所有媒体的制高点。当时还在地方台的我，每天只要打开中国之声，就会被这个频率牢牢"锁定"。身为同行，对中国之声也由钦佩渐渐心生向往。

那一年北京的秋天是最美的，天空澄澈深远，空气像是滤过一样干净，街头每一片树叶都像擦拭过，闪着光，这一切不仅仅是因为北京刚刚办完奥运，可能也和我当时的心情有关。

从地方台初到央广，激动自不必说，有时都觉得不敢相信已经成真，有时又会设想如何适应。提示自己将过去的一切清零，在心里多一份敬畏庄严，多听多看，多向老师和未来同事们学习。

当时具体负责招考工作的魏胜利老师还在总监办任职，从报名开始就一直陪伴着考生，到了分配工作环节，他把我们分别交到各部门主任手中。频率给我定岗在晚间节目部，时任部门主任的高岩老师在微笑中将我接走，并抽出宝贵时间给我仔细介绍国家电台性质、中国之声改版、主持人工作职责、安全播出以及对我的要求和期望。我紧张兴奋得像个小学新生，巴不得记住每一句叮嘱。

那是我第一次真正接触到著名的中国之声四楼"大平台"。刚出四楼电梯，就被迎面而来的红色包围和震撼：走道的墙体是一直连接进天花板的红色玻璃板材，上面满是"中国之声CNR"的LOGO，看着看着会有种投身其中的冲动，因为在我看来那就是我未来新闻梦想的温度和色彩。

接下来，我的感受不断被刷新。走过"梦的入口"，依次是早间、午间、编辑、采访等部门，直到主持人最神圣和最向往的阵地——直播区。"正在直播"的红色显示屏让我不由得放轻脚步。操作台指示灯在眼前明灭，中国之声大开始曲在耳畔有力地回响，我听到身体里有个声音跟着一起跳动，这是我未来人生的旋律和节奏。

短暂的"参观"告一段落，雨亭老师开始给我讲解电台主持人的工作要领，比如用工作站调音响，调音台各路推子要及时准确开关，倒算时间以保证不压定点广告和片花，连线出现意外如何圆场补救，等等，而这一切就是在播音主持的过程中同时一心多用完成的。

在地方台一直做电视节目，导演喊"3、2、1"后我只管开口说话，灯光音响各个工种自然会主动去配合主持人。习惯了"电视规律"的我突然觉得不可思议，电台主持人真是身兼数职，直播时原来比电视主持人更"孤独"！离开多年的电视主持经历，我似乎进入了"另一个"行当，以至于此后相当一段时间里我甚至感叹：在电台，相比安全播出和操台任务，播音主持是"最不重要"的部分。（不过，这一点后来得到了修正。）

当时晚间人手紧张，领导同事希望我这个"新手"能一解燃眉之急，于是，我在到中国之声报到的当天就试播了《央广新闻》。不过，直播并非我"独立完成"的，雨亭老师站在身后代劳了大半的操台工作，相信这也是中国之声历史上少有的"合作"。之后紧接着由闻齐老师带我直播《全国新闻联播》，高岩老师则在身后全程监控和护航。现在回忆起来，心中充满了温暖和感恩，当时领导同事得有多大的信任和爱护，才能让我从"广播门外汉"迅速成长起来啊？也正是有了这样无私的传承，遇到新搭档，我也会知无不言毫无保留。

小学生心态，这是五年前，有着十年地方台电视主播经历的我，初到央广时的真实写照。此后，在广播这个"新领域"，承蒙大家培养和关爱，我也早已认识到，播音主持基本功在电台不是"不重要"，而是必须确保过硬，这样才能胜任国家电台主播这份神圣的工作。

刚才在网络搜索"中国之声"，没想到在我的名字下有一段熟悉的话，言为心声，这也是我多年不改的初心：

爱好和职业相一致，是一种莫大的幸福。为了这份幸福，我执着地追寻着……有朋友问："为什么选择广播？"其实答案就澎湃在空中——那就是我用声音划出的彩虹。愿生命充满期待、惊喜和感动。

2013年12月4日凌晨，北京

从"零"到"零"

王娴

广播节目，擅用音响，此时在写的纸面文章，如果有背景音，我必须得给自己选"欻欻欻""唰唰唰"，以配合工作以来的变化——大半年夜班编辑，近三年特报记者，然后居然在直播间做主持人。是的，居然。

这地方，走廊里随便遇到一个人开口打招呼都是美妙声线，怎么敢再以为自己"声音好"；办公室里键盘噼啪，即刻便是妙笔文章，周围人人是大拿；短暂采访经历，再怎么都必须贴上"嫩"标签。

——"别废话了，你怎么做到的？"

—— 节目部门偶然产生的契机，简单相商之后的一拍即合。决策者犹疑时，我稳稳地表达了自己"爱广播""爱节目"之类矫情理由，一面收拾未完的采访，一面火速学习直播间的台子推子……来吧，干起来！

那段时间在电梯里遇到其他部门的同事，常常被问"你去做主持人啦？""嗯。"后面往往无话。我掩饰不了内心剧烈的心理活动，干脆闭嘴。未曾有过专业训练，几乎只是天真地想想，仅仅因为要"卖力生长"，面前马上出现了大片澄澈天空。想飞？还没有翅膀，只能先跳跳吧。

这转身并不华丽。

每一次打开话筒，都觉得声音状态和上一次不同，怎么说怎么别扭。每一次回听节目，都恨不得马上关上，自己一个人坐着也可以瞬间脸红。文案里提前写好的问题无法获得嘉宾回应，说着说着发现脑中空白却无处补救……

一段时间之后，我开始期待遇到熟人，总有机会让他们听过我的节目了，"好人缘"终于大放异彩，收获大把评价——"语速太快！""你怎么老咽吐沫！""不太好玩！""放不开吧！""你又去做评论员了？！怎么只有几句点评，没什么话？！"……面对反馈，再次语塞："是吧，啊……我也觉得……"却不能停下来想，只有边做边想。

向前辈取经，道道好多，一一记在小本本上。

到今天，是做主持人的第八个月，节目的任何不妥与遗憾还都可以得到"慢慢来"的安慰。节目后的复盘也偶尔有了"今天挺好"。隔天，却又不好。

把心放平。

唰……唰唰唰唰（这是一段转场背景音）。

五年前，临毕业，和导师长谈，导师建议我选择"让自己成长的地方"，中国之声不折不扣让我成长。那些成长，可能是在灾区采访睡不够觉洗不成澡后的委屈大哭，可能是异乡小旅馆碰见反悔的当事人的此恨绵绵，可能是剪辑音响听到宝贵段落的一阵心跳，可能，只是从走廊到办公室，到直播间，无处不在的电子钟，闪过分分秒秒。

只要开口问，一定有人教。那些法宝，自己试试，才知道多好。

刚进台轮岗时，在早间熬大夜班头昏眼花，但一早总能看到播音员老师们五点不到便神清气爽出现在发稿室。拿去热气腾腾的稿子，他们勾勾画画，念念有词，站在水房大声"开嗓"。这一切，当时看来充满了仪式

主持人王娴在直播间　　　　　　　　　　　　　　记者王娴在舟曲

感，白色整洁的纸面上有各自的圈圈点点，信手涂鸦仿佛艺术家。——有了工作需求再去请教，才懂了这是直播前的关键，备稿里，有播报习惯，有停连区分，有很多很多熟能生巧的驾驭，的确是艺术，却首先是精准娴熟的技术。千头万绪，熟稔于心，这一切不是天成。

好在，已经有几年时间做广播，经验之类都在其次，对自己来说，是因喜爱广播入门，做着做着更心生热爱。热爱，不是凭空想象。做记者接触了若干领域，算不上全，但都靠声音表现。珍藏所有采访音响，几乎一切，分门别类，整理，归档。来自山间郊野，来自闹市人群，耄耋老人喈喈独语……嘿，有时闲来无事，打开原来的采访录音，找自己剪好了的段落，听着发呆。

最喜欢的一些段落——在贵州深山里偶然录到的歌声，幼儿园里的地震孤儿独自念白声，除夕夜陪扫鞭炮皮录到扫把划过地面声，老上海石库门里租客们的洗刷声，动物保护协会拯救的黑熊吃食笑闹声……

想来应是"用声音思考，对声音敏锐"，做记者如此，做节目更深体会。

出门采访，虽然采访设备已属专业，我喜欢自己多带一个小话筒，因为进台时曾被教育"音质大多取决于话筒"。话筒塞在袖子里，夹在书包夹层里，终于把接头处的胶皮磨破，用胶布粘粘，还是要用的。直播间的话筒大了多倍，显然美化了自己声音数倍，所以更不敢轻慢。

所有工作中常用资料，都在电脑D盘。在特报做记者的第一天，我命名了其中一个文件夹"零"，跟自己说，从零开始。终于用时间积累起了里面密密匝匝的子文件夹。

到夜间节目部做主持人的第一天，我也在D盘命名了一个新的文件夹，叫"another'零'"。

夜晚的声音会发光

青音

在夜空下最美的，除了满天的星光，就是心灵与心灵交相辉映的时刻。

——题记

2009年，上海，某心理学国际研讨会。

一位在大会上宣读论文的来自美国哈佛的年轻学者，见到我后情绪激动得一定要跟我合影。他对我说："青音姐，高三那年爸妈闹离婚每天晚上吵架，我趴在洗衣机上一边写作业一边流泪，是在你的声音的陪伴和支撑下才坚持考上了大学……所以，我选择了心理学专业，希望我能像您一样成为能给别人带来力量的人……"

2012年，北京，清华大学讲堂。

我的关于大学生恋爱与成长的讲座结束之后，进入提问环节，一位年轻教师站起来说："青音姐，我从高二开始听你的节目，那时候还经常做笔记，一晃有11年了，现在我在清华做辅导员和班主任，我开导我的学生的时候，都是用从您节目里学到的人生道理，学生们都很喜欢我……"

2013年，西安，新华书店新书签售会。

当我忙不迭地签名售书，跟听众合影的时候，一张纸条递了过来："青音，那些年状况很糟的时候，是你的节目给了我很多安慰和鼓励，现在每每打开收音机，知道你还在电波里，觉得人生很值得欣慰。今天我不想打扰你，只是来看看你，就像看望一个老朋友……"

或许，对听众来说，"青音"的名字是和中央人民广播电台中国之声的夜间情感心理节目紧紧联系在一起的，但是对我个人来说，"青音"是个太幸运的声音符号，它有幸亲历了中国之声的夜间情感节目的成长和成熟，亲眼见证了中国之声夜间情感节目听众队伍的发展和壮大。

中国之声情感心理类广播节目的历史，要追溯到1999年，那时候人们还普遍没有心理健康的基本常识，还没听说过抑郁症，还对心理医生感到既陌生又恐惧，还把有心理问题当成是得了精神病。那时在中央人民广播电台第一套节目社教中心，在策划部主任魏漫伦的带领下，开创了国内第一档心理谈话节目《星星夜谈》。最早的主持人是温秋阳，在我加入了《星星夜谈》的主持队伍之后，这一节目从解答听众来信，扩展为每周一到周五制作大量系列心理访谈的带状播出节目，我也成为国内第一个主持心理谈话类节目的主持人。

2004年，中央人民广播电台第一套节目的呼号正式确立为"中国之声"，《星星夜谈》节目改名为《情感世界》。这档节目在魏漫伦主任和任捷监制的带领下，成为了中国之声收听率排名第二的金牌广播节目（当时排在第一位的是《新闻和报纸摘要》）。2005年，《情感世界》荣获中央台"十佳名专栏"荣誉称号。2006年，《情感世界》和《神州夜航》合并，联手打造中国广播界夜间节目的铂金品牌，《神州夜航》也于2007年获得了"中国新闻奖十佳名专栏"的殊荣。进入2009年，《神州夜航》和当时的周末夜间节目《千里共良宵》合并，周一到周日不间断的播出和众多风格迥异、才华出众的主持人的加盟，使得《千里共良宵》成了全国广播听众在深夜时分最入耳入心的心灵伙伴，而我本人也于2011年，获得了全国"播音主持金话筒奖主持人奖"。

从1999年到今天，将近15年和全国听众的相知相伴，中国之声夜间情感节目的成功不只在于奖杯，更在于口碑。

15年来，有杀人在逃犯在主持人的说服下投案自首，有因遭遇强暴企图自杀的女孩在主持人的劝慰下重新燃起对生活的希望，有离婚多年反目成仇的夫妻在节目的感召下握手言和，也有心理扭曲的高中生在节目的开导中放弃了想要杀害家人的念头……还有着许许多多成千上万正处在青春期、求学期、恋爱迷茫期和职场压力期的年轻人，在中国之声每晚响起的电波里的心灵和弦中，学会了爱这门功课，了悟了成长的含义。

而我作为在夜空下陪伴了听众近15年的主持人，作为中国之声夜间情感节目主持人队伍里的一员，也成为了从这个节目里获益最多的人。

李子勋、杨凤池、唐登华、贾晓明、陶勑恒……这些现如今在全国赫赫有名的心理学大师们，当年都是我节目的常客。多年来日复一日的心理访谈节目，不仅帮助了听众，更让我能有机会近距离和大师们交流学习，从此为我打开了心理学知识宝库的大门。

2006年，在中国之声频率领导的支持和鼓励下，我成为中国之声出品的系列图书《女主播的故事》中《听青音》这本书的作者。这本书以自传体的形式，记录了我不算长的人生经历里的精彩点滴，也梳理总结了我从一名热爱广播事业的学生，到成为受全国听众喜爱的夜间情感心理节目主持人的成长心路。

同年，在结束了中国传媒大学播音主持硕士研究生的学业之后，为了使我的心理节目主持更加具有专业水准，我开始了在心理治疗的道路上孜孜以求的学习和钻研，一学就是6年。现如今，我已成为既是主持人又是心理治疗师的跨界媒体人，成为中国心理卫生协会会员、"北京市润心工程心理专家组"的成员之一，也成为中国之声夜间情感广播里，最资深也最有代表性的声音符号。

"我是青音，但'青音'不是我，相比其他类型的节目，夜间情感节目最入心，因此主持这个节目的人也最容易得到听众的喜爱，因此，节目做得好是我理所应当，做不好却是我不合格……"在跟听众的交流中，这是我最常说的一句话。

除了"青音"，中国之声的夜间情感广播节目还应该铭记这几个在听众心里闪亮的名字：温秋阳、向菲、姚科、林白、雨亭、张楠、张涛、杨昶……

更应该铭记的是十多年来悉心培育它的当家人：魏漫伦、孙雷军、万梅、任捷、魏胜利、徐冰、李胜、刘钦、李宇飞……

因为通过电波让心灵靠近了心灵，夜晚才有了暖；

因为通过电波让心灵点亮了心灵，夜晚才有了爱；

——夜晚的声音会发光！

小朋友的"春天姐姐"

戴莹

我对广播的迷恋是从大学时候开始的。收音机里的主持人或正襟危坐，或娓娓道来，或幽默搞笑，或催人泪下，情绪跟随着电波喜怒哀乐、放飞想象。这种奇妙的情感体验让我对主持人充满了无限的向往。不知从哪一天起，内心告诉自己：话筒，将成为你一辈子的伙伴。从那时起，我开始去电台实习，听节目、写稿子、买个话筒自己在家练、考普通话一甲证书……虽然自己学的不是播音专业，但我的广播梦从未动摇过，毕业时只做了一份简历，只投给了广播电台。也许是上天垂怜，也许是"无知者无畏"，机缘巧合般踏进了中央人民广播电台的大门。

春天姐姐和小朋友们在一起

走进广播的大门，才感觉到梦想很美好，现实很骨感。经过几年的摸爬滚打，自己从一个青涩的小主持慢慢成长起来，新闻、音乐、生活、情感、老年各类节目都有涉猎，过程中有收获，有教训，更有用心的付出。2006年，是我播音生涯中具有里程碑意义的一年，偶然的机会我结识了李晓冰老师和郑晶姐姐，从此我与《小喇叭》结下了不解之缘。坐进《小喇叭》的录音间，我第一次感受到了少儿广播节目的特殊魅力。亲切柔和的播音风格、技巧高超的故事播讲、生动逼真的角色演绎，"一切为孩子播音"的理念深深融化在这个已近60年历史的经典节目中。在那一刻，我被深深地触动了。李晓冰老师的一句"你的声音挺适合少儿节目，希望来试一试"，让我有了一个面对新挑战的机会。就这样，我从零开始，拜师学艺、刻苦钻研，从那一个夏天开始，《小喇叭》里有了一个新的名字："春天姐姐"……

生性"稚嫩"的我是一个快乐的"大儿童"。我喜欢粉色，喜欢Hello

春天姐姐和小朋友们在一起

Kitty，喜欢看动画片，喜欢讲童话，喜欢恐龙，喜欢游乐场……因为主持少儿节目，所以给了自己一个永远"长不大"的理由。每天和可爱的孩子们在一起，永远保持一颗童心，这是一种可遇不可求的幸福。所以，感谢中央台，感谢中国之声，感谢《小喇叭》，感谢帮助指导我的老师，更感谢不离不弃的所有听众。

主持《小喇叭》的这8年，我内心一直是忐忑的。如何让自己的播音主持业务更加优秀，如何能更好地继承《小喇叭》的衣钵，是我一直在思考的问题。曾听一位大师说过：学名家者，生；像名家者，死。怎样播讲得更具个人特色，树立起"春天姐姐"独有的风格呢？是以一个大人的身份和孩子说话，还是坐下来和孩子站在同一角度……这些思考始终伴随我不断地审视自己，去实践、去创新，稳步地夯实正确的创作道路。

刚主持少儿节目时，我的状况频出。语速快、吐字不够清晰、不自然的拿腔拿调……总是把握不住少儿节目的精髓。于是我走进传媒大学播音系深造，对优秀的少儿节目多听多分析，看书研究少儿心理，多次走进幼儿园，坐在角落里听小朋友们之间的对话。想做好"孩子王"，首先要懂他们。我发现：孩子们使用的都是短句子，几个字一停，经常重复，没有什么成语，都是一些简单、实用的词汇。他们很容易哭也很容易笑，肢体语言往往比表情更丰富……针对小朋友的诸多特点，我开始调整主持词，放慢自己的语速，改变自己对孩子们的说话方式。不用说教、不用长辈语气，蹲下来，走进去，走到孩子们中间，融入孩子们的世界。活泼、真诚地和小朋友一起玩，亲和、温暖地给孩子们讲故事。这，就是"春天姐姐"。

我永远坚信：真实地表露出自己的情感，对孩子们真诚、不做作，孩子们是能够感受到的。伪装不可能持久，而我也不要那样累心地活着。我的受众主体是孩子，只要"小朋友喜欢你、信任你、需要你"，我就会坚定地走下去。当孩子们变身恐龙时，我就是恐龙；她们变身成公主，我就是公主。我能给他们的童年，是尽可能多的快乐和希望，少儿节目主持人都很享受于自己回归本真，在童话里平实地和孩子们一起看风景的状态。因为贴近孩子，所以我们能看到他们心中比大人还要丰富的世界，成年人逐渐缺失的"真、善、美"，在孩子的身上散发着迷人的光辉。

少儿节目主持人的工作有时需要更多的耐心和付出。日常节目中，成品两三分钟的采访，要和孩子们录一个多小时来调动情绪，之后再花一个多小时剪辑和配音响。遇到特别节目时，最长的一次，在录音棚里我整整待了12个小时，和28个孩子录童谣，一句一句地教，一句一句地跟读。每一次组织小朋友的活动都要格外精心，家长把孩子交到你这儿，你就已经起到了临时监护人的作用。调动起每一位小伙伴的热情，耐心地给他们讲解活动安排，一个字一个字地读懂稿件，集中培训语言表达的基本功，再加上照顾好喝水、吃饭、情绪，拍照留影，结束后再安全地把孩子送到每一位家长的手中。虽然这件件琐事都很操心，但我们和孩子们在一起的每一分钟都是快乐和新鲜的。他们有这样或那样的小失控、小情绪、小算盘，他们的所思所想绝对可爱、有趣、新奇，让你不由自主地喜欢他们，乐意花时间和他们在一起。少儿节目永远能让你的身心充满阳光！

记得2011年开播《小喇叭热线》板块时，我和一位5岁的广州小朋友电话录制节目，录到20多分钟时，他突然问我："春天姐姐，你怎么把口水喷到我耳朵里啦？"当时我一愣，原来小朋友以为他耳朵里的汗水是我顺着电话线把口水流过去的呢……这就是儿童的思维，你永远想不到的思维！2012年我为爱讲故事的小听众开办了《小精豆的出场时间》板块，每月成百上千的音频投递过来，通常小朋友需要等待好几个月才能在节目中听到自己的声音。可这丝毫没有影响他们的热情，每次写信，他们总是非常理解春天姐姐："我知道小伙伴们都在排队，我会坚持收听节目，乖乖地等在收音机旁。"……这是对《小喇叭》的信任，更是对自己的鞭策。每次他们的拥抱总是暖暖的，他们的亲吻总是甜甜的！孩子们总是把自己最美好的东西与我分享，而我需要努力的，就是用心做好每一期《小喇叭》。我常常想，除了节目外，还能为小朋友们做些什么呢？博物馆、动物园是孩子们最喜欢的地方，我利用周六日，向工作人员学习当一名解说员。只要我有时间，每周我都会坚持义务到北京自然博物馆去讲解古爬行动物展厅、古哺乳类动物展厅、动物的奥秘展厅，用专业的科普知识和丰富有趣的小故事带领小观众们参观。给盲童孩子讲故事、解说电影；为贫困地区的小朋友寄送图书、光盘；2013年，我在微博上发起的"公益爱心活动小手套"即将开展，相信这个寒冷的冬天，孩子们能戴着温暖的手套写字了……

新媒体的时代，《小喇叭》也需要与时俱进。我也在创新技术手段和交流渠道上做一些尝试，努力让自己和《小喇叭》与听众拉得更近。春天姐姐的微博粉丝数已接近150万；微信公众账号关注用户超过2万多个家庭；论坛留言、电子邮件和纸质信件数量每年以10万计；每年全国甚至世界华人区直接参与节目制作与互动的小听众达数千人……《小喇叭》正焕发着新的活力和生命力，借助互联网的力量，《小喇叭》已经不仅仅存在于收音机的另一端，而且真正来到了小听众的身边，无论小听众身在何方，哪怕远在大洋彼岸，都能成为《小喇叭》大家庭中的一员。

"每天晚上临近8点，小可爱们钻进小被窝或坐在小桌前，打开收音机或连上网络，安静地等待着那一声'嗒嘀嗒、嗒嘀嗒，小喇叭开始广播啦'，然后进入属于他们自己的梦幻世界……"每当想到这样的场景，我就深深地感受到一种期待，意识到自己肩上的责任。做孩子们永远喜爱的《小喇叭》，这就是春天姐姐想做、要做，并一直努力在做的……

正能量 "男煮播"

子文

"子文" 是这么来的

十年前，我还是广院播音系的一名本科生。当时，中央人民广播电台《晚报浏览》栏目缺一个读报纸的男播，我和我的小伙伴们纷纷投了声音小样。结果，我的声音被该栏目监制邵丽丽"相中"了。

在和邵初次见面的那天，她就带我进了广播大楼8楼录音间，录制当晚播出的《晚报浏览》。我本以为自己只是来面试的，谁知竟让我直接主持节目。我慌了，说："我还没有正式的播音名呢！"坐在一旁的邵丽丽笑着对我说："你名字的后两个字叫着挺好听的，你的播音名就叫'子文'吧！"

从此，中央台就多了一个叫"子文"的主持人。

中国之声开播的记忆

十年前，我在广播剧场观看了中央人民广播电台"中国之声"的开播仪式。十年后，我还能记起的只有两个声音：一个声音是舞台上响起的中国之声大开始曲——"梅花三弄"，另一个声音来自在二楼观众席直播"开播仪式"的主持人雨亭。前一个声音将我包围，令人心潮澎湃；后一个声音在我头顶盘旋，犹如天籁！（关于这一点，请大家不要告诉雨亭。）

从做月饼到烘面包

2009年秋，我硕士毕业，正式进入中央人民广播电台工作。这也意味着一个在中国之声干了N年的"资深"实习主播，终于从临时工转为正式工。转正的兴奋，迅速被《新闻纵横》的晨昏颠倒所取代。

熬了三年的大夜班后，我进入了一个"食物不过夜"的部门——晚间节目部。在这里每个人都立志减肥，同样每个人都会不时地嚷嚷一句"童鞋们，快来吃好吃的！"

除了因迟到被罚买的水果、零食，还有大家DIY的美味，什么炖排骨、大盘鸡、老酸奶、柚子茶……总之，就是让人贴膘的节奏！

"公益大使"唐子文

　　既然说上海男人"上得厅堂、下得厨房"，我就把传说变成现实！在一个又一个"想睡却睡不着"的夜晚，我烘制了果子面包、培根面包和海绵蛋糕等等。所以，每当我把诱人的美食图片发布到微信朋友圈，晚间部小伙伴的评论一定是"明天上班拿过来吧！"2013年中秋，我"淘宝"了原料和模具，与母亲一起制作了莲蓉蛋黄、抹茶红豆两种口味的冰皮月饼。这个中秋节，我和我的小伙伴们吃到了比买的更好吃更安心的月饼。

　　就在这种不计成本、不怕长肉的厨艺交流中，我让"会做饭的上海男人"多了一项技能：播新闻。

从新闻主播到公益人士

2011年3月10日，我接到一个陌生的座机号码打来的电话。电话中，一个女声自称是"中国造血干细胞捐献者数据库北京管理中心（即中华骨髓库北京分库）的工作人员"，她告诉我说我与一名患者"初分配型"相合，问我是否愿意捐献？当时，我毫不犹豫地回答："我愿意（捐献）！"要知道，我盼这通电话，盼了好几年。挂了电话，我就把这个好消息发布到了微博上。

但过了不到一个小时，我就起了疑心：该不会是骗子吧？

尽管电话里，对方非常认真地核实了我的姓名、电话、身份证号，甚至知道我是2005年9月29日在王府井的流动采血车上留的血样，报名加入中华骨髓库。可直到在百度上核实了那个座机号码的真实性，我才确信打电话的那人不是骗子。

为什么要这样？因为要确认我这个微博实名大V没有造谣！有趣的是，好多捐献者和我一样，都有过这样的误会。

说起捐献造血干细胞这事儿，我身边就有活生生的例子。2003年，我的师哥、经济之声主持人杨曦捐献造血干细胞，是他的正能量感染了我。因此，在确信我也有机会捐造干救人后，我第一个打电话通知的人就是杨曦。碰巧，那天他刚和媳妇领完结婚证。（我说，师哥，做榜样一定要做到您这份儿上吗？）

在通过了高分、体检、动员之后，2011年6月15日，在北京空军总医院的细胞采集室里，两根导管将我的两条胳膊和机器连接起来，延续生命的"种子"就这样一点一滴地被收集起来。

当带着体温的造血干细胞混悬液从细胞采集机里取出时，满头大汗的我喊着："拍张照，拍张照，不是所有人都有机会跟自己的造血干细胞合影的！"

目送工作人员将造血干细胞送往患者医院，我在心中默默地祈祷，姐姐，愿"长生天"保佑你。（我那位受捐的患者是一位长我几岁的蒙古族母亲。）

捐献造干，成了我涉足公益事业的一个起点。

2012年，我穿着绿色的志愿者T恤回到了空军总医院。这一次，我不是躺在病床上，而是站在病床边。通过电波，向全国听众现场报道中国第一百例向国外捐献造血干细胞。那一刻，我既是国家电台的主播，又是公益组织的志愿者。

作为"北京造血干细胞捐献志愿者协会"的公益会员和公益讲师，我已经记不清有多少个周末，播完《新闻纵横》就赶到西单献血小屋去做志愿服务；也记不清有多少个夜晚，播完《全国新闻联播》就来到校园讲解如何捐献造血干细胞。不论有过多少荣誉，只有当我真正走上街头、踏进社区面对面地做公益时，我才感到踏实。我想做的就是为这个社会多提供一点儿正能量。

所以，当决定写点儿什么说说我的多重角色时，我便想到这样的标签——正能量"男煮播"！

中国之声组织架构图

中国之声·2004

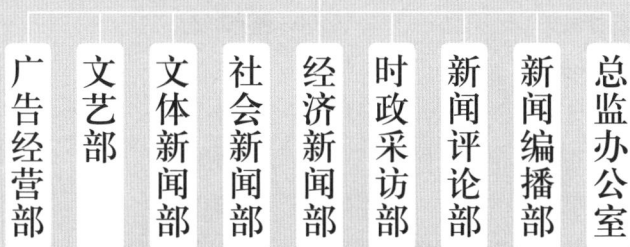

- 总监办公室
- 新闻编播部
- 新闻评论部
- 时政采访部
- 经济新闻部
- 社会新闻部
- 文体新闻部
- 文艺部
- 广告经营部

中国之声·2008

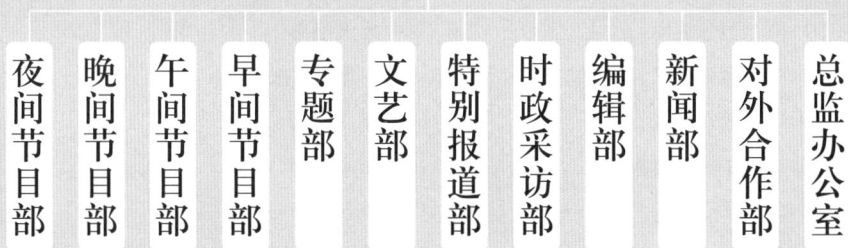

- 总监办公室
- 对外合作部
- 新闻部
- 编辑部
- 时政采访部
- 特别报道部
- 文艺部
- 专题部
- 早间节目部
- 午间节目部
- 晚间节目部
- 夜间节目部

中国之声·2013

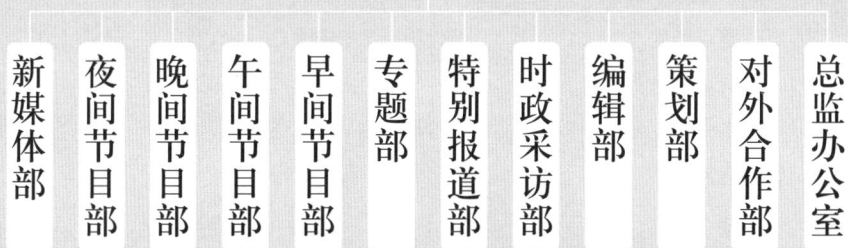

- 总监办公室
- 对外合作部
- 策划部
- 编辑部
- 时政采访部
- 特别报道部
- 专题部
- 早间节目部
- 午间节目部
- 晚间节目部
- 夜间节目部
- 新媒体部

06：00	整点新闻	15：40	小喇叭
06：05	收听指南	16：00	整点新闻
06：10	国防时空	16：10	法治中国
06：30	新闻和报纸摘要	16：30	半点新闻
07：00	新闻纵横	16：35	体育直播间
07：20	世界报道	17：00	整点新闻
07：40	今日论坛	17：10	财经在线
08：00	体育直播间	17：30	半点新闻
08：15	财经在线	17：35	国防时空
08：35	早报早读	18：00	晚报浏览
09：00	新闻和报纸摘要（重播）	18：30	全国新闻联播
09：30	气象生活	19：00	整点新闻
09：35	老年之友	19：05	在线生活
09：55	生活点点通	19：30	半点新闻
10：00	直播中国	19：35	气象生活
11：25	生活点点通	19：40	世界报道
11：30	半点新闻	20：00	全国新闻联播（重播）
11：35	气象生活	20：30	天天福彩
11：40	现在开庭、重案调查	20：35	中国农村报道
12：00	第一报告	21：00	整点新闻
12：40	中国质量报道	21：10	新闻观潮
13：30	半点新闻	22：00	整点新闻
13：35	气象生活	22：10	体育直播间
13：40	人物春秋	22：30	神州夜航
14：00	整点新闻	00：30	午夜剧场
14：05	七日书场	01：00	流行风韵
14：30	半点新闻	02：00	华夏风情
14：35	新闻纵横（重播）	03：00	古典风尚
14：55	生活点点通	04：00	整点新闻
15：00	整点新闻	04：10	早安中国
15：10	音乐随身听	05：00	中央农业广播电视学校
15：30	半点新闻	05：25	生活点点通
15：35	气象生活	05：45	中国农村报道

00：00	千里共良宵
02：00	守望黎明
04：30	中央农业广播电视学校
05：00	养生大讲堂（一至五）
	残疾人之友（六、日）
06：00	国防时空
06：30	新闻和报纸摘要
07：00	新闻纵横
08：00	央广新闻
09：00	新闻和报纸摘要（重播）
09：30	央广新闻
12：00	全球华语广播网
13：00	央广新闻
18：30	全国新闻联播
19：00	央广新闻
20：00	直播中国
20：35	小喇叭
21：00	新闻观潮（一至五）
	老梁说天下（六）
	环球军事60分（日）
22：00	今晚听吧（一至五）
	体育评书（六）
	东吴相对论（日）
23：00	神州夜航（一至五）
	国学堂（日）

00：00	千里共良宵
02：00	记录中国
04：00	养生大讲堂
05：00	悦动清晨
06：00	国防时空（一至五）
	残疾人之友
	品牌之旅（六、日）
06：30	新闻和报纸摘要
07：00	新闻纵横
09：00	央广新闻
12：00	全球华语广播网
13：00	央广新闻
16：30	央广新闻晚高峰
18：30	全国新闻联播
19：00	央广新闻晚高峰
19：30	中国大舞台（日）
20：00	小喇叭（一至六）
20：30	直播中国（一至六）
21：00	央广新闻（三、日除外）
	政务直通（三）
22：00	央广夜新闻

中国之声员工年龄结构　　　　　中国之声员工性别比例

2004年　平均36.9岁

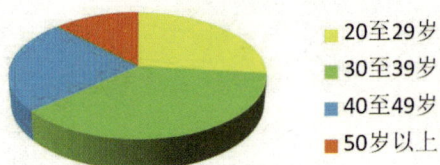

- 20至29岁
- 30至39岁
- 40至49岁
- 50岁以上

2004年

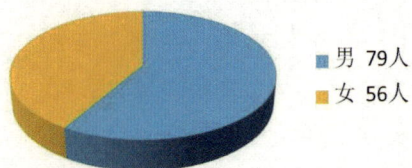

- 男　79人
- 女　56人

2008年　平均39岁

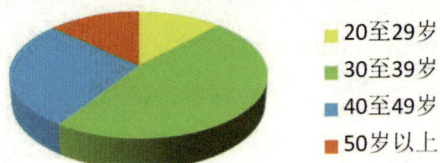

- 20至29岁
- 30至39岁
- 40至49岁
- 50岁以上

2008年

- 男　99人
- 女　108人

2013年　平均36.5岁

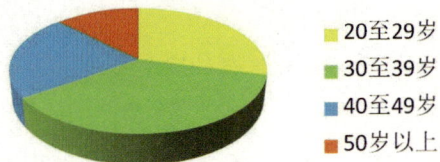

- 20至29岁
- 30至39岁
- 40至49岁
- 50岁以上

2013年

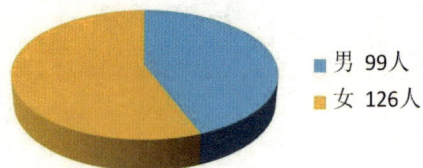

- 男　99人
- 女　126人

图表制作: 杨华

两次改版后中国之声的市场份额（%）对比

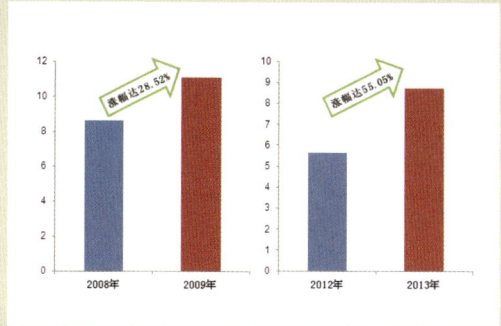

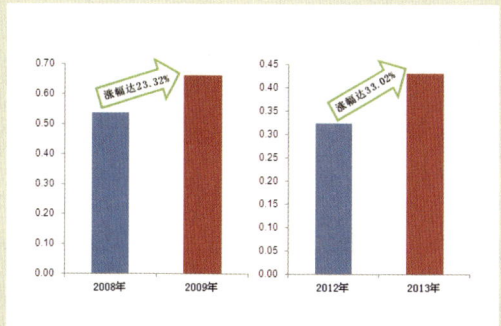

两次改版后中国之声的听众规模（千人）对比

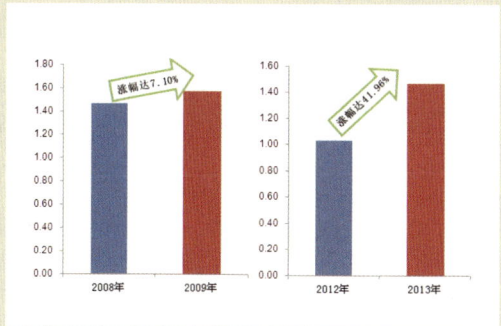

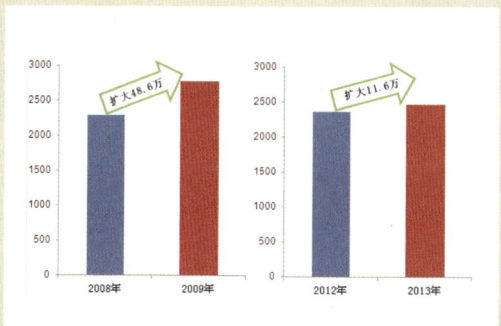

注:

1.以上所有数据源自央视

——索福瑞在北京市场上的调查

2.2013年数据时段为

2013.01.01至2013.11.16

写在后面的话

2013年12月8日凌晨，中国之声圆桌会议室。

一位才领证一周正如胶似漆的新婚少妇、一名一天干呕了几十次的孕妇，和一个刚刚跟保红单挑了一个报摘班、44小时里只睡了4个小时的痛风患者一起，第一次把全部86篇文章装进了一个文件夹。

说实话，让我们三个加起来也只有七年中国之声生涯的"菜鸟"，花一个多月的时间，把征集来的30万个方块字，凝结成这个有着"中国"宏大命名的群体——长达十年的回忆故事，绝对是场mission impossible。

这期间，有同事悄悄发来短信，讲起他曾最为震动的那场直播；有前辈拿来MD和开盘带，人生头一次，触摸那些我们闻所未闻的"古董"和那段快要尘封的记忆。每一个故事，于我们，都是新鲜的。就像小学生，从头读一遍，啊，这就是我们所在的集体，曾经奋斗过的足迹。

这种感受，叫作"震撼"。于很多人，它是国家电台十年历程的重要史册；而于我们，它更像一张藏宝图，上面标着86个箭头，指向勇气、梦想、合作、责任……不论你想在哪一项后面画上get√，都能从这本书里找到一条清晰的路。

不过很遗憾，时间还是太短了。十年的故事太多，十年也讲不完。一本书，终究不能写下每一秒的历史，但你一定能在某一段故事中，找到自己的影子。因为它是几代广播人的集体回忆。

突然在想，又过十年，当我们不再是"菜鸟"，也拥有了无数和广播剪不断理还乱的故事，那时再出一本书，还叫《我的成长》吧。

感谢广播。

丁飞　柴婧　崔天奇

12月10日凌晨于圆桌会议室

《难忘中国之声——我的成长》
编著者名单

出品人：王　求

总监制：赵子忠　史　敏

总策划：蔡小林

监　制：李　真　侯东合　王　凯

　　　　高　岩　王化强　魏漫伦

策　划：李　伟

执行编辑：丁　飞　柴　婧　崔天奇

编委会：武俊山　张小艳　李天娇　崔　欣　阮　虹

　　　　张淑柳　章成霞　刁　莹　王　恒

图书在版编目（CIP）数据

我的成长 / 中国之声著. -- 北京 ： 光明日报出版社，2013.12
（难忘中国之声）
ISBN 978-7-5112-5749-9

Ⅰ．①我… Ⅱ．①中… Ⅲ．①中央人民广播电台－广播工作－文集
Ⅳ．①G229.24-53

中国版本图书馆CIP数据核字(2013)第298602号

难忘中国之声——我的成长

著　　者：中国之声	
责任编辑：章小可	责任校对：张　青
封面设计：谭　锴	责任印制：曹　诤

出版发行：光明日报出版社
地　　址：北京市东城区珠市口东大街5号，100062
电　　话：010-67078242（咨询），67078870（发行），67078235（邮购）
传　　真：010-67078227，67078255
网　　址：http://book.gmw.cn
E - mail：gmcbs@gmw.cn
法律顾问：北京天驰洪范律师事务所徐波律师

印　　刷：北京华联印刷有限公司
装　　订：北京华联印刷有限公司
本书如有破损、缺页、装订错误，请与本社联系调换

开　　本：710×1000　1/16		
字　　数：330千字	印　　张：22.25	
版　　次：2013年12月第1版	印　　次：2013年12月第1次印刷	
书　　号：ISBN 978-7-5112-5749-9		

定　　价：89.00元